Gabriele Bensberg - Irene Berkenbusch-Erbe

Erinnerungen helfen leben

Hebe den Schatz deiner Erinnerungen!

Bibliografische Information der Deutschen Nationalbibliothek
Die Deutsche Nationalbibliothek verzeichnet diese Publikation in der Deutschen Nationalbibliografie; detaillierte bibliografische Daten sind im Internet über http://dnb.d-nb.de abrufbar.

Grafik und Layout: Bensberg/Berkenbusch-Erbe/Müller
Herstellung: Books on Demand GmbH. Norderstedt
ISBN 13: 978-3-95612-036-7

Gabriele Bensberg
Irene Berkenbusch-Erbe

Erinnerungen helfen leben

Hebe den Schatz deiner Erinnerungen!

opus magnum

Die Autorinnen

Gabriele Bensberg

Studium der Germanistik, Pädagogik und Psychologie in Mannheim und Heidelberg. 1979 wissenschaftliche Prüfung für das Lehramt an Gymnasien. 1988 Diplomprüfung in Psychologie. 2000 Promotion in Germanistik. 1979 bis 1991 wissenschaftliche Mitarbeiterin am Germanistischen Seminar der Universität Heidelberg. Ab 1992 Tätigkeit an der Psychologischen Beratungsstelle für Studierende in Mannheim, Leitung der Stelle ab 2011 bis zur Berentung. Psychotherapeutische Zusatzausbildung in Klientenzentrierter Psychotherapie und Klinischer Verhaltenstherapie. Seit 2018 Studium Europäische Kunstgeschichte und Philosophie in Heidelberg. Bensberg ist Autorin von wissenschaftlichen Beiträgen, belletristischen Werken und mehreren psychologischen Ratgebern, die sich an Studierende wenden.

Irene Berkenbusch-Erbe

Studium der Germanistik, Theologie und Latein in Göttingen und Tübingen. Abschluss des Studiums der Germanistik und Theologie in Heidelberg. Ab 1974 bis 2010 gymnasialer Schuldienst mit mehrjähriger Unterbrechung durch eine wissenschaftliche Mitarbeitertätigkeit am Germanistischen Seminar der Universität Heidelberg. 1992 Promotion in Germanistik. 1989-1995 Pastoralpsychologische Fortbildung in Freiburg/Brsg. Ab 1996 Studium der Analytischen Psychologie am C. G. Jung-Institut in Zürich.

2004 Verleihung des Diploms einer Analytischen Psychologin. Arbeit in Kassen-Praxis als psychologische Psychotherapeutin und Lehrtätigkeit an den C. G. Jung-Instituten in Zürich und Stuttgart. Seit 2011 Lehranalytikerin und Supervisorin am ISAP Zürich und seit 2016 am C.G.Jung-Institut Stuttgart. Veröffentlichungen auf literarischem und psychologischem Gebiet.

Inhalt

Vorwort

Eine glückliche Erinnerung ist vielleicht auf Erden wahrer als das Glück!
(Alfred de Musset, 1810-1857)

Immer wieder müssen Menschen erleben, dass ihre vertraute Welt untergeht und von der alten Welt nichts bleibt als Erinnerungen. Bisweilen geschieht das von heute auf morgen, manchmal ist es das Ergebnis eines längeren Prozesses. Schuld sind Kriege, politische Umstürze, Naturkatastrophen und Seuchen.

Im Jahr 145 vor Christus wurde die blühende phönizische Handelszentrale Karthago im dritten Punischen Krieg von den siegreichen Römern niedergebrannt und bis auf die Grundmauern zerstört; die überlebenden Bewohner verschleppte man in die Sklaverei.

Den Pestepidemien im 14. Jahrhundert fiel mindestens ein Drittel der europäischen Bevölkerung zum Opfer. Fast keine Familie blieb von Todesfällen in Folge der Pest verschont, und die Überlebenden hatten oft mit schweren Folgeschäden zu kämpfen, die sie zum Teil arbeitsunfähig machten. Da Viren und Bakterien noch nicht entdeckt waren, aber alle Epidemien Hochzeiten für Verschwörungstheoretiker sind, suchte man Schuldige und fand sie in den Juden. Man warf ihnen unsinnigerweise vor, die Brunnen vergiftet zu haben, und in der Folgezeit kam es zu grausamen Pogromen und zur Auslöschung blühender jüdischer Gemeinden.

1989 ging die DDR unter, und ihre Staatsangehörigen fanden sich nach dem Anschluss an die Bundesrepublik in einem völlig anderen System wieder. Bei aller Freude über die Wiedervereinigung und das Ende eines diktatorischen Überwachsungsstaates mit erheblichen Beschränkungen der bürgerlichen Freiheitsrechte, gab es auch sehr negative Effekte. Die Wirtschaft lag darnieder, und viele sahen sich erstmals in ihrem Leben mit Arbeitslosigkeit und deren sozialen Folgen konfrontiert. Sie mussten erleben, dass ihre Erfahrungen nicht mehr zählten und ganze Landstriche verödeten, weil vor allem gut ausgebildete junge Leute in den Westen zogen.

Seit dem Jahr 2020 wütet rund um den Erdball die Corona-Pandemie. Das Leben, wie es noch im Jahr 2019 selbstverständlich war, ist nun Vergangenheit und das vielleicht noch für sehr lange Zeit. Am 24. Februar 2022 brach der Russland-Ukraine-Krieg aus und verändert grundlegend das Gesicht der Welt mit unabsehbaren Konsequenzen für die Wirtschaft und den Frieden.

Auch uns bleiben gegenwärtig nur Erinnerungen, um die Brücke zwischen gestern und heute zu schlagen und wenigstens in der Vorstellung in die alte Welt zurückzukehren und sie in Wort und Bild zu erhalten.

Helmut Kohl prägte im Zusammenhang mit der Wiedervereinigung den klugen Satz: Wer die Vergangenheit nicht kennt, kann die Gegenwart nicht verstehen und die Zukunft nicht gestalten. Sozialpsychologen vertreten die Überzeugung, dass man eine Kultur nur begreifen kann, wenn man weit in die Vergangenheit zurückgeht und jene Ereignisse und Einflussgrößen identifiziert, die diese Kultur geprägt haben.

Auf das Individuum bezogen, sind viele Entwicklungspsychologen der Auffassung, dass es sich förderlich auf die Entfaltung der Persönlichkeit auswirkt, wenn man von Zeit zu Zeit mental in die Vergangenheit reist. Daniel Schacter, Professor für Psychologie und Neurowissenschaft an der Universität Harvard, ist sogar der Meinung, dass erst die Erinnerung den Menschen zum Menschen macht.

Jeder, der sich mit seinen persönlichen Erinnerungen beschäftigt, tut etwas für sein individuelles Wachstum und seine psychische Gesundheit. Erinnerungen können dazu beitragen, uns in Krisenzeiten stark zu machen. Es ist das große Privileg des Menschen, dass er es dank seiner Vorstellungskraft vermag, vergangene Zeiten wieder aufleben zu lassen und daraus positive Anregungen für die Gestaltung des eigenen Lebens zu gewinnen. Nutzen Sie diese ureigene menschliche Fähigkeit! Das Buch bietet dazu eine wertvolle Hilfestellung.

Kapitel 1
Ich sehe was, was du nicht siehst

Des Kaisers neue Kleider

Vor vielen Jahren lebte ein Kaiser, der so ungeheuer viel auf neue Kleider hielt, dass er all sein Geld dafür ausgab, um recht geputzt zu sein. Er kümmerte sich nicht um seine Soldaten, kümmerte sich nicht um das Theater und liebte es nicht, in den Wald zu fahren, außer um seine neuen Kleider zu zeigen. Er hatte einen Rock für jede Stunde des Tages, und ebenso wie man von einem König sagte, er ist im Rat, so sagte man hier immer: „Der Kaiser ist in der Garderobe!" In der großen Stadt, in der er wohnte, ging es sehr munter her. An jedem Tag kamen viele Fremde an, und eines Tages kamen auch zwei Betrüger, die gaben sich für Weber aus und sagten, dass sie das schönste Zeug, was man sich denken könne, zu weben verstanden. Die Farben und das Muster seien nicht allein ungewöhnlich schön, sondern die Kleider, die von dem Zeuge genäht würden, sollten die wunderbare Eigenschaft besitzen, dass sie für jeden Menschen unsichtbar seien, der nicht für sein Amt tauge oder der unverzeihlich dumm sei. „Das wären ja prächtige Kleider", dachte der Kaiser; „wenn ich solche hätte, könnte ich ja dahinterkommen, welche Männer in meinem Reiche zu dem Amte, das sie haben, nicht taugen, ich könnte die Klugen von den Dummen unterscheiden! Ja, das Zeug muss sogleich für mich gewebt werden!" Er gab den beiden Betrügern viel Handgeld, damit sie ihre Arbeit beginnen sollten. […]

(Hans Christian Andersen)

Die Wahrnehmung der Umwelt, die visuelle Verarbeitung von Ereignissen sowie der Eindruck, den Personen hinterlassen, sind eine wichtige Basis für unsere Erinnerungen. Leider unterliegen wir aber bezüglich unserer Wahrnehmung mancherlei Täuschungen.

Die psychologische Forschung hat erst relativ spät erkannt, dass die menschliche Wahrnehmung kein getreues Abbild der Realität ist. In der Konsequenz bedeutet das: Auf Wahrnehmung beruhende oder mit ihr zusammenhängende Erinnerungen sind mehr oder weniger verfälscht.

Zur Veranschaulichung ein etwas provozierendes Zitat von Hans Magnus Enzensberger:

> Wenn einer aus dem Kino kommt und erzählt, dann ist das, was er erzählt, bereits verschwunden. Der Nacherzähler spricht immer von et-

> was, das nicht zugegen ist. Er erinnert sich, oder er erinnert sich nicht ... Indem er erzählt, tilgt er den Film. Er gibt nicht das wieder, was er gesehen hat, sondern er wählt neue Einstellungen, Perspektiven, Farben. Der Nacherzähler zerschneidet, was er gesehen hat, er verschiebt, er versetzt, er montiert, er schneidet um. M.a.W. der Nacherzähler produziert seinen eigenen Film. (Zit. n. Ertel, 1985, S. 10)

1.1 Wahrnehmungsverzerrungen

Wahrnehmungsprozesse können durch unterschiedliche Variablen irregeleitet werden. Wichtige Einflussfaktoren sind dabei die Umfeldgegebenheiten sowie individuelle Bedürfnisse und Wertvorstellungen, welche die Wahrnehmung ebenfalls verzerren.

Die reduzierte Befähigung des Menschen, die Realität wahrzunehmen, äußert sich auch darin, dass wir Personen oft nur oberflächlich und anhand einiger hervorstechender Merkmale einschätzen, was die Entstehung und/oder Aufrechterhaltung von Vorurteilen begünstigt.

Optische Täuschungen
Optische Täuschungen beinhalten von der Realität abweichende Wahrnehmungen in Bezug auf Längen- und Breitenmaße, räumliche Tiefe, die Helligkeit eines Gegenstandes sowie Farben, die je nach ihrer spezifischen Darbietungsform unterschiedlich erscheinen. Da unser Sehapparat unvollkommen ist, sehen wir bspw. geometrische Abbildungen immer in Zusammenhang mit Umgebungsfaktoren bzw. als Figuren vor einem veränderbaren Hintergrund, was sich auf die Wahrnehmung auswirkt.

Beispiel für eine optische Größentäuschung

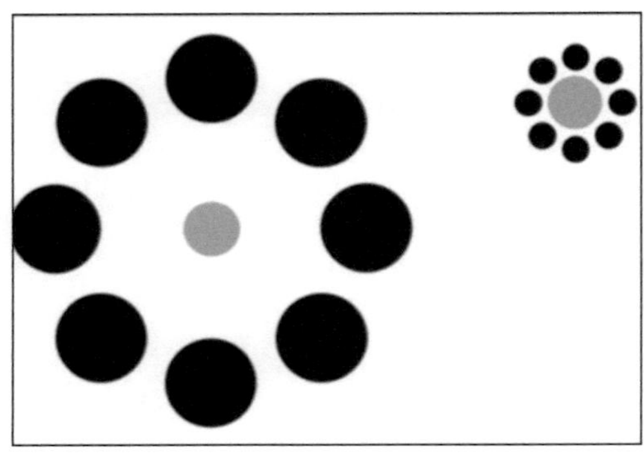

Die mittleren grauen Kugeln sind von der Größe her identisch. Dennoch erscheint die linke Kugel beim bloßen Betrachten aufgrund des unterschiedlichen Umfangs der sie umgebenden Kugeln kleiner als die rechte.

Abb. 1.1 Ebbinghaus-Täuschung (Quelle: wikimedia)

Beispiel für eine Wahrnehmungsillusion

Die begrenzte menschliche Wahrnehmungsfähigkeit erklärt auch, warum wir Dinge sehen, die in Wahrheit gar nicht vorhanden sind. Eines der Beispiele für Wahrnehmungsillusionen, denen der Mensch unterliegt, ist das Kanizsa-Dreieck. Bei dieser Darstellung glaubt der Betrachter, ein weißes Dreieck zu sehen, das tatsächlich aber gar nicht eingezeichnet ist.

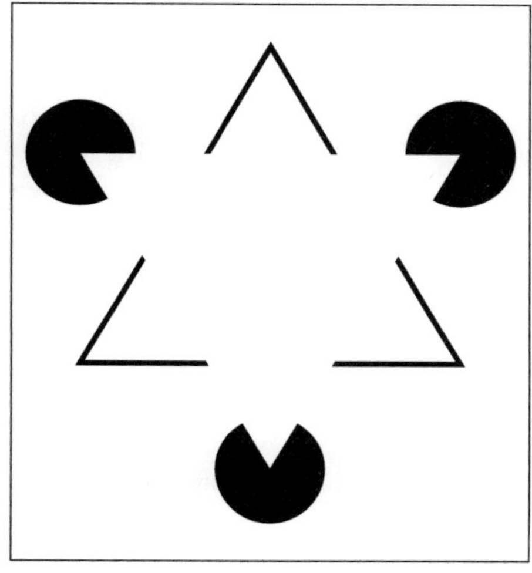

Abb. 1.2 Kanizsa-Dreieck
(Quelle: Fibonacci - commons.wikimedia.org)

Wie kommen solche Täuschungen zustande? Sie hängen damit zusammen, dass unser Gehirn visuelle Reize aktiv verarbeitet, wobei es ökonomisch vorgeht und auf bisherige Erfahrungen zurückgreift. Das Gehirn versucht, während eines Wahrnehmungsprozesses bekannte Phänomene wiederzuentdecken und aus dem visuellen Input eine „Gestalt" zu skizzieren. Ein nicht vorhandenes Dreieck wird z.B. als Dreieck identifiziert, weil Dreiecke aus der Wahrnehmungsgeschichte bekannt sind und sinnvolle geometrische Figuren darstellen.

Menschen neigen grundsätzlich zu einer holistischen Wahrnehmung, bei der kaum einzelne Elemente, sondern „Gestalten" im Sinn von „Ganzheiten" visuell erfasst werden. Außerdem ist unsere Wahrnehmung darauf ausgerichtet, „gute Gestalten" zu erkennen. Charakteristika einer „guten Gestalt" sind Symmetrie, Einfachheit und Ausgewogenheit sowie eine mittlere Komplexität, die unsere Gehirntätigkeit anregt, ohne sie zu überfordern. Ein zu hohes Komplexitätsmaß hat den Nachteil, die dahinter verborgene Gestalt aufgrund der Vielzahl verwirrender Einzelheiten kaum wahrnehmen zu können.

Eine neuere, von dem Amerikaner Mark Changizi, einem der bedeutendsten Neurobiologen unserer Zeit begründete Wahrnehmungstheorie erklärt diese Erscheinungen damit, dass Menschen in Wahrnehmungssituationen für einige Sekunden gewissermaßen die Zukunft vorwegnehmen. Die menschliche Netzhaut vermag einfallende Lichtstrahlen erst nach etwa zehn Sekunden vollständig aufzunehmen und zu verarbeiten. In diesen zehn Sekunden entwickelt unser Gehirn Hypothesen über den Sehinhalt und konzipiert das noch nicht entstandene Bild, wobei es auf bisherige Lernerfahrungen zurückgreift. Da dieses Bild nicht immer mit der Realität übereinstimmt, entsteht eine Wahrnehmungsillusion oder -verzerrung.

Motive und Wertvorstellungen

Auch Motive im weitesten Sinne sowie ethische Leitlinien und Normen nehmen Einfluss auf unsere Wahrnehmung. Eine Person, die hungrig ist, identifiziert in Experimenten einen runden Gegenstand eher als Apfel und einen großen ovalen rascher als Brot im Vergleich zu jemandem, der gerade ein opulentes Mahl genossen hat.

Werthaltungen beeinflussen nachweislich die Wiedererkennungszeit von Wörtern. Wörter, die mit der eigenen Weltanschauung übereinstimmen, werden rasch erkannt, andere, die ihr widersprechen, hingegen langsam, oder sie werden sogar uminterpretiert, man spricht hier von Wahrnehmungsabwehr. Generell besteht für allgemein verbreitete Tabu-Wörter eine längere Wiedererkennungszeit im Vergleich zu gebräuchlichen Alltagswörtern, die am schnellsten wahrgenommen werden.

Das heißt, wir Menschen machen uns die Welt in gewisser Weise passend, indem wir sehen, was wir sehen möchten und die Dinge nicht unbedingt so wahrnehmen, wie sie eigentlich beschaffen sind!

Gruppendruck

Menschen haben das Bedürfnis, sich mit anderen zu vergleichen und sich an anderen zu orientieren. Diese Vergleiche werden aber nicht universell und ungefiltert durchgeführt. Ausschlaggebend ist gemäß der „Theorie sozialer Vergleichsprozesse“ von Leon Festinger die jeweilige Gruppenzugehörigkeit.

Es gibt Gruppen, die einem fernstehen und von denen man sich abgrenzen will. Anderen gehört man real an, und wieder anderen möchte man sehr gerne angehören. Daher unterscheidet man in der Sozialpsychologie zwischen „membershipgroup“ und „referencegroup“. Mit der „membershipgroup“, also der Gruppe, der man faktisch zuzuordnen ist, muss man sich nicht unbedingt identifizieren. Ein sozial abgestiegener ehemaliger Geschäftsinhaber kann bspw. die Ansprüche und Wertmaßstäbe seiner früheren Bezugsgruppe beibehalten.

Der eigene Leistungsanspruch und die Lebenszufriedenheit werden in hohem Maß durch Vergleiche mit Angehörigen der Bezugsgruppe beeinflusst. Ein Graphiker bspw. vergleicht sein Gehalt normalerweise nicht mit dem

Einkommen eines Investmentbankers, sondern mit dem von Berufskollegen und ist am ehesten zufrieden, wenn seine Bezüge etwas über dem Durchschnitt liegen.

Von besonderer Bedeutung ist die Bezugsgruppe für die Absicherung eigener Meinungen und Werte. Menschen, die uns ähnlich sind, empfinden wir als sympathisch, denn sie vermitteln uns, dass unser Kleidungsstil, unsere Lebensweise, unsere Ansichten etc. „richtig" sind. Auf diese Weise geben sie uns Sicherheit und Selbstbestätigung.

Wir vergewissern uns also unserer eigenen Urteile, indem wir sie mit den Einschätzungen anderer vergleichen, die damit quasi für deren Realitäts- und Wahrheitsgehalt bürgen. Dies gilt vor allem dann, wenn Entscheidungen nicht anhand der physikalischen Realität überprüfbar sind, sondern es um letztlich unüberprüfbare ethische Normen geht. Experimente zeigen aber, dass viele Menschen selbst dann dem Gruppendruck unterliegen, wenn eindeutige physikalische Beweismöglichkeiten existieren.

Das Experiment von Solomon Asch (1951)

In diesem klassischen Experiment bestand die Aufgabe darin, eine gesondert dargebotene Linie mit drei anderen Linien unterschiedlicher Länge zu vergleichen und dann anzugeben, welche der drei Linien der ersten hinsichtlich des Längenmaßes entspricht. Die Längenunterschiede waren dabei völlig eindeutig. Fast alle Versuchspersonen der Kontrollgruppe, in der auf eine Beeinflussung seitens des Untersuchungsleiters und seiner Mitarbeiter verzichtet wurde, lösten diese Aufgabe daher auch völlig korrekt.

In der Versuchsgruppe betraten die Probanden einzeln den Untersuchungsraum, in denen Vertraute des Versuchsleiters saßen, die ihnen aber als Mitprobanden vorgestellt wurden. Die wissenschaftlichen Mitarbeiter machten übereinstimmend falsche Angaben, indem sie die Größenverhältnisse entgegen der physikalischen Realität unkorrekt einschätzten. Unter dieser Bedingung erwies sich der Gruppendruck als so hoch, dass sich etwa ein Drittel der Teilnehmer nicht mehr auf die eigene Wahrnehmung verließ, sondern sich der angeblichen Mehrheitsmeinung der scheinbaren Experten anschloss. In einer Variante des Experiments, bei welcher der Versuchsleiter seine Mitarbeiter noch deutlich bei ihrer offensichtlich falschen Einschätzung unterstützte, stiegen die Konformitätsraten sogar auf fast zwei Drittel an.

Das Experiment wurde vielfach repliziert und variiert. Es zeichneten sich dabei immer wieder dieselben Ergebnislinien ab.

Auch aus anderen sozialen Kontexten ist bekannt, wie sehr Konformitätsdruck die Meinungen und das Verhalten von Menschen verändern und verzerren kann.

Eugène Ionesco beschreibt 1959 in seinem Drama „Rhinocéros" (Die Nashörner) verfremdend und eindrucksvoll zugleich, wie sich die

Machtübernahme durch eine totalitäre Gruppe innerhalb einer Bevölkerung vollziehen kann.

Solange die Tiere, die in diesem Drama die Nationalsozialisten repräsentieren, nur vereinzelt auftreten und sich dabei so rücksichtslos und gewaltbereit gebärden, dass sie überall eine Spur der Zerstörung hinterlassen, sind die Bürger noch empört und rufen nach der Polizei, um die Ordnung wiederherzustellen. Als die Anzahl der Nashörner jedoch immer mehr zunimmt und menschenverachtendes Gedankengut zunehmend Anhänger findet, beginnt der Gruppendruck zu wirken. Am Ende erscheinen die Nashörner selbst der Hauptfigur, die als einzige ihre Menschlichkeit zu wahren versucht, als eindrucksvolle, faszinierende Geschöpfe, zu denen es ihn hinzieht:

„Ich kann nicht schnauben. Ich grunze nur. Ahh, ahh, brrr! Grunzen ist noch kein Schnauben! Was für ein schlechtes Gewissen habe ich jetzt. Ich hätte ihnen beizeiten folgen sollen. Jetzt ist es zu spät! Ein Ungeheuer bin ich, ein Ungeheuer. Nie werde ich Nashorn, nie, nie! Ich kann mich nicht mehr ändern. Ich würde so gerne, ich würde so schrecklich gerne. Aber ich kann nicht. Ich kann mich nicht mehr sehen. Ich schäme mich zu sehr“ (Ionesco, 1988, S. 110).

Dass wir Menschen so beschaffen sind, hat tiefgreifende Auswirkungen auf unser Sozialverhalten und begünstigt soziale Diskriminierungen und Ausgrenzungsprozesse.

1.2 Wahrnehmung als aktiver Prozess

In den vierziger Jahren des vergangenen Jahrhunderts begannen Forscher die menschliche Wahrnehmung als einen aktiven Prozess zu begreifen und entwickelten den „new look of perception“, aus dem die Hypothesentheorie der sozialen Wahrnehmung von Bruner und Postman abgeleitet wurde.

Die Hypothesentheorie der sozialen Wahrnehmung
Die Theorie besagt, dass Wahrnehmungsprozesse aus drei aufeinander folgenden Stufen bestehen:

- Entwicklung einer Wahrnehmungs-Erwartungs-Hypothese
- Verarbeitung des visuellen Inputs
- Bestätigung oder Widerlegung der Hypothese

Jeder Mensch wählt zu Beginn des Wahrnehmungsprozesses aus der Fülle der einströmenden visuellen Eindrücke einzelne aus und bildet eine Hypothese über den Wahrnehmungsgehalt, die durch Lerneinflüsse und individuelle Erfahrungen bestimmt ist.

Wenn das Glöckchen hinter der verschlossenen Tür bimmelt, erwartet ein traditionell christlich erzogenes Kind am Heiligen Abend, dass es gleich einen geschmückten Weihnachtsbaum und viele, hübsch verpackte Geschenke sehen wird. Ein Kind aus einer streng islamischen Familie jedoch entwickelt in derselben Situation eine andere Wahrnehmungs-Erwartungs-Hypothese, da es eine abweichende Form der Sozialisation erfahren hat.

Es gilt:

- Je stärker die Hypothese ist, desto weniger visueller Input ist notwendig, um sie zu bestätigen. Die Stärke hängt dabei vor allem davon ab, wie häufig die Hypothese in der Vergangenheit konsolidiert wurde.
- Je weniger Alternativhypothesen existieren, desto leichter ist es, eine dominierende Hypothese zu aktivieren.
- Je schwächer die Hypothese ist, desto mehr affirmativer Input ist notwendig, um sie zu bestätigen.

Fallbeispiel

Wenn sich vor Beginn einer Vorlesung die Tür öffnet, erwarten die anwesenden Studierenden, dass entweder ein weiterer Studi oder aber der Dozent/die Dozentin den Raum betritt. Sollte die Beleuchtung ausgefallen sein, erweitert sich die Wahrnehmungs-Erwartungs-Hypothese noch dahingehend, dass auch der Hausmeister einbezogen wird. Es verwundert in diesem Fall nicht, wenn ein Mann im Arbeitskittel mit Werkzeugkoffer den Raum betritt.

Sollte sich aber die Tür öffnen und plötzlich ein aus dem Zoo entwichener Schimpanse auf das Pult springen, wäre das ein höchst ungewöhnliches und unerwartetes Ereignis. Die Erkennungszeit dürfte in diesem Fall verzögert sein, da die meisten Anwesenden ihre Wahrnehmung durch wiederholtes oder längeres Fixieren des Reizes überprüfen würden, um sicherzugehen, dass sie ihren Augen trauen können und keiner Halluzination erlegen sind.

Auswirkungen auf die Personenwahrnehmung

Die Hypothesentheorie der sozialen Wahrnehmung sowie der Ansatz von Changizi vermögen auch, Besonderheiten und realitätsferne Verzerrungen bei der Wahrnehmung von Personen zu erklären.

Selektion und Inferenz

Diese beiden Begriffe meinen, dass Menschen bei der Einschätzung anderer Personen selektiv vorgehen, indem sie sich auf einzelne hervorstechende

Merkmale konzentrieren, um dann Hypothesen über den Zusammenhang dieser Merkmale zu konstruieren, das heißt, eine Inferenz oder Schlussfolgerung zu ziehen. In einem weiteren Verarbeitungsschritt werden auf diese Weise oft Stereotypen und Vorurteile aktiviert, die innerhalb einer bestimmten Gruppe oder Kultur tief verankert sind und während des Erziehungs- und Sozialisationsprozesses erlernt wurden.

Fallbeispiel
Sie erblicken eine schwarzhaarige, dunkeläugige junge Frau in bunter Kleidung, mit vielen Ringen und Armbändern behängt, die am Straßenrand sitzt und bettelt. Höchstwahrscheinlich werden Sie schlussfolgern, dass die junge Frau eine Zigeunerin ist. In einem zweiten kognitiven Verarbeitungsschritt wird dann vielleicht das Stereotyp „Zigeuner stehlen" aktiviert. Auf der Verhaltensebene folgt womöglich, dass Sie Ihre Handtasche fester umklammern oder nach dem Portemonnaie in der Hosentasche tasten. In Wahrheit ist diese Frau aber unter Umständen gar keine Zigeunerin, sondern nur eine brünette Deutsche, die einen bestimmten Kleidungsstil bevorzugt und sich nicht unbedingt an fremdem Eigentum vergreifen will.

Stereotypen und Vorurteile
Unter einem Stereotyp versteht man eine einseitige Wahrnehmungshypothese. Es genügen bereits wenige meinungskonforme Informationen, um ein Stereotyp zu bestätigen, das in einer bestimmten Kultur bzw. Gesellschaft verbreitet ist. Umgekehrt bedarf es vieler widersprechender Informationen, um ein Stereotyp zu widerlegen. Die Aktivierung eines Stereotyps führt meist zu verkürzten, vorurteilsbehafteten Bewertungen von Personen. Es gibt viele Experimente, welche die Existenz von Stereotypen belegen.

Fallbeispiel
Wenn das Fernsehen ein Interview mit einem erfolgreichen „Banker" sendet, der teuer gekleidet ist und sehr selbstsicher auftritt, wird leicht das Stereotyp: „Banker = karriereorientiert, geldgierig, unsozial" aktiviert, und zwar ohne dass sich die Person in entsprechender Weise verbal äußern muss. Von einer Person, die dieses Stereotyp aktiviert, wird erwartet, dass sie sich gegenüber Mitarbeitern nach dem Gesetz des „hire and fire" verhält, in egoistischer Weise auf den eigenen Vorteil bedacht ist und Sozialleistungen am liebsten abschaffen würde.

Um ein aktiviertes Stereotyp in Frage zu stellen, muss sich jemand ausgeprägt erwartungsdiskrepant verhalten. Dies wäre zum Beispiel der Fall, wenn man erfährt, dass besagter „Banker" einen Großteil seines Vermögens für wohltätige Zwecke spendet oder ein Buch geschrieben hat, in dem er für das bedingungslose Grundeinkommen eintritt.

Warum sind wir so beschaffen, dass wir andere Menschen meist oberflächlich oder realitätsverzerrt wahrnehmen und einschätzen? Dies geschieht vor allem, um der Flut immer neuer Informationen Herr zu werden und das Gefühl von Kontrolle über unser Umfeld zu wahren.

Wahrnehmungsbeschränkungen sind notwendig, um rasch reagieren und handeln zu können. Würden wir immer alle verfügbaren Informationen einbeziehen, wären wir in bestimmten Situationen regelrecht gelähmt, was uns unter Umständen das Leben kosten könnte. Wenn jemand in einer belebten Fußgängerzone eine Pistole zückt, ist es sinnvoll, nicht erst zu überlegen, ob hier vielleicht ein Film gedreht wird oder ob es der Angreifer ernst meint, sondern sofort wegzulaufen und sich in Sicherheit zu bringen.

Typische „Wahrnehmungsfallen"

Neben der Aktivierung und Konsolidierung von Stereotypen und damit auch Vorurteilen bei zwischenmenschlichen Begegnungen gibt es weitere Wahrnehmungsfehler, welche die Einschätzung anderer Menschen vereinfachen und damit Erinnerungen verzerren können.

Halo-Effekt

Wie beim Hof („halo" = Heiligenschein), der sich um eine Lichtquelle bildet – etwa der Hof des Mondes –, stehen beim sogenannten „Halo-Effekt" menschliche Eigenschaften im Licht eines zentralen Merkmals und werden von diesem überstrahlt. Die Bewertung des zentralen Merkmals färbt auf die Wahrnehmung der übrigen Charakteristika ab. Überdurchschnittliche physische Attraktivität kann diesen Effekt haben.

Fallbeispiel

Im Rahmen einer Fortbildung zum Thema Kundenwerbung hält ein Mitarbeiter, der aussieht wie ein verjüngter George Clooney, eine Präsentation. Einige der anwesenden Damen betrachten ihn fasziniert und achten dabei wenig auf den Gehalt der Präsentation. Es entgeht ihnen, dass die Ausführungen des Mitarbeiters mit Star-Appeal ziemlich flach und wenig aussagekräftig sind. Sie haben sich derart von seinem attraktiven Erscheinungsbild blenden lassen, dass sie später auch die Inhalte der Präsentation loben.

Ähnlichkeitsphänomen

Sozialpsychologische Forschungen bestätigen immer wieder, dass Sympathien, Freundschaften und Partnerbeziehungen maßgeblich durch wahrgenommene Ähnlichkeiten zustande kommen. So orientieren sich bereits Jugendliche bei der Wahl ihrer Freunde an Übereinstimmungen in Bezug auf Schichtzugehörigkeit, schulischen Hintergrund, Interessen, Wertvorstellungen usw. Wahrgenommene Ähnlichkeiten können Beurteilungen anderer Menschen positiv aber auch negativ beeinflussen.

Fallbeispiel
Nehmen wir an, Ihre Eltern stammen aus Moskau und sind mit Ihnen nach Deutschland ausgewandert, als Sie sieben Jahre alt waren. Mittlerweile sind Sie längst eingebürgert und fühlen sich in der Bundesrepublik zu Hause. Dennoch sind Sie sich Ihrer russischen Wurzeln bewusst und reisen sehr gerne in die alte Heimat. Eines Tages erscheint an Ihrem Arbeitsplatz eine neue Kollegin und erzählt, dass Sie Halbrussin sei. Auch die Sprechweise lässt Anklänge an Russisch, Ihre eigentliche Muttersprache erkennen. Die neue Kollegin rückt Ihnen innerlich wahrscheinlich sofort ein Stück näher und Sie fühlen sich mit ihr verbunden.

Primacy-Recency-Effekt
Der „Primacy-Recency-Effekt" meint, dass die jeweils erste und letzte Erfahrung bzw. Begegnung mit einem Menschen den vergleichsweise stärksten Eindruck hinterlassen.

Fallbeispiel
Beim ersten Telefonkontakt wirkt der Leiter der Personalabteilung etwas gereizt und unfreundlich. Er gibt an, sehr unter Zeitdruck zu stehen und ist augenscheinlich wenig erfreut, dass Sie als potenzieller Bewerber Näheres über die ausgeschriebene Stelle erfahren möchten. Beim zweiten Telefonat verhält er sich schon deutlich zugewandter, und das eigentliche Vorstellungsgespräch wird von ihm sehr fair und in einer angenehmen Atmosphäre geführt. Dennoch stehen Sie ihm innerlich reserviert gegenüber. Durch den unerfreulichen Erstkontakt hat er es sich mit Ihnen „verdorben".

Alle, in diesem Kapitel erwähnten Besonderheiten der menschlichen Wahrnehmung beeinflussen die Funktionsweise unseres Gedächtnisses und damit auch unsere Erinnerungen, die jeweils Ausschnitte aus unserem Leben bündeln und ebenfalls in positiver oder negativer Weise verzerrt sein können.

1.3 Erinnerungsaufgabe

- Gibt es Personen in Ihrer Vergangenheit, die einen sehr positiven oder aber sehr negativen Eindruck bei Ihnen hinterlassen haben. Falls ja: bitte notieren!
- Welche Aspekte dieser Personen haben Sie vielleicht ausgeklammert, die Sie nicht sehen wollten oder konnten?

- Was haben diese Verzerrungen mit Ihrer eigenen Person zu tun? Wollten Sie so werden wie diese Person oder im Gegenteil niemals so werden wie sie?
- Inwieweit haben Sie sich damit selbst vom Leben und/oder Ihrer inneren Person abgeschnitten?
- Beispiel: Eigentlich wollten Sie Schauspielerin werden. Da Ihr Onkel jedoch ein gescheiterter Schauspieler ist und von der Familie deshalb verachtet wird, haben Sie darauf verzichtet, sich bei einer Schauspielschule zu bewerben, obwohl es Ihr sehnlichster Wunsch war.
- Lassen sich diese Erinnerungen und Fehlentscheidungen noch korrigieren?
- Ja / Nein / Teils
- Falls ja oder teils: Welche konkreten Möglichkeiten gibt es?

Beispiel
Vielleicht ist es möglich, die betreffende(n) Person(en) zu kontaktieren, um Ihr Urteil auf eine realistischere Basis zu stellen? Vielleicht können Sie sich noch entschuldigen, Ihren Frieden mit dieser/n Person(en) machen usw.? Vielleicht lassen sich längst begrabene Wünsche noch realisieren? Wenn Sie etwa wie in dem obigen Beispiel kein/e Schauspieler/in geworden sind, besteht immer noch die Möglichkeit, sich einer Laienspielgruppe anzuschließen.

Literatur

Asch, Solomon E.: Effects of group pressure upon the modification and distortion of judgment. In: Harold Guetzkow (ed.): Groups, leadership and men. Pittsburgh 1951, S. 177-190.

Bruner, Jerome S. & Postman, Leo: An approach to social perception. In: Wayne Dennis & Ronald Lippitt (eds.): Current trends in social psychology. Pittsburgh 1951, S. 71-118.

Changizi, Marc, Scharlach, Carmen & Campisi, Claudia: Die Revolution des Sehens: Neue Einblicke in die Superkräfte unserer Augen. Stuttgart: 2012.

Ertel, Suitber: Beobachtungs- und Beurteilungsfehler. Erlangen 1985.

Festinger, Leon: A theory of social comparison processes. In: Human Relations 7 (1954), S. 117-140.

Frey, Dieter & Irle, Martin (Hrsg.): Theorien der Sozialpsychologie. Bd. 1. Kognitive Theorien. 2. Aufl. Bern: 1993.

Goldstein, E. Bruce: Wahrnehmungspsychologie. Der Grundkurs. 7. dt. Aufl. Heidelberg & Berlin 2008.

Ionesco, Eugène: Die Nashörner. Schauspiel in drei Akten. Aus dem Französischen von Claus Bremer & Hans-Rudolf Stauffacher. Frankfurt/Main 1988.

Kapitel 2
Das menschliche Gedächtnis

> *Ich habe immer außerhalb von mir nach Stärke und Zuversicht gesucht, aber sie kommt von innen. Sie ist immer dort.*
> (Anna Freud)

2.1 Aufbau und Funktionsweise

Das menschliche Gehirn hat sich über einen langen Evolutionszeitraum entwickelt und dabei mehrere Schichten ausgebildet, die mit der Funktion des Gedächtnisses in engem Zusammenhang stehen.

Das mehrschichtige Gehirn
Unser Gehirn besteht aus zentralen Schichten, die sich in Millionen Jahren herausgebildet haben. Der älteste Teil, der Hirnstamm oder das sog. Reptiliengehirn, ist vor allem für Regelungsprozesse des autonomen Nervensystems zuständig. Hier befindet sich die Schaltzentrale für lebenswichtige Systeme unseres Körpers wie Kreislauf, Atmung und Schlaf. Das Kleinhirn ist dem Hirnstamm aufgelagert und steuert hauptsächlich die Motorik des Menschen.

Die phylogenetisch jüngere Hirnschicht wird als Zwischenhirn bezeichnet. Das Zwischenhirn regelt das Zusammenspiel zwischen Sympathikus und Parasympathikus und besteht u.a. aus Thalamus und Hypothalamus. Teile dieser Hirnstrukturen bilden das sog. limbische System, das den Gefühlshaushalt kontrolliert und schnelle intuitive Bewertungen für Ereignisse bereitstellt. Das limbische System ist außerdem an der Speicherung von Informationen und ihrem Abruf aus dem Gedächtnis beteiligt.

Der jüngste, angelagerte Hirnteil ist das Großhirn bzw. der Neocortex. Seine äußere Schicht, die Großhirnrinde, ist nur wenige Millimeter dick und besteht aus zahlreichen Windungen und Furchen. Sie stellt die graue Substanz dar, die ca. 70 Prozent aller Nervenzellen unseres Gehirns enthält. Das Großhirn befähigt uns zu komplexen Denkvorgängen und ist vorrangig für die Verankerung von Gedächtnisinhalten zuständig, wobei es beim heutigen Stand der Forschung nicht möglich ist, bestimmten Erinnerungen spezifische Areale zuzuweisen.

Die eindrucksvolle Ausprägung dieses Gehirnteils unterscheidet den Homo sapiens vom Tier, wobei uns die Menschenaffen hinsichtlich der Größe und Beschaffenheit des Neocortex am ähnlichsten sind. Nur Tiere, die über ein anteiliges Großhirn mit einem bestimmten Umfang verfügen wie etwa auch Hunde und Katzen, sind dressierbar und können aus Erfahrungen lernen.

Der quer verlaufende Balken, das sog. Corpus callosum, verbindet die beiden Hemisphären des Großhirns. Man weiß anhand von Tierexperimenten und Untersuchungen an Epileptikern bzw. Unfallopfern, bei denen das Corpus callosum aus medizinischen Gründen bzw. zufällig durchtrennt wurde, dass die rechte Hemisphäre eher für den kreativen, „unbewussten" Teil des Menschen, für Assoziationen, Farben, Formen, das heißt induktives, schöpferisches Denken, zuständig ist. Die linke Hemisphäre wiederum repräsentiert vorwiegend den Bereich der Sprache und des abstrakten Denkens bzw. die primär logisch-analysierenden Intelligenzleistungen. Die beiden Hemisphären arbeiten jedoch nicht getrennt voneinander, sondern stehen in ständigen Austauschprozessen.

Die Bedeutung des Gedächtnisses

Das Gedächtnis ist von zentraler Bedeutung für den Menschen und alle höher entwickelten Lebewesen. Ohne ein funktionierendes Gedächtnis wären der Fortbestand der Art Mensch und das Überleben von Individuen kaum möglich. Es könnten keine Lernprozesse stattfinden, die einen in den Stand versetzen, Gefahrenquellen zu meiden und/oder zu beseitigen, denn erfolgreiches Lernen setzt die Fähigkeit zum Speichern von Informationen voraus. Es gäbe keine Erinnerungen und damit auch nicht die Möglichkeit, sich als Individuum mit einer besonderen Geschichte zu definieren.

Aktivierung des Gedächtnisses

Was geschieht im Gehirn, wenn das Gedächtnis aktiviert und neue Inhalte hinzugefügt werden sollen? Einfließende Informationen erfahren eine Kodierung, indem Nervenzellen Verbindungen miteinander eingehen. Existiert für einen neu zu speichernden Inhalt noch keine Verbindung, entwickeln die Nervenzellen winzige Fortsätze in Richtung benachbarter Neuronen. An den Enden der Fortsätze bilden sich Synapsen, sog. Andockstellen, die über die Zellen Informationen übertragen. Die so entstandenen Verbindungen können sich festigen oder auch wieder abschwächen und sogar völlig auflösen.
Wie lange Informationen gespeichert werden, hängt von ihrer Beschaffenheit und damit von der Art des Gedächtnisses ab, in das sie gelangen. Das menschliche Gehirn überprüft Inhalte auf ihre Bedeutsamkeit und macht von dem Ergebnis der Prüfung die Tiefe der Speicherung abhängig. Am tiefsten kodiert werden Informationen, die hochgradig emotional sind, weil hohe Emotionalität mit hoher Bedeutsamkeit gleichgesetzt wird.

2.2 Gedächtnistypen

Man unterscheidet in der Gedächtnisforschung vier Gedächtnistypen:

- Sensorisches Gedächtnis
- Kurzzeitgedächtnis
- Intermediäres Gedächtnis
- Langzeitgedächtnis

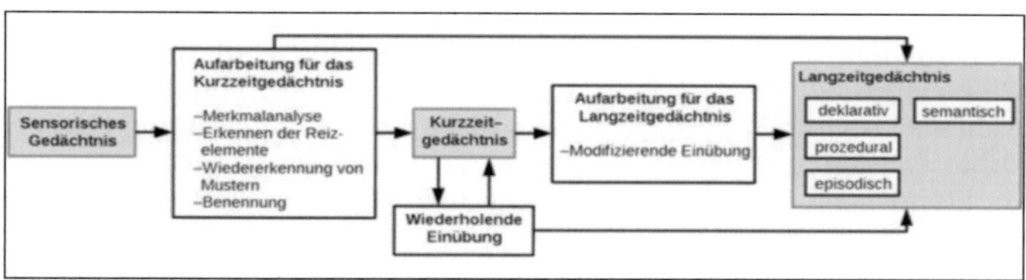

Abb. 2.1 Gedächtnisarten. (Quelle: wikipedia.org)

Das Kurzzeitgedächtnis

Das sensorische Gedächtnis kann zwar sehr viele Informationen aufnehmen, die Speicherung umfasst in der Regel aber nur Millisekunden, das heißt, fast alle Informationen zerfallen in nicht einmal einer Sekunde wieder.

Informationen, die in das Kurzzeitgedächtnis gelangen, werden schon länger, nämlich für Sekunden bis Minuten gespeichert. Die Aufnahmefähigkeit des Kurzzeitgedächtnisses ist jedoch begrenzt, sie beträgt 5 (plus/minus 2) Einheiten, die man „Chunks" nennt. Die meisten Menschen können sich kurzzeitig 5 Zahlen oder Wörter merken, ein kleinerer Teil kann sich etwas mehr bzw. weniger einprägen. Die Mehrzahl der Informationen, die ins Kurzzeitgedächtnis gelangen, wird wieder vergessen.

Damit Inhalte längerfristig gespeichert werden, sind sie aus dem Kurzzeitgedächtnis in das Langzeitgedächtnis zu überführen. Einige Forscherinnen und Forscher nehmen an, dass dieser Vorgang über das sog. Intermediäre Gedächtnis, eine Art Zwischenspeicher mit einer begrenzten zeitlichen Aufnahmekapazität von 30 Sekunden bis 30 Minuten, erfolgt.

Besonderheiten des Langzeitgedächtnisses

Das Langzeitgedächtnis unterteilt sich in das deklarative, prozedurale, semantische und episodische Gedächtnis. Im Langzeitgedächtnis werden Informationen kodiert, behalten, erinnert und vergessen. Diese vier zentralen Prozesse spielen sich ständig ab. Damit etwas langfristig im Gedächtnis gespeichert wird, muss oft die Verarbeitungstiefe erhöht werden, und zwar vor allem durch Anwendung, Einüben, Diskutieren, Umsetzen, Steigerung der subjektiven Bedeutsamkeit, emotionale Beteiligung etc.

Während das deklarative Gedächtnis als eine Art Wissensspeicher bezeichnet werden kann, der sowohl das Weltwissen in Form von unpersönlichen Fakten (semantisches Gedächtnis) als auch Begebenheiten aus dem Leben der einzelnen Person speichert (episodisches Gedächtnis), stellt das prozedurale Gedächtnis eine Art Verhaltensgedächtnis dar. Es ist „anoetisch", indem es vorwiegend motorische Fähigkeiten und Fertigkeiten verankert, die jemand im Verlauf seines Lebens erworben hat und die sich darauf beziehen, wie etwas konkret zu tun ist. Das prozedurale Gedächtnis umschließt also das implizite Wissen über erlernte Fertigkeiten und Automatismen, etwa wie man Fahrrad fährt, schwimmt, sich die Schnürsenkel zubindet, die Tastatur eines PCs bedient usw. Im Unterschied zum deklarativen Gedächtnis ist das prozedurale Gedächtnis dem Bewusstsein nicht direkt zugänglich und benötigt daher auch keine bewussten Abrufprozesse, um aktiviert zu werden.

Das semantische Gedächtnis ist „noetisch" und speichert unser Wissen über Fakten, wichtige Daten, Personen usw. Das episodische Gedächtnis hingegen enthält unsere Lebenserfahrungen, die dort als Bilder, Geschichten, bestimmte szenische Ausschnitte usw. gespeichert sind. Es ist „autonoetisch", denn es befasst sich mit uns selbst.

Nach einer bekannten Regel behalten wir:
10 % von dem, was wir LESEN
20 % von dem, was wir HÖREN
30 % von dem, was wir SEHEN
50 % von dem, was wir HÖREN UND SEHEN
60 % von dem, was wir SAGEN
90 % von dem, was wir TUN

Das autobiographische Gedächtnis

Das autobiographische Gedächtnis ist ein wichtiger Teil des episodischen Gedächtnisses. Es verfügt über eine Art Ablagesystem, das unsere Erinnerungen anhand übergeordneter zeitlicher Dimensionen – etwa Kindheit, Jugend, Studienzeit, Berufsjahre – ordnet. Diese Erinnerungen werden überwiegend innerhalb des präfrontalen Cortex verwaltet.

Auf einer zweiten, spezifischeren Ebene sind zeitlich kürzere Perioden gespeichert, vor allem jene Lebensphasen, in denen wir etwas Besonderes erlebt haben, etwa das erste Schuljahr, die Prüfungsphase am Ende des Studiums, die Monate nach der Geburt des ältesten Kindes usw. Beim Abrufen dieser Erinnerungen ist vor allem das Limbische System als eine Art „Gefühlsspeicher" aktiv, denn diese Stationen lösten einst intensive Emotionen aus.

Auf einer dritten, noch detaillierteren Ebene sorgt das autobiographische Gedächtnis dafür, dass wir uns sehr genau an einzelne Szenen und Bilder innerhalb dieser Phasen erinnern, z.B. an das Lächeln der Mutter, als sie uns die Schultüte schenkte, an das Lob des Professors nach einer exzellent bestandenen Prüfung, an den Moment, als wir unser Kind zum ersten Mal im Arm hielten.

2.3 Das Vergessen

Viele, vor allem ältere Menschen führen einen ständigen, bisweilen erbitterten Kampf gegen das Vergessen. Da gibt es die Unterlagen, die plötzlich wie vom Erdboden verschluckt sind, obwohl man schwören könnte, sie auf eben diesem Schrank abgelegt zu haben, da gibt es die verzweifelt gesuchte Brille, die sich dann beim zufälligen Blick in den Spiegel auf der eigenen Nase befindet, den Termin, den man verschwitzte, weil man über absolut wichtigen Gedanken brütend die richtige Abfahrt verpasst hat usw. Aber trotz dieser Negativbeispiele stellt das Vergessen eine überaus wichtige Funktion des Gehirns dar.

Die Funktion des Vergessens
Die Fähigkeit zu vergessen, dient in erster Linie der psychischen Gesundheit. Indem Menschen belastende Erfahrungen nicht mehr erinnern, bleiben eine ausgeglichene Stimmungslage und damit auch eine höhere Lebensqualität erhalten. Das Vergessen kann auch zur Entlastung des Gewissens beitragen, da es möglich ist, unangenehme, mit Schuldgefühlen verbundene Taten zu „verdrängen“ und auf diese Weise aus dem Bewusstsein zu eliminieren. Hier spielen persönliche Motive und aktive Prozesse eine Rolle.

Um diesen Zusammenhang wusste schon Friedrich Nietzsche, von dem folgender Satz stammt: „Mein Gedächtnis sagt, das habe ich getan, mein Stolz sagt, das kann ich nicht getan haben und schließlich gibt das Gedächtnis nach.“

Das Vergessen dient aber auch als Wegbereiter für die Aufnahme neuer Inhalte, indem vom Gehirn als nicht mehr bedeutsam beurteilte Informationen gelöscht werden und dem Abrufen kaum mehr zugänglich sind.

Wenn Menschen nicht vergessen könnten, wären sie nicht in der Lage, neues Wissen zu erwerben und sich zu verändern, weil alte Botschaften ständig präsent wären und in Konkurrenz mit den aktuellen gerieten. So aber gibt es die Vergessensinstitution, die darüber wacht, dass wichtige News auch vom Gehirn aufgenommen werden können, vergleichbar den römischen Liktoren mit ihren Rutenbündeln, die den Machthabern voranschritten, um sie zu schützen und ihnen den Weg zu ebnen.

Frauen und Männer

Neuere Forschungen haben gezeigt, dass Frauen im Vergleich zu Männern über das bessere episodische Gedächtnis verfügen, und zwar nicht nur, was verbale oder emotionale Inhalte betrifft, sondern auch wenn es um räumliches Vorstellen und Speichern geht. Die Gründe für diese Diskrepanz sind noch nicht völlig geklärt. Es kann sich um evolutionär bedingte Unterschiede zwischen den Gehirnen von Frauen und Männern handeln – z. B. sind die Gehirne von Frauen zwar kleiner, aber dafür aktiver und sie altern langsamer –, es kann aber auch sein, dass Frauen andere Strategien einsetzen, zum Beispiel eher ihre rechte Gehirnhälfte aktivieren und es ihnen daher leichter fällt, behaltensförderliche Bilder und Phantasien zu evozieren. Vielleicht wirken auch beide Einflussfaktoren nebst anderen zusammen.

Theoretische Erklärungsansätze

Während Vergessensprozesse innerhalb des sensorischen und kurzzeitigen Gedächtnisspeichers eher durch ein Zerfallen von Informationen ausgelöst werden, scheinen für die Löschungsvorgänge im Langzeitgedächtnis andere Faktoren eine Rolle zu spielen.

Zwei konkurrierende Theorien bieten hier Erklärungsmöglichkeiten an: Die Theorie des Spurenverfalls und die Interferenztheorie!

Der erste Ansatz geht davon aus, dass Gedächtnisinhalte mit der Zeit immer schwächer werden, bis sie schließlich ganz verschwinden und sich die synaptischen Neuronenverbindungen allmählich wieder auflösen.

Der zweite Ansatz besagt, dass Vergessen zustande kommt, indem neue Stoffe die alten überlagern. Bei der retroaktiven Interferenz nimmt man an, dass aktuell eindringende Inhalte die älteren, schon vorhandenen verdrängen, bei der proaktiven Interferenz wird ein umgekehrter Zusammenhang postuliert. Hier „stört" das schon gespeicherte das hinzukommende Wissen.

Experimente und Forschungsbemühungen aus jüngster Zeit stützen eher die Interferenzerklärung, so dass einige Wissenschaftlerinnen und Wissenschaftler die Theorie des Spurenverfalls schon für widerlegt halten. Es scheint in der Tat wahrscheinlich so zu sein, dass die Verbindungen zwischen Synapsen bestehen bleiben, auch wenn diese längere Zeit ruhen. Dies erklärt auch, dass man einmal Gespeichertes, aber mittlerweile Vergessenes, relativ leicht wieder ins Gedächtnis zurückholen kann, während es ungleich mühsamer ist, unbekannte Inhalte völlig neu zu speichern.

Hieraus folgt die wichtige Erkenntnis, dass Vergessen oft nur scheinbar erfolgt. Die auf organischer Ebene korrespondierenden Nervenverbindungen sind zwar deaktiviert, aber sie existieren weiter und können bei Bedarf reaktiviert werden.

Die Vergessenskurve

Die meisten Menschen pflegen die Kapazität des menschlichen Gedächtnisses in der Regel zu überschätzen. Die sehr alte (1895), aber immer noch aktuelle Vergessenskurve von Hermann Ebbinghaus spiegelt die wahren Verhältnisse wieder. Man sieht auf den ersten Blick, dass Stoff, den man sich mühsam angeeignet und perfekt beherrscht hat, nach Ablauf von 30 Minuten wieder vergessen ist und man nach einem Monat nicht einmal mehr ein Fünftel der Inhalte abrufen kann. Allerdings gilt es zu bedenken, dass diese Vergessenskurve auch abhängig von der Art des gespeicherten Wissens ist. Die Ebbinghaus'sche Kurve gilt für das Lernen sinnloser Silben. Etwas besser behalten werden Prosatexte, noch besser Gedichte und am besten Prinzipien bzw. Gesetzmäßigkeiten, was wiederum nicht überrascht, sondern mit der spezifischen Organisation des Gedächtnisses zusammenhängt.

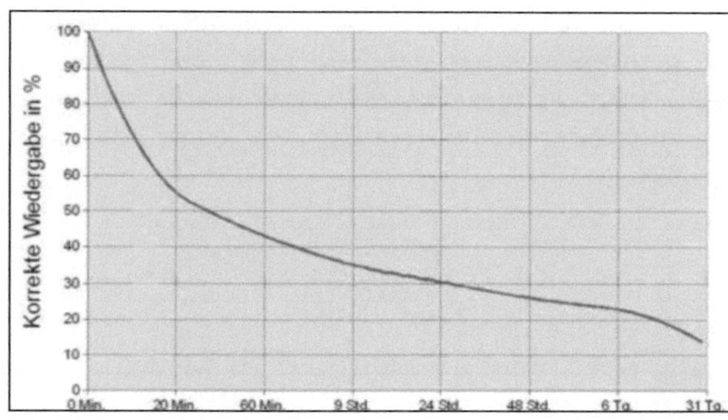

Abb. 2.2 Vergessenskurve nach Ebbinghaus (Quelle: wikipedia.com)

Blockierung von Abrufprozessen

Informationen zu speichern und Informationen abzurufen, sind höchst unterschiedliche Prozesse. Es ist weniger schwierig, etwas im Langzeitgedächtnis zu verankern, als es wieder dem Bewusstsein zugänglich zu machen. Gedächtnistechniken versuchen daher, vor allem die Abrufprozesse zu erleichtern. Dabei existiert eine Reihe von Einflussvariablen, welche die Arbeit des Gedächtnisses stören können.

Stress

Neben schwerwiegenden, meist erst im Alter auftretenden Erkrankungen – vor allem Demenzen sowie Noxen, die dem Körper im Übermaß zugeführt werden, zum Beispiel Alkohol und Drogen, – hat permanenter Stress negative Auswirkungen auf Gedächtnisprozesse. Die Anzahl der Stressoren, denen sich ein Mensch aussetzt bzw. ausgesetzt ist, steht in nachgewiesenem Zusammenhang zu sich verschlechternden Gedächtnisleistungen. Vor allem permanente Überforderungssituationen können zu den schon erwähnten

Überlagerungseffekten führen. Stress geht mit einer erhöhten Konzentration des gefährlichen Hormons Cortisol einher, das die Nervenzellen im Gehirn schädigen kann. So finden sich Hinweise, dass sich durch dauerhaften Stress neuronale Verbindungen abbauen bzw. das Volumen bestimmter Hirnteile abnimmt.

Hemmungsprozesse
Eine große Rolle für die Blockierung von Gedächtnisfunktionen spielen inhibitorische Effekte, vor allem die sogenannte „Ähnlichkeitshemmung", die besagt, dass vergleichbare Inhalte untereinander in Konkurrenz geraten, sich gegenseitig „stören" und daher das Erinnern erschweren oder gar unmöglich machen. Mit diesem Phänomen hängt zusammen, dass eine Fremdsprache, die der Muttersprache sehr ähnlich ist, schwerer erlernt wird als eine Sprache, die von der eigenen sehr verschieden ist. So versteht ein „german native speaker" beispielsweise in den Niederlanden auf Anhieb sehr viel mehr Wörter und Sätze als etwa in Spanien, aber das Erlernen der korrekten Grammatikregeln ist aufgrund vielfältiger Konkordanzen zwischen den beiden Sprachen schwieriger. Diese Inhibitionsprozesse scheinen mit einer ökonomischen Arbeitsweise des Gehirns in Verbindung zu stehen, die bestrebt ist, überflüssige, da schon vorhandene Inhalte brachzulegen.

2.4 Das Verdrängen

Inhalte, die peinlich, beängstigend oder amoralisch sind, werden in der Sichtweise von psychodynamischen Therapieansätzen verdrängt, um das Selbstbild und damit die Selbstwertschätzung nicht zu gefährden. Verdrängung ist ein zentraler Abwehrprozess, mit dessen Hilfe das Über-Ich dafür sorgt, dass unzumutbare Inhalte nicht ins Bewusstsein dringen.

Die menschliche Psyche
Sigmund Freud, der Begründer der Psychoanalyse, und seine Nachfolger postulieren, dass die menschliche Psyche aus mehreren Schichten besteht, die strukturell unterscheidbar sind, aber in ständigem Austausch miteinander stehen.

Die Schichten der menschlichen Psyche

- Es: Instanz für Instinkte, Triebe, Sehnsüchte, kreative Ideen, Verdrängtes; Verkörperung des Lustprinzips
- Ich: Vermittler zwischen Es und Über-Ich mit dem Ziel, das Überleben und den Lebenserfolg des Individuums zu sichern; das Realitätsprinzip
- Über-Ich: Instanz für Normen, Moralität, Ethik, Werte

Freud ging davon aus, dass nur ca. 10 bis 20 Prozent unseres Erlebens dem Bewusstsein zugänglich sind. Die restlichen Prozente bleiben wie bei einem Eisberg in den Tiefen des Meeres bzw. Unbewussten verborgen.

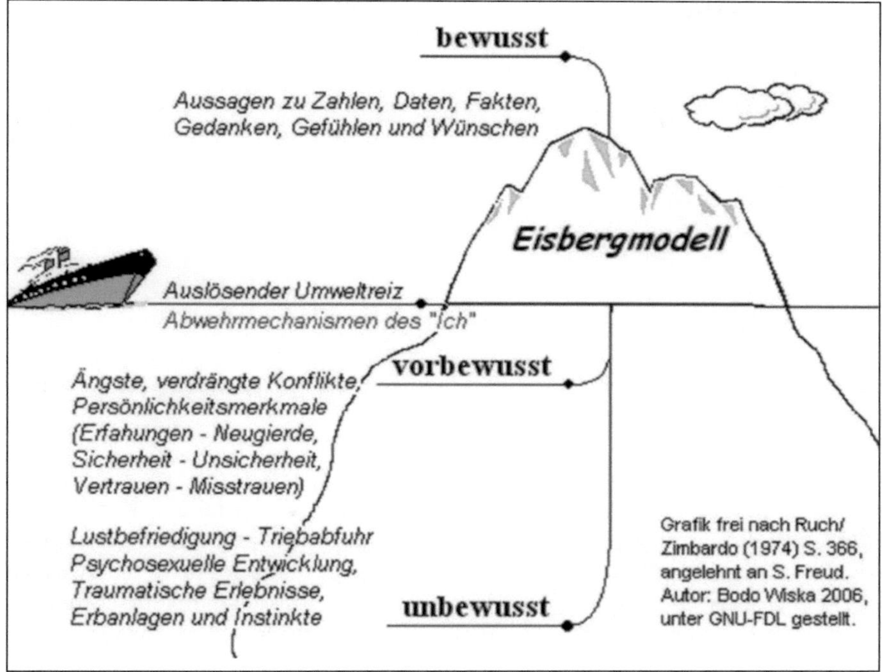

Abb. 2.3 Eisbergmodell. (Quelle: Bodo Wiska frei nach Zimbardo,1974, commons.wikimedia.org)

Wenn es um die Zugänglichkeit unserer Erinnerungen geht, unterscheiden Tiefenpsychologen drei Stationen innerhalb unserer Psyche:

- Bewusstes
- Vorbewusstes
- Unbewusstes

Während das Es komplett dem Unbewussten zugewiesen werden kann, sind die Inhalte von Ich und Über-Ich zum Teil bewusst bzw. vorbewusst. Die Inhalte des Vorbewussten sind nicht ohne weiteres erfahrbar, können durch Nachdenken und bewusste Anstrengung aber wieder aktualisiert werden.

Zum Unbewussten hingegen gewinnen wir nur durch unsere Träume und bestimmte analytische Techniken Zugang, denn es stellt die Region des

Verdrängten dar. Die meisten Eindrücke und Erfahrungen haften nicht dauerhaft im Bewusstsein, sondern werden zum Teil vergessen, ins Vorbewusste abgeschoben oder aber im Unbewussten gelagert. Dort verschwinden sie jedoch nicht einfach, sondern behalten ihre dynamische Kraft, die brodelnd an die Oberfläche drängt. Freud betrachtete Verdrängung übrigens als einen ganz normalen Vorgang, der bei allen Menschen zur Verteidigung des Ichs nachweisbar sei. Die Psychoanalyse hat über die Verdrängung hinaus noch eine Vielzahl weiterer Abwehrmechanismen beschrieben, die allgemein bekannt sind, wie z. B. die Sublimierung, die Rationalisierung, die Projektion oder die Kompensation.

Den Unterschied zwischen Vergessen und Verdrängen sehen einige Forscher darin, dass Verdrängen ein aktiver Vorgang, Vergessen aber ein passives Geschehen ist. Etwas Vergessenes ruht ohne unser Hinzutun in den Tiefen unseres Gehirns, etwas Verdrängtes muss jedoch durch Bereitstellung von Energie ständig „unter dem Deckel" gehalten werden, damit es nicht ins Bewusstsein durchbricht und die betreffende Person zu Taten animiert, die sie in ernste Konflikte mit ihrem Umfeld stürzen und mit Gefahren für Leib und Leben verbunden sein können.

Gibt es Verdrängung wirklich?

Es ist umstritten, ob das Phänomen Unbewusstes als Auffangbecken für verdrängte Erinnerungen wirklich existiert. Das Problem besteht darin, dass diese intrapsychische Instanz empirisch-wissenschaftlich nicht nachweisbar ist – eine Tatsache, die jedoch nicht ohne weiteres den Umkehrschluss zulässt, dass es innerhalb der menschlichen Psyche kein Reservoir für verdrängte Bewusstseinsinhalte gibt. Auch empirisch arbeitende Psychologen gehen mittlerweile davon aus, dass viele kognitive Prozesse sowie Reize, die auf uns einwirken, dem wachen Bewusstsein verschlossen bleiben. Einige interessante Studien legen nahe, dass unbewusste Prozesse und Verdrängungen in irgendeiner Weise tatsächlich existent sind.

Klassisches Experiment zur Wahrnehmungsabwehr

Innerhalb des „New Look of Perception", der erstmals postulierte, dass Motivationen bei unserer Wahrnehmung eine große Rolle spielen, präsentierte McGinnies (1950) seinen Probanden im Tachistoskop zum einen tabuisierte und zum anderen neutrale Wörter. McGinnies maß die Wahrnehmungsgeschwindigkeit sowie die galvanische Hautreaktion. Es zeigte sich, dass tabuisierte Wörter erstens verzögert identifiziert und zweitens eher uminterpretiert wurden. Außerdem war die Hautreaktion bei den Tabu-Wörtern intensiver. Das Ergebnis legt nahe, dass emotional negativ besetzte Reize eine innere Abwehr gegenüber der Entschlüsselung dieser Stimuli auslösen, die dem Wahrnehmenden gar nicht bewusst ist.

Diese und ähnliche Experimente, wie auch das Assoziationsexperiment C. G. Jungs, haben in der Folgezeit eine Fülle weiterer Untersuchungen zur unterschwelligen Wahrnehmung ausgelöst, die bestätigen, dass wir viele Reize, anscheinend für uns nicht erkennbar, aber in tieferen Schichten unseres Bewusstseins wahrnehmen.

Ein interessantes Experiment aus jüngerer Zeit stellt einen Zusammenhang her zwischen der Fähigkeit zu verdrängen und den Überlebenschancen von Menschen.

Das Experiment von Brendan Depue

Brendan Depue und seine Mitarbeiter (2007) fanden Hinweise auf die Existenz des Unbewussten, indem sie Hirnprozesse aufzeichneten und analysierten. Sie zeigten einer Gruppe von Personen sehr schockierende Bilder von schweren Verwundungen, Menschen auf dem elektrischen Stuhl, Unfallszenen usw. Anschließend wurde die Gruppe geteilt und die eine Hälfte gebeten, diese Erinnerungen zu speichern, die andere Hälfte hingegen, sie zu vergessen. Während dieser Aufgabe leitete man die Aktivitäten des Gehirns ab. Bei den „Verdrängern" gingen vom präfrontalen Cortex Signale aus, um die sensorischen Aspekte der Bilder zu unterdrücken. Ein anderer Teil dieser sehr jungen Hirnregion sendete „Unterdrückungsimpulse" an Areale, die für die Speicherung emotionaler Gedächtnisinhalte von Bedeutung sind.

Depue und seine Mitarbeiter zogen das Fazit, dass Verdrängungsmechanismen in der Evolution eine wichtige Rolle spielten und wir sie im Laufe unserer Menschwerdung erlernten, da sie Vorteile im Kampf ums Überleben bieten. So sind unter Schock stehende Jäger weniger imstande, erfolgreich zu jagen, als Clanmitglieder, die jede Erinnerung daran, wie ein Säbelzahntiger den Bruder zerfleischte oder der Sohn in einem reißenden Fluss ertrank, erfolgreich verdrängen konnten.

Andererseits ist festzustellen, dass Traumata, seien sie noch so schmerzlich und desavouierend, in vielen Fällen gerade nicht verdrängt werden. Die posttraumatische Belastungsstörung, eine seelische Erkrankung, die sich oft zeitverzögert nach der Konfrontation mit extrem belastenden Erfahrungen herausbildet, belegt eindrucksvoll, dass sich entsprechende Erinnerungen den Betroffenen geradezu aufdrängen und zum täglichen Begleiter werden können. Viele Psychologen vertreten daher die Auffassung, dass z.B. sexueller Missbrauch oder Misshandlungen in der Kindheit nie vergessen werden und angeblich spontan auftretende Erinnerungen an solche, scheinbar verdrängte Erfahrungen im Rahmen einer Psychotherapie eher durch die Suggestibilität des Patienten und eine entsprechende interpretative Einflussnahme des Therapeuten zu erklären sind.

Vielleicht nehmen in diesem Zusammenhang aber auch unterschiedliche Persönlichkeitstypen Einfluss. Während die einen ein Trauma immer wieder gedanklich durchspielen, versuchen die anderen wahrscheinlich, jeden Gedanken daran zu vermeiden. Das empirisch nachweisbare Persönlichkeitsmerkmal „Repression“ und „Sensitization“ kann in diesem Zusammenhang von Bedeutung sein.

„Represser“ oder „Sensitizer“?

Ein Persönlichkeitsmerkmal, das Menschen voneinander unterscheidet, ist die situationsunabhängige Reaktion auf potentiell bedrohliche Reize. Die einen versuchen diese Stimuli real und gedanklich zu vermeiden – der Repression-Pol –, die anderen wenden sich ihnen verstärkt zu: der Sensitization-Pol (vgl. Amelang/Bartussek 2001). „Represser“ tun ihr Möglichstes, um peinlichen, problematischen bzw. bedrohlichen Situationen aus dem Weg zu gehen. „Sensitizer“ hingegen hören „die Flöhe husten“. Sie spüren angsterzeugende Stimuli regelrecht auf und beschäftigen sich intensiv mit ihnen. Auf extreme Represser wirkt Angst eher leistungssteigernd, bei den Sensitizern ist das Gegenteil der Fall. Letztere sollten frühzeitig stressbewältigende Strategien erlernen und einsetzen.

Impulsfrage

- Welchem Pol ordnen Sie selbst sich zu? Repression oder Sensitization?

Damit ist der Streit natürlich noch nicht endgültig beigelegt. Heutigen Neurowissenschaftlern scheint es aber inzwischen selbstverständlich zu sein, dass die allermeisten Hirnprozesse unbewusst ablaufen und dem Bewusstsein prinzipiell gar nicht zugänglich sein können (vgl. Roth, 2021). Auch der Nobelpreisträger Daniel Kahneman, Psychologe und Mathematiker, geht davon aus, dass der Mensch nicht in jeder Hinsicht ein rational agierendes Wesen ist. Er unterscheidet zwischen zwei kognitiven Systemen: Das erste System reagiert unmittelbar und emotional und speist sich aus dem Unbewussten. Wenn dieses System aktiv ist, treffen wir unüberlegte, schnelle Entscheidungen „aus dem Bauch heraus“. Das zweite System ist weitaus langsamer und arbeitet nach rational-logischen Kriterien. Ist dieses System aktiviert, treffen wir begründete, realistische Entscheidungen (vgl. Kahneman, 2012)

2.5 Welche Erinnerungen bleiben?

Ereignisse, die tiefer im Gedächtnis verankert werden, weisen bestimmte Charakteristika auf. Sie sind vor allem ungewöhnlich, hochgradig emotional, bedeutsam und selbstdefinierend.

Ungewöhnliche Erinnerungen

Für das Lernen von Listen, Wortreihen oder -paaren konnte der sog. Restorff-Effekt, der auf eine deutsche Psychologin namens Hedwig von Restorff zurückgeht, nachgewiesen werden. Er bedeutet, dass das erste und letzte Glied einer Kette am besten behalten werden. Der Grund besteht darin, dass diese Glieder an exponierter Stelle stehen und sich von vorangegangenen oder folgenden Lerninhalten am deutlichsten abheben. Mit diesem Effekt hängt zusammen, dass Ereignisse, die den üblichen Erwartungshorizont sprengen, nachhaltiger im Gedächtnis gespeichert werden. Wenn durch die Bürotür bspw. nicht die Kollegin oder der Chef, sondern ein Rhinozeros hereintritt, werden die Anwesenden dieses Ereignis, auch ohne mnestische Techniken einzusetzen, wahrscheinlich ihr Leben lang nicht mehr vergessen. Hingegen ist die Wahrscheinlichkeit groß, dass sehr rasch Vergessensprozesse einsetzen, wenn dieselben Personen im Zoo auf ein Rhinozeros stoßen, dessen Anwesenheit dort niemanden verwundert.

Hochgradig emotionale und bedeutsame Erinnerungen

Auch Inhalte, die starke Emotionen auslösten – seien sie positiv oder negativ –, sind tief im Gedächtnis verankert. Unser Gehirn setzt nämlich extreme Emotionalität mit Bedeutsamkeit gleich. Alle Erfahrungen und Ereignisse, die individuell hochgradig bedeutsam sind, werden vorrangig gespeichert. Dabei kann es sich zum Beispiel um eine einzelne, an uns gerichtete verbale Botschaft handeln, zum Beispiel um den Satz „Ich liebe dich!“ Es können aber auch visuelle Eindrücke im Fokus stehen, etwa Bilder aus einem Armenviertel, die uns nicht mehr loslassen und zum aktiven Engagement für die dort lebenden Menschen motivieren. Generell sind hier Botschaften gemeint, die unser Leben nachhaltig verändern.

Selbstdefinierende Erinnerungen

Erinnerungen, die vor allem für die Definition unseres Selbst hochgradig bedeutsam sind, bleiben als intensive Bilder und episodische Szenen ebenfalls präsent. Sie lösen starke Gefühle aus und sind mit lebhaften Sinneseindrücken (Gerüchen, Farben, Tönen usw.) verknüpft. Außerdem zeichnen sie die Kriterien Permanenz, Assoziationen und Zielgerichtetheit aus.

Diese Erinnerungen versinken nie, sondern sind ständig abrufbar und bilden feste neuronale Verankerungen in unserem Gehirn. Sie drängen sich manchmal sogar regelrecht auf, da sie oft um ungelöste Konflikte kreisen.

Solche Gedächtnisinhalte sind außerdem assoziativ mit inhaltlich vergleichbaren Erinnerungen verbunden, die eine Art Plot oder Regieanweisung für unser Leben bilden. Oft werden in diesem Zusammenhang Schlüsselerlebnisse gespeichert, die unser Wesen geprägt haben und die sich in bestimmten Botschaften manifestieren. Die Erfahrung, dass der kleine Bruder vorgezogen wurde und einen die Grundschullehrerin nicht mochte, kann sich bspw. zu der Botschaft „Ich bin nicht liebenswert" verdichten. Gedächtnisinhalte dieser Art schreiben das Skript unseres Lebens.

Selbstdefinierende Erinnerungen kreisen stets um tiefinnerliche Bedürfnisse – etwa nach Liebe und Zugehörigkeit – und zentrale Werte und Ziele – etwa einen bestimmten Beruf zu ergreifen, eine Familie zu gründen oder sich selbst akzeptieren zu können – und sind damit zielgerichtet. Individuelle Zielsetzungen aber gehen mit intensiven Emotionen einher, die in Freude und Stolz bestehen können, wenn wir ein wichtiges Ziel erreicht haben, oder in Enttäuschung und Bitterkeit, wenn uns die Realisierung des Ziels nicht vergönnt war. Nach dem Psychologen Robert A. Emmons sind vor allem Ziele auf einer mittleren Ebene, die er als „strivings" bezeichnet, von emotionaler Prägekraft. Sie betreffen die Lebensbereiche Leistung, Intimität, Macht, individuelles Wachstum, Gesundheit und Kreativität.

Menschen gehen mit negativen selbstdefinierenden Erinnerungen unterschiedlich um. Die einen meiden sie, die anderen durchleben sie immer wieder. Beides kann selbstdienlich oder selbstschädigend sein. Selbstschädigende Konsequenzen stellen sich ein, wenn man durch diese Erinnerungen in Passivität, stilles Duldertum oder aber Aggressivität und Paranoia – die anderen sind schuld! – verfällt. Selbstdienliche Konsequenzen sind hingegen zu verzeichnen, wenn wir aus solchen Erinnerungen neue Kraft schöpfen und unsere Gedanken darauf konzentrieren, welche Kräfte wir mobilisierten, um diese Phasen zu überleben, welche Erkenntnisse sie uns über den Kern unseres Selbst vermittelten, und welche bedeutsamen Lebenslehren wir aus ihnen ziehen konnten.

Der Biologe und Hirnforscher Martin Korte weist darauf hin, dass zurückliegende Erfahrungen durch neue Erlebnisse immer wieder modifiziert und anders gedeutet werden. Er bemerkt: „Es scheint ganz so, als hätten wir unser Gedächtnis nicht in erster Linie dazu, um im Zeitpfeil zurückzuschauen, sondern um die Zukunft zu planen." (Korte, 2019, S. 44)

Fallbeispiel

Sina M. studierte Psychologie. Sie gehörte zur seltenen Gruppe der „Careleavers“ an der Hochschule. Ihr Vater war unbekannt, ihre Mutter verstarb, als sie drei Jahre alt war. Die Verwandten der Mutter wollten sie nicht aufnehmen, und so kam sie zu einer Pflegefamilie, in der sie misshandelt wurde. Das Jugendamt schritt ein und brachte sie ins Heim. Später lebte sie in einem SOS-Kinderdorf, absolvierte die Mittlere Reife und erlernte den Beruf der Krankenschwester. Auf dem zweiten Bildungsweg holte sie ihr Abitur nach und begann zu studieren. Auch ging sie eine stabile Partnerschaft mit einem Kommilitonen ein. Obwohl sie ihr Leben in bewunderungswürdiger Weise bewältigt hatte, kreisten ihre Erinnerungen oft um die traumatisierenden Erfahrungen in der Pflegefamilie, die bittere Enttäuschung über ihre Verwandten und um bohrende Zweifel daran, überhaupt liebenswert zu sein. Erst im Verlauf der Therapie lernte sie, sich auf positive Gedächtnisinhalte zu konzentrieren, etwa die Beziehung zu ihrer SOS-Kinderdorf-Mutter, die sie liebevoll betreute, unterstützte und an sie glaubte.

Literatur

Amelang, Manfred, Bartussek, Dieter: Differentielle Psychologie und Persönlichkeitsforschung. 5. Auflage. Stuttgart 2001.

Depue, Brendan E., Curran, Tim & Banich, Marie T.: Prefrontal Regions Orchestrate Suppression of Emotional Memories via a Two-Phase Process. In: Science 317 (2007), S. 215-219.

Emmons, Robert A.: The Psychology of Ultimate Concerns: Motivation and Spirituality in Personality. New York 2003.

Kahneman, Daniel: Schnelles Denken, langsames Denken. München 2012.

Korte, Martin: Wir sind Gedächtnis. Wie unsere Erinnerungen bestimmen, wer wir sind. 2. Aufl. München 2019.

Roth, Gerhard: Über den Menschen. Berlin 2021.

Zimbardo, Philip G. & Ruch, Floyd L.: Lehrbuch der Psychologie. Eine Einführung für Studenten der Psychologie, Medizin und Pädagogik. Berlin 1974.

Kapitel 3
Jeder erzählt eine andere Geschichte

Indem du die Gegenwart gewahr wirst,
ist sie schon vorüber; das Bewusstsein
des Genusses liegt immer in der Erinnerung.
(Karoline von Günderrode)

3.1 Erinnerungen – wie vertrauenswürdig sind sie?

Immer dann, wenn nichts Anderes vorhanden ist als Erinnerung, wie zum Beispiel bei Zeugenaussagen vor Gericht, wird deutlich, wie schwierig es ist, sich auf Erinnerungen verlassen zu wollen. Zeugenberichte divergieren meist sehr stark. Denn jeder Zeuge eines Unfalls oder eines Verbrechens wird etwas Anderes wahrgenommen haben und dementsprechend Unterschiedliches aussagen.

Fallbeispiel
Ein Jura-Professor wollte seinen Studierenden anhand eines praktischen Beispiels die Problematik von Zeugenaussagen vorführen. Er hatte mit einigen seiner Studierenden, die in dieser Vorlesung nicht anwesend waren, ein Spektakel verabredet. Diese sollten nämlich verkleidet mitten in der Vorlesung herein und aufs Pult stürmen, um den Professor unsanft herunter zu zerren und aus dem Saal zu schleppen. Die Szene eines Kidnappings. So geschah es. Nach kurzer Zeit, in der bereits eine heftige Unruhe im Saal entstanden war, erschien der Professor unversehrt und befragte die Studierenden danach, was sie gesehen hätten. Es zeigte sich, dass die Aussagen über die Art und Weise des „Kidnappings“, der Abwehrstrategie des Professors, auch über die Anzahl der Angreifer sehr unterschiedlich waren. Der Professor hatte mit dieser Inszenierung den Studierenden erfolgreich demonstriert, wie zweifelhaft und unzuverlässig die Qualität von Zeugenaussagen sein kann und dass es nicht möglich ist, so etwas wie eine absolute Wahrheit zu finden.

Ein weiteres Beispiel für diese Erfahrung zeigt ein japanischer Film aus dem Jahr 1950 mit dem Titel „Rashomon“ von Akira Kurosawa. Es geht um eine Gewalttat an einer Frau und deren Ehemann, die nicht unbeobachtet von statten geht. Was geschehen ist, sollen die Zeugen der brutalen Tat klären. Aber es macht jeder eine andere Aussage, so dass die Wahrheit dieses tödlichen Verbrechens aufgrund der verschiedenen Perspektiven nicht gefunden werden kann. Auch hier wird deutlich, wie fließend die Grenze zwischen dem realen Geschehen und dessen verzerrender Wiedergabe sein kann bzw. in der Regel auch ist.

3.2 Psychologische Aspekte der Erinnerungsfähigkeit des Menschen

Wie funktioniert unser Gedächtnis? Ist es ein statischer Behälter, in dem alles früher Erlebte konserviert wird, das dann lediglich abrufbereit vorhanden ist? Was löst überhaupt Erinnerungen bei uns aus?

Es ist ein Privileg des Menschen, sich erinnern zu können. Wieweit dies Tieren möglich ist, wissen wir nicht genau, auch wenn davon auszugehen ist, dass sich auch Tiere erinnern – aber wohl eher im Rahmen ihrer Instinkthandlungen. Der Mensch ist auf Erinnerung angewiesen, denn durch sie konstituiert sich das Bewusstsein und das Wissen um die eigene Identität. Erinnerung bewirkt die Kontinuität des Ich-Bewusstseins, das heißt den Zusammenhang von Ich-früher und Ich-heute / Wir-früher und Wir-heute. Erinnern ist Vergegenwärtigen des Vergangenen.

Ergebnisse der Hirnforschung

Unsere Erinnerungsfähigkeit und die Leistungen unseres Gedächtnisses waren bereits in der Antike für die Menschen ein großes Rätsel und beschäftigten Philosophen, Künstler und Wissenschaftler. „Was ist denn das, womit wir uns erinnern, welche Kraft hat es und woher hat es sein Wesen?“, fragte sich schon Cicero im alten Rom.

Immerhin ist unser Gedächtnis wie ein Katalysator, der unsere Erfahrungen zu unserer Lebensgeschichte macht. Und nicht nur das: die Kontinuität unserer Ich-Identität und unseres Selbstbewusstseins wären ohne Erinnerungsfähigkeit nicht möglich. Das Gefühl für uns selbst und für andere verdanken wir unserem Gedächtnis (vgl. Kap. 2).

Gehirn und Psyche, wie hängen sie zusammen? Gibt es überhaupt so etwas wie Psyche? Oder hängen sämtliche seelische Vorgänge, Gefühle und Empfindungen, sowohl körperliche wie psychische, nicht von einzelnen Vorgängen in bestimmten Gehirnregionen ab? Befindet sich unsere Psyche im Gehirn, und existiert so etwas wie das Unbewusste? Und wenn ja, wie ist das Verhältnis zwischen Bewusstem und Unbewusstem, und welchen Anteil hat unsere Psyche an unserem Erinnerungsvermögen? Wie hängen Körper, Gehirn und Seele eigentlich zusammen, und haben diese Zusammenhänge einen Einfluss auf unsere Erinnerungsfähigkeit? Der Arzt und Psychotherapeut Bernd Leibig stellt folgende Fragen: „Macht das Gehirn die Seele? Oder macht die Seele das Gehirn? Was war zuerst? Oder verhalten sich beide wie Hardware und Software eines Computers?“ (Leibig, 2016, S. 8).

Wenn unsere Gefühle und Gedanken allein von den Prozessen im Gehirn abhängen, welchen Sinn hat dann überhaupt Psychotherapie, und wie sieht es mit dem Verhältnis zwischen Bewusstsein und Unbewusstem aus? Wie entsteht bewusstes Erleben? Diejenigen Informationen unseres Körpers und der Umwelt, die neuronale Erregungen der Großhirnrinde, des Cortex, bewirken, führen zu bewusstem Erleben. Sofern die neuronalen Erregungen unterhalb des Bereichs unseres Cortex bleiben, entwickelt sich kein Bewusstsein. „Unser Bewusstsein ist an unsere Großhirnrinde gebunden. Alle anderen Vorgänge und Informationen, und das ist der allergrößte Teil, bleiben uns unbewusst“ (Ebd., S. 11).

Nicht nur die Psychoanalyse, sondern auch die moderne Neurowissenschaft geht von der Existenz des Unbewussten aus und benennt dies auch so. Der Neurowissenschaftler Gerhard Roth geht beim Verhältnis von bewussten zu unbewussten Vorgängen von einer Größenordnung von $1:10^6$ aus. Somit kommen auf eine bewusste Informationseinheit jeweils eine Million unbewusste Informationen.

Unser Gedächtnis speichert dies alles, nur können uns diese Inhalte unmöglich gleichzeitig bewusst sein. Dass Erinnerungsinhalte aus dem Unbewussten „getriggert“ werden, kann von bestimmten Situationen, Gerüchen, Musikeindrücken, Geräuschen, Bildern etc. abhängen. Das kennen wir alle.

Impulsfragen

- Wie gehen Sie mit Ihren Erinnerungen um? Lassen Sie sie zu? Empfinden Sie sie eher als Schatz oder als Belastung?
- Sind Ihnen schon einmal Erinnerungen bei einem bestimmten Duft aus der Kindheit in den Sinn gekommen? Was hat das bei Ihnen ausgelöst?
- Welche Orte, welche Musikstücke lösen bei Ihnen Erinnerungen aus?
- Sind diese Erinnerungen eher positiv oder negativ? Womit könnte das jeweils zusammenhängen?

Wenn wir etwas sehen, fühlen, schmecken oder hören, werden diese Eindrücke zunächst vom Thalamus geprüft. Erst dann gelangen sie in die Hirnrinde.

Der Hippocampus, eine zentrale Schaltstation des limbischen Systems, ist dafür zuständig, Erlebnisse zu verarbeiten und Erinnerungen zu formen. Die Amygdala (Mandelkern) besitzt die Aufgabe, ein Ereignis emotional zu bewerten. Sie ist eine weitere unbewusst agierende Instanz. Die zwei Amygdalae, die wir haben, sind Zellstrukturen im Mittelhirn.

Die Amygdala ist der Ort, an dem unsere Emotionen gespeichert werden, sie ist unser emotionales Gedächtnis und verantwortlich für die emotionale Steuerung unseres Bewusstseins. Die Amygdala vergisst nichts; Ängste, Traumatisierungen, alle Gefühle sind in ihr unauslöschlich gespeichert. Was die Amygdala konserviert hat, ist nicht zu löschen.

Es ist aber möglich, den Hippocampus positiv zu „programmieren“, um zum Beispiel traumatische Erfahrungen zu überlagern und entsprechend gegenzusteuern. Daraus ergibt sich ein erfolgversprechender Ansatz für die Therapie früher Verletzungen und Traumata. Die Biologen Gerhard Roth und Nicole Strüber haben in einer Studie festgestellt, dass Psychotherapie nachweislich zu strukturellen Veränderungen im Gehirn führt.

Kehren wir zurück zur Frage des Anfangs, ob unsere Psyche von unserem Gehirn bestimmt ist oder ob sich umgekehrt die Psyche in den Strukturen des Gehirns materialisiert. Sind wir der homo neurobiologicus (Bernd Leibig), dessen Ich sich allein von Gehirnprozessen her definieren lässt? Wir können im Gehirn keine Seele ausfindig machen, auch ein übergeordnetes Selbst lässt sich dort nicht lokalisieren. Diese Beobachtung wird auch dadurch gestützt, dass beispielsweise Hirnverletzungen oder der Untergang von Gehirnzellen starke Persönlichkeitsveränderungen nach sich ziehen, was uns zu der Annahme führen könnte, dass unser Wahrnehmen, Denken und Handeln allein Ausdruck neuronaler Prozesse und synaptischer Netzwerke ist, was die Neurowissenschaft ja auch bestätigt. Aber es bleiben Zweifel.

Überlegen Sie einen Augenblick: Wie würden Sie sich fühlen, wenn Ihr Ich mit all seinen Facetten allein auf biochemische Prozesse im Gehirn reduziert würde?

Das Gehirn mit seinen Strukturen ist bei allen Menschen gleich aufgebaut, trotzdem sind wir allesamt Individuen und als Persönlichkeiten sehr verschieden. Bei der Formung der Persönlichkeit spielen selbstverständlich auch viele andere Faktoren eine Rolle, und trotz aller Fortschritte der Hirnforschung können wir uns den Geist, die Emotionen und Gefühle unseres Selbst letztlich nicht erklären. Die Bedeutungen, die zuvor von Geist, Gefühl, Emotion ausgesandt wurden, materialisieren sich gewissermaßen in Neurotransmittern wie Serotonin, Adrenalin und Oxytocin:

„Wir können die Entstehung des Bewusstseins und der Gefühle als hochkomplexes System neurobiologisch in ersten Ansätzen nachvollziehen. Wie der Geist, unser Ich- und unser Selbsterleben sich daraus entwickelt, bleibt uns jedoch weiterhin ein Rätsel“ (Leibig, 2016, S. 18).

Subjektive psychologische Faktoren

Fallbeispiel

Nach den Sommerferien in einer Oberstufenklasse des Gymnasiums: Zwei befreundete Schülerinnen waren in den Ferien in England und werden von der Lehrerin aufgefordert zu berichten, was sie bei diesem Aufenthalt besonders interessiert habe. Unter anderem erzählen die beiden von einem eindrucksvollen Besuch in der alten Universität Cambridge. Auf die Frage, woran sie sich vor allem erinnerten, war es bei der einen die neugotische Architektur der Gebäude und die gelungene Anlage der Grünflächen und des Innenhofes. Die andere war vor allem von der kontemplativen Atmosphäre beeindruckt, die dadurch unterstrichen wurde, dass ein Student, aufmerksam in ein Buch vertieft, auf dem Rasen saß und las.

Der jeweilige Erinnerungsinhalt der beiden Schülerinnen sagt etwas aus über die unterschiedlichen Interessensschwerpunkte der beiden, vielleicht auch über unterschiedliche Persönlichkeitstypen. Die eher extravertierte, an konkreter Gestaltung interessierte Schülerin erinnert sich vor allem an die Architektur, die Erinnerung der eher introvertierten, an Studium und Gelehrsamkeit interessierten Schülerin beinhaltet das Bild von dem lesenden Studenten.

Somit hängt vermutlich der Erinnerungsinhalt auch von der jeweiligen Typologie eines Menschen ab. Nach C. G. Jung unterscheiden wir zunächst die beiden grundlegenden Einstellungsweisen Extraversion und Introversion, die über die sogenannte Libido-Einstellung entscheiden, das heißt, Extraversion und Introversion bezeichnen den Fluss psychischer Energie. Bei der Extraversion geht er in erster Linie vom Ich zu den äußeren Objekten, bei der Introversion macht er „einen Umweg über die inneren Objekte und subjektiven Gegebenheiten“ (Adam, 2011, S. 93). Darüber hinaus spricht Jung von vier Orientierungsfunktionen, die den jeweiligen Typus des Menschen ausmachen. Demnach verlaufen die Orientierung in der Welt und die Bewältigung von Problemen entweder über das Denken, das Fühlen, das Intuieren oder das Empfinden. Somit sprechen wir vom Denktyp, Fühltyp, Intuitionstyp und Empfindungstyp. Selbstverständlich existieren diese Typen nicht in Reinkultur, sondern wir alle sind Mischtypen. Jung unterscheidet hier zwischen Haupt- und Nebenfunktionen. Die Hauptfunktion meint die Verhaltensweise, mit der wir bevorzugt auf Situationen reagieren und Probleme lösen. In der Regel entnehmen wir dabei auch den drei weiteren Typen uns gemäße, hilfreiche Funktionen.

Die folgenden Erläuterungen der Typen beschreiben jeweils deren Hauptfunktion. Kurz gesagt lässt sich der Denktyp als rationaler Charakter, der Fühltyp als von gefühlsmäßigen Wertvorstellungen her Urteilender, der Intuitionstyp als Mensch bezeichnen, der aufgrund seines inneren, ganzheitlichen Erfassens der Dinge und Menschen die Wirklichkeit erfährt. Der Empfindungstyp oder Realitätstyp, andere Autoren sprechen von Wahrnehmungstyp, wiederum erfährt die Wirklichkeit in erster Linie über seine unterschiedlichen Sinneswahrnehmungen. Dieses Spektrum reicht von der Wahrnehmung des Faktischen und Alltäglichen (Tatsachensinn und Tatsachengedächtnis) bis zum Sensorium für ästhetische, künstlerische Eindrücke.

Impulsfragen
Versuchen Sie herausfinden, welcher Typ Sie sein könnten. Dabei geht es vor allem um Ihre Hauptfunktion:

- Halten Sie sich eher für introvertiert oder für extravertiert?
- Versuchen Sie Probleme in erster Linie rational zu lösen?
- Neigen Sie zu raschen gefühlsmäßigen Wertungen?
- Haben Sie manchmal Ahnungen, eine „Spürnase“ für Zukünftiges oder intuitive Eingebungen, was zu tun sei?
- Stehen bei Ihnen Realitätsprüfung und Realitätskritik im Vordergrund?

Es gibt Untersuchungen darüber, inwieweit die einzelnen Orientierungsfunktionen (Typologien) Erinnerungen unterschiedlich speichern. Der Arzt und jungianische Psychoanalytiker Klaus-Uwe Adam stellt diesbezüglich die Frage, wie das Gedächtnis mit der einzelnen Funktion zusammenhängt:

„Ist das Gedächtnis unabhängig von den Funktionen oder in irgendeiner Weise mit ihnen (den Funktionen, d. A.) verbunden? Die Empirie zeigt, dass umso mehr Gedächtnisspuren gebildet werden, je mehr Ichfunktionen an der bewussten Aufnahme eines Geschehens beteiligt sind. Wenn sowohl die Sinneswahrnehmung, das Fühlen, das Nachdenken und vielleicht auch die assoziierende Intuition im Ich präsent sind und an einer Erfahrung teilnehmen, verbessert sich in dieser Kombination sichtlich die Merkfähigkeit, da die Erinnerungen gleichsam doppelt, dreifach oder vierfach gesichert werden“ (Adam, 2011, S. 88).

Dass Erinnerungen mithilfe aller vier Funktionen gespeichert werden, ist wohl kaum realistisch. Ob und wie ein Mensch seine Orientierungsfunktionen im Erleben eines Geschehens einsetzt, hängt sicher noch von einem anderen wichtigen Faktor ab. Mitbestimmend ist auch unsere Grundeinstellung, ob wir zum Beispiel eher Optimisten oder eher Pessimisten sind.

3.3 Die Rolle von Optimismus, Pessimismus und Scham

Sind Sie ein Optimist oder eher ein Pessimist? Ihre Antwort hat, wie Sie aus Erfahrung wissen, für so manche Situation in Ihrem Leben schon bedeutsame Konsequenzen gehabt. Dass davon aber auch abhängt, wie wir uns erinnern oder an was wir uns erinnern, und was wir dagegen eher ausblenden bzw. welche Inhalte wir einfach „übersehen“, machen wir uns oft nicht bewusst.

Der Optimist hat eine grundsätzlich positive, lebensbejahende Einstellung gegenüber dem Leben und der Welt und glaubt an ein gutes Ende. Das motiviert auch sein Handeln, indem er, konstruktiv und verbindlich, zu Hilfsbereitschaft und Unterstützung seiner Mitmenschen neigt, um alles Üble und Negative fernzuhalten oder auszuschalten. Der Pessimist hingegen vertritt eine Grundhaltung ohne positive Erwartung und Hoffnung. Zweifel und Skepsis bestimmen sein Denken, und er geht davon aus, dass eine Situation in der Regel nur eine negative Entwicklung nehmen kann.

Dementsprechend sind auch die Erinnerungen beider Typen höchst verschieden. Einem Menschen, der eine grundsätzlich lebensbejahende Einstellung hat, ist daran gelegen, alles dazu beizutragen, dass schwierige Situationen positiv enden. Auch sein Gedächtnis möchte weitgehend nur das Gute und Konstruktive bewahren und erweist sich somit als positiv selektiv. Anders das Gedächtnis des Pessimisten, das eher negative Erfahrungen speichert und sich auf die Schattenseiten von Personen und Ereignissen fokussiert, die der Optimist, wenn er sie überhaupt wahrnimmt, lieber ausblenden möchte.

Bei Geschwistern können sehr unterschiedliche Erinnerungen an Kindheit und Elternhaus vorhanden sein aufgrund unterschiedlicher individueller Erfahrungen, aber auch in Abhängigkeit von ihrer jeweiligen Typologie. So kann sich ein Sohn an den Vater als tollen Kerl erinnern, der sich neben seinem Beruf noch intensiv weiterbildete und für andere engagierte, während der andere den Vater als Egoisten wahrgenommen hat, der seine Familie und vor allem seine Frau vernachlässigte. Der Optimist möchte ein positives Vaterbild bewahren, der Pessimist hingegen sieht die Schattenseiten und nachhaltigen Defizite des Vaters.

Der Life-Orientation-Test (Deutsche Fassung)
Wenn Sie testen wollen, ob Sie selbst eher zu den Optimisten oder Pessimisten gehören, finden Sie einen auch für Laien verständlichen und leicht auswertbaren Test unter folgendem Link:
http://www.detect-studie.de/publikationen/Glaesmer_2008_ZfG.pdf

Schamgefühle
Die Fähigkeit sich zu schämen, ist dem Menschen angeboren, das heißt, sie hat in der Evolution eine wichtige Rolle gespielt. Schon die antiken Griechen haben sich mit Scham und Schamgefühlen beschäftigt und deren Bedeutung erkannt.
Für den Philosophen Hesiod ist die Scham der notwendige Antipol zur Hybris und stellt die subjektive Ergänzung von objektiven Rechtsprinzipien dar. Aristoteles verbindet die Scham mit der Angst vor einem Verlust der Ehre aufgrund fehlgeleiteten Handelns. Scham hat hier also bereits eine deutlich gemeinschaftsbezogene Komponente.

In der Tat ist die Fähigkeit sich zu schämen eine wesentliche Voraussetzung für den Zusammenhalt einer Gruppe. Sie stellt nämlich die Verinnerlichung von Regeln sicher, die in einer Gemeinschaft salient sind. Scham bedeutet eine wichtige Anpassungsleistung, denn das Schamgefühl trägt dazu bei, dass Individuen von Handlungen absehen, die dazu führen, dass sie von ihrer Bezugsgruppe ausgestoßen werden.

Die Kulturanthropologin Maria-Sibylla Lotter bemerkt in diesem Zusammenhang: „Sanktionen können eine Person ebenso wenig erreichen, wie ein vernünftiger Ratschlag, wenn sie nicht schon ein moralisches Selbstverständnis entwickelt hat, das sich als Scham äußert und der Person Gründe liefert, die Autorität von Eltern und die Kompetenz von Ratgebern anzuerkennen“ (Lotter, 2016, S. 69-70).

Menschen, denen die Fähigkeit fehlt, Scham zu empfinden, sind in ihrer Persönlichkeitsentwicklung gestört und meist gesellschaftliche Außenseiter. Andererseits kann übertriebene Scham aber auch zu seelischen Problemen führen, wir haben es hier mit zwei Seiten einer Medaille zu tun.

„Schäme dich, du solltest dich schämen“ – nicht selten sind diese und ähnliche Worte an uns in Kindheit und Jugend gerichtet worden. Die Scham liegt wie ein grauer Schleier über unseren Lebenserinnerungen.

Sie lässt uns immer wieder mit kritischem Blick auf uns selbst blicken und verhindert, dass wir uns akzeptieren können. Schamgefühle, die meist aus unserer ganz frühen Lebenszeit stammen, sind mit einer ätzenden Säure zu vergleichen, die, bildlich gesprochen, Löcher in das Gewebe unseres Selbstwertgefühls brennt.

Unsere Erinnerung könnte uns den Reichtum unseres Lebens immer wieder bewusst machen, oft aber gelingt es nicht, sich zu erinnern. Da sind nur schwarze Löcher, Episoden unsres Lebens sind nicht rückrufbar oder nur ganz schwach erinnerbar. Dabei handelt es sich meist um Situationen, an die wir uns ungern erinnern, da es peinliche Momente waren, derer wir uns schämen. Scham wirkt wie eine seelische Blockade und verhindert, dass relevante Erinnerungen vergegenwärtigt werden können.

Die bekannte Schweizer Psychotherapeutin und Professorin für Psychologie Verena Kast unterscheidet verschiedene Arten von Scham: Körperscham, sexuelle Scham, Intimitätsscham und – besonders wichtig – Selbstverwirklichungsscham und Existenzscham (vgl. Kast, 2016).

Selbstverwirklichungsscham empfinden wir, wenn uns bewusst wird, dass wir zu wenig aus unserem Leben gemacht und gute Möglichkeiten zur Weiterentwicklung unserer Persönlichkeit verpasst haben. Das Gefühl der Existenzscham geht noch tiefer, es berührt unsere selbstverständliche Daseinsberechtigung. Kinder, die nicht gewollt waren oder die aus Sicht der Eltern hätten anders sein sollen, verinnerlichen das Gefühl, mich sollte es nicht oder wenn, dann auf jeden Fall anders geben. Sie wachsen mit dem

Gefühl auf, kein Recht auf Leben zu haben, was ständig von einem mehr oder weniger bewussten Schamgefühl begleitet wird.

Um zu einem neuen, selbstbewussten Lebensgefühl zu kommen, wäre es wichtig sich zu erinnern, die Scham auslösende Situation nachzuerleben und deren Unrechtmäßigkeit zu erkennen, um sich dann von den Folgen befreien zu können. Vielleicht ist dazu eine ganze Portion Wut und Aggressivität nötig.

Wie wichtig der entwertende oder aufmunternde Blick des anderen Menschen für die Entwicklung eines positiven Selbstwertgefühls ist, beschreibt Sartre in seiner Autobiografie „Die Wörter“:

„Meine Wahrheit, meinen Charakter und meinen Namen hatten die Erwachsenen in der Hand; ich hatte gelernt, mich mit ihren Augen zu sehen; ich war ein Kind, ein Monstrum, das sie mit Hilfe ihrer eigenen Sorgen fabrizierten. Waren sie nicht da, so hinterließen sie ihren Blick, der eins wurde mit dem Licht; ich lief und hüpfte herum unter diesem Blick, der mir meine Natur eines vorbildlichen Enkels aufzwang, der mir meine Spielsachen und das Universum schenkte“ (Sartre, 1968, S. 48).

Sartre lebte gemeinsam mit seiner Mutter bei seinen Großeltern, da sein Vater früh gestorben war. Der Großvater war für Sartre so etwas wie die letzte Instanz, dessen Blick er äußerlich und innerlich nicht entgehen konnte. Bruchstückhafte Erinnerung, Bewusstwerdung und Schreiben waren der Ausweg aus Sartres Unfreiheit und Mutlosigkeit.

Impulsfrage

- Welche entmutigenden, Scham auslösenden Erfahrungen durch Schweigen, Worte und Blicke könnten bei Ihnen vorhanden sein und Ihnen den Zugang zu Ihren Erinnerungen verbauen?

3.4 Die Glaubwürdigkeit unseres Gedächtnisses

Die psychoanalytische Forschung, fußend auf Sigmund Freud, Carl Gustav Jung, Alfred Adler u. a., weist in neuester Zeit immer wieder auf die Schwierigkeit objektiver Erinnerung hin, vor allem was die Erinnerungen von Patienten während einer Psychoanalyse betrifft. Allerdings geht es in der Analyse in der Regel nicht um den objektiven Wahrheitsgehalt, sondern vor allem um die emotionale Bedeutung des Erinnerungsinhalts für den Betreffenden. Untersuchungen innerhalb der Neurowissenschaften bestätigen die kritischen Überlegungen zur Zuverlässigkeit unseres Gedächtnisses. Die Gedächtnisforschung geht heute davon aus, dass Erinnern immer ein Konstruieren und Rekonstruieren beinhaltet. Wir stellen also alles so dar, wie es uns passend erscheint. Rekonstruktion meint die Vorstellung, dass

Erinnerungen nur dadurch gefestigt werden können, dass sie in immer neuen Denk-Akten von uns wiederhergestellt werden. Es gibt also keinen objektiven Erinnerungsgehalt ohne subjektive Färbung.

Die Ägyptologin und Kulturwissenschaftlerin Aleida Assmann (2004) unterscheidet zwei Gedächtnismodelle, die sie als „Spur" und „Bahn" bezeichnet. Spur bedeutet dabei das, was sich tief in das Gedächtnis eingegraben hat, womöglich begleitet von körperlichen Reaktionen (Zittern, Schmerzen, Kälte-/Hitzegefühle etc., hervorgerufen durch die Kraft eines Affekts oder die Wucht eines Schocks). Sie spricht hier von einer körperlichen Dauerspur, konserviert über lange Zeiträume.

Jeder kennt die Redewendung, einem früher Erlebten „auf die Spur" zu kommen. Manchmal gelingt uns das durch sinnliche Eindrücke wie Gerüche, die uns an einen bestimmten Raum erinnern (z.B. der Speicher, auf dem wir als Kind einmal eingesperrt waren), oder eine bestimmte Musik, die uns an ein besonderes emotionales Erlebnis erinnert. Hier handelt es sich um Erfahrungen, die tief eingeprägte „Spuren" hinterlassen haben.

Dagegen wird eine Gedächtnisbahn durch vermittelte Erinnerungen repräsentiert. Die Neurowissenschaftler sprechen von „neuronalen Bahnungen" im Gehirn, die Erinnerungen speichern, welche aber überlagert und verändert werden können.

Gefahr der Verzerrungen durch die Erinnerung

Erinnerungen können zu „literarischen Geschichten" werden, „ich kann ihnen, mir selbst zuhörend, nur noch Glauben schenken. Bis zur sinnlichen Gewissheit verbürgen kann ich mich nicht mehr" (Kosellek, 1995, S. 0B4).

Diese und ähnliche Aussagen werden durch psychologische Forschungen bestätigt, die zwei wesentliche Erkenntnisse ergaben:

- Durch wiederholtes Erzählen verblasst der emotionale Anteil des Erzählten. Die reale Erfahrung selbst tritt in den Hintergrund und wird durch Versprachlichung quasi verwässert.

- Erinnerungen werden umgedeutet in Anpassung an unsere aktuelle Lebenssituation und aus dem Bestreben heraus, unsere Lebensgeschichte kohärent erscheinen zu lassen.

Es ergibt sich damit die Frage, wie aktiv oder passiv Erinnerungen bewahrt und abgerufen werden. Wie weit ist das Bewusstsein am Erinnerungsakt beteiligt und verzerrt das Erinnerte?

Die Tiefenpsychologie ebenso wie die Neurowissenschaft gehen davon aus, dass kein zentrales Erlebnis, keine intensive Erfahrung des Menschen verloren gehen, sondern dass sie neuronal – oder psychoanalytisch ausgedrückt

– im Unbewussten gespeichert sind. Es kann sein, dass Erinnerungen über lange Zeiträume dort „lagern", ohne vom Bewusstsein erfasst und „geweckt" zu werden.

Wodurch kann eine Erinnerung abgerufen, aber gleichzeitig auch verzerrt und verändert werden? Hier sei ein bekanntes Wort von Friedrich Nietzsche zitiert: „‚Das habe ich getan', sagt mein Gedächtnis. ‚Das kann ich nicht getan haben' – sagt mein Stolz und bleibt unerbittlich. Endlich – gibt das Gedächtnis nach."

Der Auslöser für eine Erinnerung, darin stimmen Gedächtnisforscher überein, ist vielfach ein Affekt, der den Kern des emotionalen Gedächtnisses ausmacht. Bestimmte Affekte aber können den Wahrheitsgehalt einer Erinnerung verschleiern.

Fazit: Unsere Erinnerung bewegt sich zwischen Authentizität und Erfindung. Authentizität ist für unsere Selbstvergewisserung und Identitätssicherheit unverzichtbar.

Gleichzeitig benötigen wir aber offenbar eine Selektion und Umdeutung von Erinnerungen, um die Identifizierung mit uns und unserem „Gewordensein" zu ermöglichen.

Konsequenzen für unser alltägliches Leben

Es gibt also keinen objektiven Erinnerungsgehalt, sondern Erinnerungen sind immer subjektiv gefärbt. Das gilt nicht nur für kurzzeitige Erinnerungen, sondern auch für die Rekapitulation lebensgeschichtlicher Ereignisse und Zusammenhänge. Gefühlte Lebensgeschichte stimmt oft nicht überein mit den biographischen Fakten.

Es gibt letztlich auch keine historisch-objektive Forschung. So konstatiert der Mittelalter-Historiker Johannes Fried (2004), der die neuere Hirnforschung ernst nimmt, dass es keine zuverlässigen Quellen geben könne, weil Menschen keine zuverlässigen Erinnerungen hervorzubringen in der Lage seien und das Gebäude der Geschichtsschreibung sozusagen auf tönernen Füßen stehe. Damit sind Umdeutungen und Mythenbildung Tor und Tür geöffnet. Die Mythenbildung ist ein zentraler Bestandteil der Lebensführung und Lebensbewältigung von Individuen, Familien, Großgruppen, ja ganzer Kulturen.

Ein wenig können wir uns an dem zu Stein, Schrift, Papier oder Noten gewordenen kulturellen Gedächtnis bzw. den Erinnerungskulturen festhalten. Allerdings müssen wir uns im Klaren darüber sein, dass auch diese scheinbar objektiven Zeugen der Vergangenheit in vielen Fällen keine Tatsachen widerspiegeln, sondern bereits Ausfluss von Interpretationen sind.

Mach Dir doch einfach mal ein ganz neues Bild von mir!

Fallbeispiel
Man hat sich dreißig oder vierzig Jahre nicht gesehen. Nun soll ein Klassentreffen stattfinden, in der Stadt und in der Schule, in der Sie Ihren Schulabschluss gemacht haben. Wenn Sie daran denken, ist Ihnen nicht ganz wohl in Ihrer Haut. Wie werde ich jetzt nach dreißig oder vierzig Jahren von den anderen wahrgenommen? Noch so wie damals? An was erinnern sich die anderen, wenn sie mich sehen? Vielleicht ist mir diese Erinnerung peinlich, ich möchte nicht mit mir von damals konfrontiert werden. Ich bin doch jetzt ein ganz anderer/eine ganz andere geworden. Vielleicht fällt das Bild von damals aber gar nicht so negativ aus? Und wie werde ich die anderen wahrnehmen, was wird aus ihnen geworden sein? Eigentlich möchte ich in die Zeit von damals nicht noch einmal eintauchen. Gleichzeitig bin ich neugierig zu erfahren, was das Leben mit den anderen gemacht hat. Haben sie vielleicht mehr erreicht als ich? Es bleibt nicht aus, in das vergleichende Denken abzurutschen und dabei auf etwas zu stoßen, was C G. Jung den „Schatten", den dunklen Bruder, die dunkle Schwester, nennt. Es ist aber auch möglich, eine Bestätigung zu erfahren, mit der Sie nicht gerechnet haben.

3.5 Umgang mit dem Schatten

Das Konzept des Schattens ist ein psychologisches Konstrukt, das C. G. Jung einführte und erstmals wohl 1912 erwähnte. Der Schatten ist ein bildhafter Begriff, den Jung für alle jene dunklen Seiten und ungelebten Anteile in Menschen geprägt hat, die sie zwar haben, aber nicht kennen, die ihnen unbewusst sind oder die sie nicht wahrhaben wollen.

Der Gegenbegriff zum Schatten ist nach Jung die Persona, die alle Aspekte unserer Persönlichkeit beinhaltet, die uns vorzeigbar bis hin zu ideal erscheinen. Das, was wir von uns nach außen zeigen, einschließlich unserer Kleidung, wie wir uns wahrnehmen und wie wir wahrgenommen werden möchten, das beinhaltet die Persona. Es geht dabei also um ein Ich-Ideal, das ein nach Perfektionismus strebender Mensch realisieren möchte, der die nicht perfekten Seiten seiner Persönlichkeit verbergen, ja verdrängen muss. Die Persona weist hinsichtlich unseres Ich-Ideals aber auch einen sozialen Aspekt auf, in dem sich die Werte unserer unmittelbaren Umwelt und der Kultur, in der wir leben, widerspiegeln.

Die Persona ist, so können wir zusammenfassend formulieren, die bewusst nach außen gezeigte Wesensseite, das Erscheinungsbild unserer eigenen Person. Dazu gehören auch bestimmte Verhaltensweisen, welche die Gesellschaft passend zu unserer Rolle, zu unserem Titel, zu unserer Herkunft bis hin zu unserem Geschlecht, von uns erwartet. Problematisch wird es, wenn sich jemand mit seiner Persona vollständig identifiziert. Dann wird die Persona zur Seelenmaske, hinter der Lebendigkeit und Emotionalität des Menschen oft nicht mehr spürbar sind und die Person selbst ihre kreativen Kräfte nicht mehr wahrnimmt.

Auch der Schatten ist einem Menschen, der sich völlig mit seiner Persona identifiziert, nicht mehr zugänglich. Es ist eine allgemein menschliche Erfahrung, dass wir nicht nur gute und lichte Seiten haben, sondern auch Schattenseiten. Alles, was wir an uns nicht mögen, was wir nicht oder noch nicht akzeptieren können, dessen wir uns vielleicht auch schämen, gehört zu unserem Schatten. Das können bestimmte Eigenschaften, ebenso Schwächen und Schönheitsfehler sein, darüber hinaus aber auch alle verdrängten, minderwertigen, vielleicht auch schuldhaften Anteile der Person. Beschämende, das Ich entwertende Erfahrungen in Kindheit und Jugend können sich zu einem störenden Schattenanteil der Person entwickeln, mit dem diese möglicherweise ihr ganzes Leben zu tun haben wird. Der Schatten kann dann beispielsweise anlässlich des bereits erwähnten Klassentreffens virulent werden, wenn Erinnerungen an Schwächen oder beschämende Erfahrungen schemenhaft wieder ins Bewusstsein aufsteigen.

Die Verdrängung des Schattens kostet viel seelische Energie und erschwert Unmittelbarkeit und Kontinuität in Beziehungen. Hinzu kommt die Gefahr, dass wir eigene Schattenanteile auf andere projizieren und sie dann im anderen bzw. den anderen bekämpfen. Als historische Beispiele sind die Hexenverfolgung oder Teufelsaustreibungen im Rahmen der Inquisition zu nennen. Aber soweit müssen wir gar nicht gehen. Wie oft regen wir uns über das dominante Gehabe, die Unordnung und Rücksichtslosigkeit oder über die sexuelle Orientierung anderer auf ohne wahrzunehmen, dass ähnliche Anteile auch in uns selbst vorhanden sind. Bekämpfung von Minderheiten, Rassismus bis hin zu Kriegen haben oft als Wurzel die kollektive Projektion von Schattenanteilen der eigenen Gesellschaft auf Randgruppen.

Daher ist es in der analytischen Psychotherapie eine wichtige Aufgabe, darüber hinaus aber auch eine Lebensaufgabe für jeden Menschen, die Schattenanteile ins Bewusstsein zu heben und in die Persönlichkeit zu integrieren, das heißt zunächst einmal sie zu akzeptieren. Nach C. G. Jung besteht der Schatten zu 90 Prozent aus reinem Gold, womit gemeint ist, dass der Schatten ungeahnte Kräfte, Lebendigkeit und Kreativität beinhaltet, die verloren gehen, wenn wir zu viel Energie auf die ständige Abwehr unseres Schattens verwenden und uns der positiven Möglichkeiten unseres Schattens nicht bewusst werden.

Unser Schatten birgt viele positive Aspekte, und es werden oft Anteile der Person in den Schattenbereich gedrängt, „die kostbar und positiv sind, die aber irgendwann als schlecht, ungehörig, unverschämt und sündig dargestellt und mit negativen Aussagen verbunden worden sind. Dazu gehören beispielsweise Neugier und Kreativität, Mut, Eigensinn, Autonomie, Selbstbehauptung, Spontaneität, Fantasie oder Sexualität" (Schnocks, S. 368). Wie erkenne ich meinen Schatten? Wie komme ich an ihn heran?

Impulsfragen

- Was kann ich an mir nicht leiden? Was finde ich an mir nicht akzeptabel?
- Was löst bei mir Schamgefühle aus, so dass ich vermeide, daran zu denken?
- Was möchte ich auf jeden Fall vor anderen verbergen?
- Gibt es Personen, die mich auf die Palme bringen und über die ich nicht ohne heftige Emotionen sprechen kann?
- Gibt es Menschen, die ich bewundere oder verehre? Wegen welcher Fähigkeiten, Eigenschaften oder Verhaltensweisen?
- Gibt es etwas in meinem Leben, das ich gerne erreicht oder verwirklicht hätte, was aber aus irgendwelchen Gründen nicht möglich war?

Ihre Antworten auf die Fragen 1 bis 4 lassen Sie eher die negativen Facetten Ihres Schattens erkennen, das heißt, Sie nähern sich mit Ihren Antworten Ihrer dunklen Schwester, Ihrem dunklen Bruder an. Je emotionaler Ihre Antworten ausfallen, je heftiger Sie eine bestimmte Person in Ihrer Umgebung ablehnen, umso mehr können Sie damit rechnen, dass gerade sie persönliche Schattenanteile repräsentiert, die Sie auf diese Person projizieren. Die Schattenprojektion ist meistens von starken Emotionen begleitet. Die Fragen 5 und 6 beziehen sich stärker auf die positiven Qualitäten Ihres Schattens, das heißt auf mögliche Ressourcen, Kreativität und Lebendigkeit, die Sie an anderen wahrnehmen, bei sich aber (noch) nicht ausgeschöpft haben. Sich selbst mit seinem Schatten anzunehmen und „ganz" zu werden, ist das zentrale Ziel unserer Individuation.

Was ist Ihr persönliches Vermächtnis?

Am Ende eines Jahres, beim Rückblick auf Ereignisse und Erlebnisse in dieser Zeit stellen wir uns häufig die Frage: Was war wirklich wichtig in diesem Jahr? Was möchte ich im Gedächtnis bewahren, und was kann ich getrost vergessen? Wir wünschen uns dann oft, dass etwas von dem, was uns wichtig war, nicht verlorengeht sondern auf irgendeine Weise bleibt und unser Leben überdauert. Gibt es etwas, von dem Sie glauben, dass es Sie überleben wird? Was ist Ihnen so wichtig, dass Sie es an andere Menschen weitergeben möchten? Verfassen Sie ein Interview mit sich selbst, bei dem Sie sich folgende Fragen stellen:

- Was ist dir bisher gut gelungen?

- Welche Ziele möchtest du gerne noch erreichen?

- Hast du gelebt oder wurdest du gelebt?

- Was erscheint dir bleibend wichtig in deinem Leben?

- Welche Menschen werden sich wahrscheinlich bleibend an dich erinnern?

- Welche Lebensweisheit, mit der du gut gefahren bist, würdest du gerne an andere Menschen, vielleicht an die nächste Generation weitergeben?

Viel Glück bei der Entdeckung Ihrer Ressourcen, die Ihre Erinnerungen für Sie bereithalten!

Literatur

Adam, Klaus-Uwe: Therapeutisches Arbeiten mit dem Ich. 2. Aufl. Stuttgart 2011.

Assmann, Aleida: Wie wahr sind unsere Erinnerungen? In Harald Welzer & Hans J. Markowitsch (Hrsg.): Warum Menschen sich erinnern können. Stuttgart 2006, S. 95-110.

Dies.: Erinnerungen verändern sich von einer Generation zu anderen. Psychologie heute, Heft 10, Oktober 2004, S. 26-28.

Fried, Johannes: Der Schleier der Erinnerung. Grundzüge einer historischen Memorik. München 2004.

Kast, Verena: Der Schatten in uns – Die subversive Lebenskraft. Düsseldorf 2016.

Kosellek, Reinhard: Glühende Lava, zur Erinnerung geronnen. In: Frankfurter Allgemeine Zeitung. 6. Mai 1995, S. 0B4.

Leibig, Bernd: Bauch, Herz, Hirn. Neurobiologie der Gefühle. In: Jung Journal, Heft 36, September 2016, Jahrgang 19, S. 18

Lotter, Maria-Sibylla: Scham, Schuld, Verantwortung: Über die kulturellen Grundlagen der Moral. Berlin 2016.

Roth, Gerhard: Fühlen, Denken, Handeln. Frankfurt 2003.

Roth, Gerhard & Strüber, Nicole: Wie das Gehirn die Seele macht. Stuttgart 2019.

Sartre, Jean Paul: Die Wörter. Reinbek 1968.

Schnocks, Dieter: Mit C. G. Jung sich selbst verstehen, 2. Aufl. Stuttgart 2020.

Kapitel 4
Archetypen – die Erinnerungen aus der Urzeit

> *Der Archetypus geht nicht etwa aus physischen Tatsachen hervor, sondern er schildert vielmehr, wie die Seele die physischen Tatsachen erlebt, wobei sie des Öfteren dermaßen selbstherrlich verfährt, dass sie die tastbare Wirklichkeit leugnet und Behauptungen aufstellt, die der Wirklichkeit ins Gesicht schlagen.*
> (C. G. Jung)

4.1 Was sind Archetypen?

Der Begriff leitet sich aus griech. arché (Anfang, Ursprung, Ausgangspunkt für die Erkenntnis) und typos (Form, Bild, Gestalt, Muster) ab. Archetypen sind somit Urbilder menschlicher Vorstellungsmuster, Ur- oder Grundformen, die in der Struktur des menschlichen Geistes verankert sind. Sie haben zu allen Zeiten und in den unterschiedlichsten Kulturen ähnliche Bilder hervorgebracht. Vor allem die elementaren Erfahrungen wie Geburt, Ehe, Mutterschaft, Trennung und Tod haben in der Seele des Menschen eine archetypische Verankerung. Diese Grundmuster und Grundstrukturen erkannte der Schweizer Psychoanalytiker Carl Gustav Jung (1875-1961), aus der Schule Sigmund Freuds stammend, in den vielfältigen Bildern und Phantasien seiner Patienten sowie in Symbolen und Mythologien alter Kulturen und nannte sie „Archetypen". Wichtig ist es, zwischen dem unanschaulichen Archetyp an sich und dem archetypischen Bild zu unterscheiden.

Ersterer ist oben als Grundstruktur des menschlichen Geistes bezeichnet worden, der als organisierendes Prinzip in der Psyche wirkt. Inhaltlich kann der Archetyp aber verschiedene Erscheinungsbilder hervorbringen (z.B. Vater-, Mutter-, Kindarchetyp, Heldenarchetyp, Archetyp der(s) alten Weisen etc.).

> Die Archetypen sind unsichtbare und unanschauliche Wirkfaktoren im Unbewussten des Menschen. Sie bilden die Strukturdominanten der Psyche, indem sie das seelische Erleben ordnen und die Bilder und Motive im Unbewussten nach bestimmten Grundmustern anordnen.
> (Hark, 1990, S. 26)

Wie aber entstehen Archetypen in der Psyche und im Geist des Menschen? Woher kommen sie? Man geht heute nicht mehr davon aus, wie Jung es in seinen frühen Arbeiten noch tat, dass Archetypen genetisch festgelegt, also angeboren sind und als Bilder oder Symbole vererbt werden. Die Neurobiologen bestätigen aber, dass es so etwas wie eine neuronale Bereitschaft für die Ausprägung von Vorstellungs- und Handlungsmustern gibt.

Ein anderer Ansatz, den Jung später auch vertrat, geht davon aus, dass Archetypen durch Mythen, Märchen, Sagen usw. im Laufe der Sozialisation innerhalb der menschlichen Geschichtsperioden kulturell vermittelt werden.

4.2 Traumbilder

Manchmal wachen wir mit dem Gefühl auf, einen wichtigen, vielleicht auch schwer zu deutenden Traum geträumt zu haben. Die Bilder dieses Traumes erscheinen uns nicht alltäglich zu sein, wir können sie auch nicht unmittelbar mit unseren Erfahrungen oder Erlebnissen der letzten Zeit in Verbindung bringen.

Der Ort des Geschehens ist irreal, die vorkommenden Personen ähneln – abgesehen vom Traum-Ich – Gestalten aus der Mythologie oder aus dem Märchen.

Wenn jemand z.B. träumt, er steige in einen tiefen gewölbeartigen Keller, der ihm völlig unbekannt erscheint, und finde dort hinter einer Tür eine verschleierte Frau vor, die ihm zu verstehen gibt, sie habe ihm etwas Wichtiges mitzuteilen, dann scheint dies ein archetypischer Traum zu sein. Vor allem dann, wenn der Träumer diese Frau später als die Verkörperung der Weisheit deutet.

Ein weiteres Traumbeispiel stammt von einem etwa fünfjährigen Mädchen. Es träumt von einer wolkenartigen, grauen Säule, die den gesamten Raum vom Boden bis zur Decke des Zimmers einnimmt und ruhig und gemessen durch den Raum schreitet. Der Träumerin ist im Traum bewusst, dass es sich hier um Gott selbst handelt, der sich in der Wolkensäule verbirgt. Wie weit das Kind bereits mit den Geschichten der hebräischen Bibel vertraut war, die dieses Bild von Gott zeichnet, ist nicht klar. Auch wenn es so sein sollte, verwendet der Traum hier ein archetypisches Bild für den Gott Israels.

Es ist erwiesen, dass Kinderträume mehr archetypisches Material enthalten als Erwachsenenträume, denn die geistigen Prozesse von Kindern sind dem Unbewussten noch näher, als es bei Erwachsenen der Fall ist.

Auch C. G. Jung hatte als kleiner Junge einen seltsamen und erschreckenden Traum, den er später als archetypischen Traum erkannte:

Jungs Traum

> Im Traum stand ich auf (einer) Wiese. Dort entdeckte ich plötzlich ein dunkles, rechteckiges, ausgemauertes Loch in der Erde. Ich hatte es noch nie zuvor gesehen. Neugierig trat ich näher und blickte hinunter. Da sah ich eine Steintreppe, die in die Tiefe führte. Zögernd und furchtsam stieg ich hinunter. Unten befand sich eine Tür mit Rundbogen, durch einen grünen Vorhang abgeschlossen. Der Vorhang war groß und schwer, wie aus gewirktem Stoff oder aus Brokat, und es fiel mir auf, dass er sehr reich aussah. Neugierig, was sich dahinter wohl verbergen möge, schob ich ihn beiseite und erblickte einen zirka zehn Meter langen rechteckigen Raum in dämmerigem Lichte. Die gewölbte Decke bestand aus Steinen, und auch der Boden war mit Steinfliesen bedeckt. In der Mitte lief ein roter Teppich vom Eingang bis zu einer niedrigen Estrade. Auf dieser stand ein wunderbar reicher goldener Thronsessel. Ich bin nicht sicher, aber vielleicht lag ein rotes Polster darauf. Der Sessel war prachtvoll, wie im Märchen, ein richtiger Königssessel! Darauf stand nun etwas. Es war ein riesiges Gebilde, das fast bis an die Decke reichte. Zuerst meinte ich, es sei ein hoher Baumstamm. Der Durchmesser betrug etwa fünfzig bis sechzig Zentimeter und die Höhe etwa vier bis fünf Meter. Das Gebilde war aber von merkwürdiger Beschaffenheit: Es bestand aus Haut und lebendigem Fleisch, und obendrauf war eine Art rundkegelförmiger Kopf ohne Gesicht und ohne Haare; nur ganz oben auf dem Scheitel befand sich ein einziges Auge, das unentwegt nach oben blickte. Im Raum war es relativ hell, obschon er keine Fenster und kein Licht hatte. Es herrschte aber über dem Kopf eine gewisse Helligkeit. Das Ding bewegte sich nicht, jedoch hatte ich das Gefühl, als ob es jeden Augenblick wurmartig von seinem Throne herunterkommen und auf mich zu kriechen könnte. Vor Angst war ich wie gelähmt. In diesem unerträglichen Augenblick hörte ich plötzlich meiner Mutter Stimme wie von außen und oben, welche rief: „Ja, schau ihn dir nur an. Das ist der Menschenfresser!“ Da bekam ich einen Höllenschrecken und erwachte, schwitzend vor Angst.
> (Jung, 2009, S. 25 f.)

Dieser Traum hat Jung sein Leben lang begleitet. Erst später wurde ihm klar, dass das merkwürdige Gebilde ein Phallus war, und erst nach Jahrzehnten erkannte er ihn als einen rituellen Phallus. Er deutete ihn als einen unterirdischen Gott, der – wie in Ritualen antiker und afrikanischer Völker – Verehrung und Anbetung erwartet. Der Phallus als Symbol des Lebens, der Schöpferkraft und Kreativität hat bei zahlreichen Völkern bis heute eine rituelle Bedeutung.

Nur hatte der drei- oder vierjährige Knabe von damals noch nie etwas Derartiges gehört, geschweige denn davon erfahren, auch kannte er in diesem Alter kein solches Gewölbe, wie das im Traum gezeigte.

Archetypische Träume scheinen also an uralte Erinnerungen und an uraltes Wissen der Menschheit anzuknüpfen und dieses in Traumbildern zu reaktivieren.

Archetypische Träume hinterlassen einen besonders lebendigen, teilweise wunderlichen Eindruck und zeichnen sich durch eine erhöhte gefühlsmäßige Beteiligung beim Träumer aus. Daran sind sie häufig auch erkennbar.

Der Sonnenphallus-Mann

Ein weiteres Beispiel, das auf archetypisches Material verweist, indem es nicht aus dem Bereich der Erinnerung oder der Erfahrung der betreffenden Person stammen kann, ist das Beispiel vom sogenannten Sonnenphallus-Mann. Hier geht es nicht um einen Traum, sondern um eine Phantasie. In der Zeit seiner Tätigkeit als Arzt in der Klinik Burghölzli in Zürich äußerte ein Patient C. G. Jung gegenüber eine Phantasie. Er sehe nämlich aus der Sonne einen Phallus herauskommen, und dieser bewirke, dass der Wind wehe. Jung entdeckte eine Übereinstimmung dieser Phantasie mit einer entsprechenden Vorstellung aus antiken Kulten, mit denen er sich zu dieser Zeit beschäftigt hatte und kam zu dem Schluss, beiden Vorstellungen – der des Patienten und der antiken – müsse ein Urbild, ein archetypisches Bild, zugrunde liegen.

4.3 Archetypische Bilder in Märchen

Nicht nur Kinder, auch Erwachsene lieben Mythen und Märchen aus alter Zeit. Es scheint so, als entdeckten wir in ihnen Bilder und Handlungsmuster, in denen wir uns manchmal selbst wiederfinden.

Universale Botschaften in Märchen

Besonders spannend wird es, wenn wir dieselben oder ähnliche Geschichten in Märchen finden, die in ganz unterschiedlichen und weit voneinander entfernten Regionen der Welt entstanden sind. So ist „Frau Holle“ eine mitteleuropäische Sagengestalt, die zum Beispiel auch in dem bulgarischen Märchen „Das goldene Mädchen“ erscheint. Das Märchen der Brüder Grimm „Brüderchen und Schwesterchen“ findet wiederum eine frappierende Entsprechung in dem russischen Märchen „Schwesterchen Alenuschka und Brüderchen Iwanuschka“.

Selbst in westafrikanischen Märchen sind vergleichbare Motive, Figuren und Handlungsstrukturen zu finden wie etwa das Motiv von dem kleinen Kind, das durch List und Schlauheit mächtigste Gegner, grausame Könige, Häuptlinge oder Dorfchefs, überwindet – vergleichbar mit „Das tapfere Schneiderlein" der Brüder Grimm. Weiter ist das Motiv vom „Zauberschlaf" von Dornröschen bereits aus der griechischen Antike bekannt.

Auf die Frage, woher die Märchen kämen, antworteten die Brüder Grimm einmal: „Das Leben selbst hat sie geschrieben." Märchen stammen aus den Tiefen der Zeit, und ihre Leitmotive, Symbole und Handlungsstrukturen sind in den unterschiedlichen Ländern der Erde erstaunlich ähnlich. Jung schloss daraus, dass sich in den Märchen archetypisches Wissen verberge und dass sie Produkte des kollektiven Unbewussten der Menschheit seien.

Wahrscheinlich lieben wir die Märchen, weil sie im Grunde von Vorgängen handeln, die sich im Inneren unserer Seele abspielen und die uns vertraut erscheinen. So spiegelt uns „Hänsel und Gretel" möglicherweise die Verlassenheit wider, die wir in der Kindheit erleben mussten und die uns die Eltern zugemutet haben. Märchen stellen auch oft wichtige Stationen der Entwicklung von einer seelischen Reifestufe zur nächsten dar und veranschaulichen somit den Prozess der Individuation.

Viele Märchen beginnen mit einer Krise (Armut bei den Eltern von Hänsel und Gretel, Tod der Mutter bei Aschenputtel) oder mit dem Erwachsenwerden eines jungen Mädchens: Dornröschen feiert zu Beginn der Handlung seinen 15. Geburtstag. Die Weisheit der Märchen spiegelt Erfahrungen wider, die Menschen tatsächlich auf ihrem Entwicklungsweg erleben, mit Gefahren und Chancen. So kann das eben genannte Märchen z.B. ein Stück des Weges darstellen, den man den eigenen Dornröschenweg nennen könnte.

Ein häufiges Motiv im Märchen stellt auch die Verzauberung dar, aus der jemand erlöst werden muss. Damit ist eine Art psychischer Erstarrung gemeint, die den Einzelnen daran hindert, sich weiterzuentwickeln.

Die Märchen beinhalten somit archetypische Grundsituationen und Lebenskonflikte. In der Regel zeigen sie konstruktive Lösungsmöglichkeiten auf, wenn der Held oder die Heldin den inneren Auftrag versteht, den das Leben ihm oder ihr gibt, oder bereit ist, die Chance des Glücks zu ergreifen.

Mythen

Auch Gestalten der Mythologie können für einen Menschen ein Lebensmuster bedeuten. So empfindet z.B. jemand sein bisheriges Leben als eine einzige Odyssee. Die Gestalt des Odysseus aus der antiken Mythologie kann somit für einen Menschen zum „Architekten" seines Lebens werden. Oder jemand, der sich in einer schwierigen Entscheidungssituation befindet, kann sich wie „Herkules am Scheideweg" empfinden.

Auch wenn unsere Welt scheinbar nur noch von Technik und Ratio bestimmt ist, lässt sich doch eine tiefe Sehnsucht nach den uralten Mythen und Märchenbildern feststellen. Das zeigen uns Fantasy-Filme, Videospiele und Fernsehserien. Vor allem die Werbung bedient sich dieses Bedürfnisses. Als Beispiele können Filme wie Batman, des Helden, der das Böse siegreich bekämpft, dienen oder „Der Herr der Ringe", der eine ähnliche Thematik hat. Vor allem der unglaubliche Erfolg von „Harry Potter" zeigt, „dass die Welt des Magischen, Mystischen und Zauberhaften einen starken Gegentrend zu einer einseitig gewordenen technologisch und rational geprägten Umwelt darstellt" (Dorst, 2015, S. 107).

Welches Märchen spricht Sie an? Märchen enthalten nicht nur eine Veranschaulichung existenzieller Grundthemen, sondern vermitteln dem Menschen auch den Zugang zu den verschütteten Bereichen des Unbewussten, zu den unbewussten Teilen des Selbst und damit zu den sinngebenden, selbstregulativen Kräften der Psyche. Gibt es für Sie selbst ein oder mehrere Lieblingsmärchen?

Impulsfragen

Das Märchen Ihrer Wahl kann auf ein früheres oder jetziges Lebensthema, auf Probleme oder Ihre Persönlichkeitsstruktur verweisen. Wenn Sie z.B. das Dornröschen-Märchen gewählt haben, könnten Sie sich folgende Fragen stellen:

- Wie waren Ihre Erfahrungen mit Vater und Mutter in Bezug auf Überbehütung und Warnungen vor den Gefahren des Lebens?
- Welche Bedeutung hatten Sie für Ihren Vater? Waren Sie sein „liebstes Kind/liebste Tochter"?
- Welchen Familienauftrag haben Sie bewusst oder unbewusst von Ihren Eltern oder auch Großeltern erhalten?
- Wodurch oder durch wen sind Sie schon von Kindheit an entmutigt worden? Bestimmt das bis heute Ihr Lebensgefühl?
- Welche Anteile Ihrer Persönlichkeit passen zu Dornröschen? Gibt es auch bei Ihnen eine Dornenhecke oder eine hohe Mauer, die Sie zum Schutz um sich gezogen haben?
- Wie ist Ihr Verhältnis zu sich selbst, gehen Sie mit sich selbst vertrauensvoll und gut um?

- Welchen Impuls sollte die „dreizehnte Fee", vielleicht eine unbekannte, starke Seite in Ihrer Seele, in Ihrem Leben auslösen? Können Sie sich mit dieser dunklen Seite anfreunden?

- Gibt es so etwas wie Ihre innere Stimme, auf die Sie hören können?

- Wenn Sie von einer Fee einen Wunsch frei hätten, was würden Sie sich wünschen?

- Wie wichtig sind Ihnen Ihre Wünsche?

- Haben Sie den Mut, auf andere Menschen zuzugehen und sich auf Beziehungen, auch mit dem anderen Geschlecht, einzulassen?

(Weitere Märchenbeispiele und entsprechende Fragen: vgl. Dorst, 2015, S. 136 ff.)

4.4 Selbsterkenntnis: Welcher Archetyp „passt" zu mir?

Auch wenn wir meinen, uns zu kennen und unser tägliches Leben „im Griff" zu haben, spüren wir doch, dass da in der Tiefe unserer Persönlichkeit noch eine andere, uns leitende Instanz am Werke ist. Vielleicht sind es aber auch mehrere Instanzen. Die Seele eines Menschen bietet Raum für alle Archetypen, an denen er in den verschiedenen Situationen und Phasen seines Lebens Anteil hat. Die gute Mutter, der gute Vater, das selbstvergessene Kind, der/die Freiheitskämpfer(in), der/die Held(in), der/die Weise, der/die Rivalisierende, der „Gutmensch" etc. – alle diese „Rollen" hat ein Mensch vielleicht schon einmal gespielt.

Die analytische Psychologie geht davon aus, dass es der seelischen Gesundheit dient, Zugang zu den archetypischen Wurzeln in der eigenen Tiefenperson zu haben oder zu finden. Hinter all dem steht die existenzielle Frage „Wer bin ich" und gleichzeitig die bekannte Aufforderung „Werde, der du bist!" Gibt es eine Möglichkeit, an die eigenen archetypischen Muster heranzukommen? Welcher Archetyp ist der Architekt meines Lebens?

Der Familienstammbaum
Um einer Antwort näher zu kommen, ist es hilfreich, sich des eigenen familiären Auftrags bewusst zu werden, den man durch Eltern, Großeltern, Urgroßeltern direkt oder indirekt erhalten hat, und den persönlichen Familienstammbaum zu erstellen.

Aufgaben

- Zeichnen Sie Ihren Familienstammbaum bis in die dritte vorangegangene Generation.
- Stellen Sie fest, welche Berufe, Ansichten, Lebenseinstellungen etc. dort die hervorragenden Grundzüge darstellen.
- Welche archetypischen Muster werden deutlich?

Übertragen Sie die Ergebnisse auf einen Bogen Papier:
Linke Spalte: Welche archetypischen Muster sollten gelebt werden?
Rechte Spalte: Welche archetypischen Muster haben sich durchgesetzt?

Unterm Strich die wichtige Überlegung:
Gibt es eigene, selbst entwickelte archetypische Muster?

Halten Sie alles schriftlich fest!
(Nach einer Gruppenarbeit geleitet von Gert Sauer, Freiburg).

4.5 Der Archetypentest

Eine weitere Möglichkeit, die eigenen aktiven, archetypischen Kräfte zu erkennen, bietet der Archetypentest mit einer Anleitung zur Auswertung und zum Verständnis. (www.desiderata.at/HumanEnergethik/Publikationen/Archetypen_Test.pdf).

Dieser Test geht von folgenden zwölf Archetypen aus: Unschuldiger, Verwaister, Krieger, Geber, Suchender, Liebender, Zerstörer, Schöpfer, Magier, Herrscher, Weiser, Narr. Dabei handelt es sich natürlich um eine begrenzte Auswahl, und die Archetypen sind hier personalisiert. Wie wir bereits gesehen haben, können auch Grundhaltungen zu archetypischen Mustern werden.

Der Archetypen-Test
Dieser Test soll Menschen helfen, sich und andere besser zu verstehen, indem er die in ihrem Leben aktiven Archetypen identifiziert. Wenn Sie die Fragen beantworten, erhalten sie eine Punktezahl, die angibt, wie stark die zwölf Archetypen bei Ihnen ausgeprägt sind. Alle zwölf Archetypen sind wertvoll, und jeder hat eine spezielle Gabe. Jeder leistet einen wichtigen Beitrag zu Ihrem Leben. Keiner ist besser oder schlechter, und deshalb gibt es auch keine richtigen oder falschen Antworten.

Name: Datum:
Alter: Beruf:
Geschlecht: Nationalität:

Anleitung
Geben Sie neben jeder Aussage an, inwieweit sie jeweils auf Sie zutrifft:
1 = beschreibt mich fast nie
2 = beschreibt mich selten
3 = beschreibt mich manchmal
4 = beschreibt mich oft
5 = beschreibt mich fast immer

Arbeiten Sie in Ihrem Rhythmus; die erste Reaktion gibt oft die besten Hinweise.

Lassen Sie keine Aussage aus, denn dies macht Ihre Ergebnisse ungültig. Beurteilen Sie, so gut Sie können, und gehen Sie dann weiter.

__ 1. Ich sammle Informationen, ohne zu urteilen.
__ 2. Die vielen Veränderungen in meinem Leben machen mich richtungslos.
__ 3. Wenn ich mich selbst heile, kann ich zur Heilung anderer beitragen.
__ 4. Ich habe andere im Stich gelassen.
__ 5. Ich fühle mich in Sicherheit.
__ 6. Ich vergesse meine Angst und tue, was getan werden muss.
__ 7. Die Bedürfnisse anderer sind mir wichtiger als meine eigenen.
__ 8. Ich versuche, überall ich selbst zu sein.
__ 9. Wenn das Leben langweilig wird, sorge ich für Durcheinander.
__ 10. Es befriedigt mich, für andere zu sorgen.
__ 11. Andere halten mich für lustig.
__ 12. Ich empfinde mich als sexuelles Wesen.
__ 13. Ich glaube, dass die Menschen sich eigentlich nicht verletzen wollen.
__ 14. Als Kind wurde ich vernachlässigt oder schlecht behandelt.
__ 15. Geben macht mich glücklicher als Nehmen.
__ 16. Ich stimme mit der Aussage überein: „Besser, man hat geliebt und verloren als nie geliebt."
__ 17. Ich gehe dem Leben mit offenen Armen entgegen.
__ 18. Ich sehe die Dinge im richtigen Verhältnis, denn ich betrachte sie von weitem.
__ 19. Ich bin dabei, mein Leben zu erschaffen.
__ 20. Ich glaube, dass es viele gute Möglichkeiten gibt, eine Sache zu betrachten.
__ 21. Ich bin nicht mehr der Mensch, für den ich mich hielt.

__ 22. Das Leben bietet nur Kummer und Schmerz.
__ 23. Spirituelle Hilfe begründet meine Effektivität
__ 24. Ich finde es leichter, für andere etwas zu tun als für mich selbst.
__ 25. Ich finde Erfüllung durch Beziehungen.
__ 26. Die Menschen erwarten von mir, dass ich ihnen sage, wo es langgeht.
__ 27. Ich habe Angst vor Autoritäten.
__ 28. Ich nehme Regeln nicht besonders ernst.
__ 29. Ich stelle gerne Kontakt zwischen Menschen her.
__ 30. Ich fühle mich allein gelassen.
__ 31. Manchmal schaffe ich sehr viel, ohne das Gefühl zu haben, mich anzustrengen.
__ 32. Ich habe Führungsqualitäten.
__ 33. Ich suche nach Möglichkeiten, mich zu verbessern.
__ 34. Ich kann mich darauf verlassen, dass andere sich um mich kümmern.
__ 35. Ich übernehme gern die Leitung.
__ 36. Ich versuche, die Wahrheiten hinter den Illusionen zu finden.
__ 37. Wenn ich meine Gedanken ändere, ändert sich mein Leben.
__ 38. Ich mache Ressourcen nutzbar, menschliche oder materielle.
__ 39. Ich bin bereit, persönliche Risiken auf mich zu nehmen, um meine Überzeugungen zu verteidigen.
__ 40. Ich kann nicht die Hände in den Schoß legen und ein Unrecht hinnehmen; ich muss etwas dagegen unternehmen.
__ 41. Ich strebe nach Objektivität.
__ 42. Meine Anwesenheit ist oft ein Katalysator für Veränderung.

Unschuldiger	Verwaister	Krieger	Geber	Suchender	Liebender
5	14	6	7	33	12
13	22	39	10	47	16
34	27	40	15	51	17
49	30	44	24	62	25
63	50	57	55	70	29
65	71	59	68	72	45

Gesamt:

Zerstörer	Schöpfer	Magier	Herrscher	Weiser	Narr
2	8	3	26	1	9
4	19	23	32	18	1
21	31	37	35	20	28
52	60	42	38	36	43
61	64	48	46	41	53
66	69	58	67	56	54

Gesamt:

__ 43. Es macht mir Spaß, Leute zum Lachen zu bringen.
__ 44. Ich erreiche meine Ziele durch Disziplin.
__ 45. Im Allgemeinen liebe ich die Menschen.
__ 46. Ich kann die Fähigkeiten von Menschen gut mit den zu erledigenden Aufgaben in Übereinstimmung bringen.
__ 47. Für mich ist es sehr wichtig, meine Unabhängigkeit zu behalten.
__ 48. Ich glaube, dass alles auf der Welt miteinander verbunden ist.
__ 49. Die Welt ist ein sicherer Ort.
__ 50. Menschen, denen ich vertraut habe, haben mich verlassen
__ 51. Ich fühle mich ruhelos.
__ 52. Ich lasse Dinge los, die nicht mehr für mich passen.
__ 53. Ich heitere gern Menschen auf, die zu ernst sind.
__ 54. Ein bisschen Chaos ist gut für die Seele.
__ 55. Es hat mich zu einem besseren Menschen gemacht, dass ich für andere Opfer gebracht habe.
__ 56. Ich bin gelassen.
__ 57. Ich biete beleidigenden Menschen die Stirn.
__ 58. Ich verwandle gern Situationen.
__ 59. Der Schlüssel zum Erfolg in allen Bereichen des Lebens ist Disziplin.
__ 60. Ich habe leicht Inspirationen.
__ 61. Ich entspreche nicht den Erwartungen, die ich an mich habe.
__ 62. Ich habe das Gefühl, dass mich irgendwo eine bessere Welt erwartet.
__ 63. Ich gehe davon aus, dass die Menschen, denen ich begegne, vertrauenswürdig sind.
__ 64. Ich versuche, meine Träume zu realisieren.
__ 65. Ich weiß, dass meine Bedürfnisse befriedigt werden.
__ 66. Ich habe das Gefühl, etwas zu zerbrechen.
__ 67. Ich versuche, Situationen mit dem Wohl aller im Sinn zu managen.
__ 68. Es fällt mir schwer, nein zu sagen.
__ 69. Ich habe sehr viel mehr Ideen als Zeit, sie zu realisieren.
__ 70. Ich suche nach besseren Möglichkeiten.
__ 71. Wichtige Menschen in meinem Leben haben mich im Stich gelassen.
__ 72. Für mich ist das Suchen genauso wichtig wie das Finden.

Anleitung zur Auswertung

In den nebenstehenden Tabellen finden Sie unter der Bezeichnung der Archetypen jeweils sechs Zahlen, die den Aussagen im Test entsprechen. Tragen Sie Ihre von 1 bis 5 bezifferten Beurteilungen neben der entsprechenden Ziffer ein. Wenn Sie zum Beispiel bei Aussage 17 »fast immer« (5) geschrieben haben, schreiben Sie in den Freiraum neben der 17 eine 5. Zählen Sie dann Ihre Punkte in der jeweiligen Kategorie zusammen. Ihr Gesamtergebnis für jeden Archetyp wird zwischen 6 und 30 Punkten liegen.

Testergebnisse verstehen
Denken Sie daran, dass kein Archetyp besser oder schlechter als ein anderer ist; jeder hat seine Charakteristika, sein Geschenk und seine Lektion. Sehen Sie sich an, wo Sie die meisten Punkte haben. Diese Archetypen werden in Ihrem Leben wahrscheinlich sehr aktiv sein. Schauen Sie sich dann Ihre niedrigsten Ergebnisse an (besonders die unter fünfzehn). Diese Archetypen unterdrücken oder ignorieren Sie zurzeit. Bei weniger als fünfzehn Punkten haben Sie eine Aversion gegen den Archetyp, weil Sie ihn in der Vergangenheit zu stark betont und jetzt so etwas wie eine Allergie gegen ihn entwickelt haben oder weil Sie ihn nicht billigen und ihm deshalb nicht erlauben, sich in Ihrem Leben zu äußern. Im ersten Fall wollen Sie sich von diesem Archetyp vielleicht bewusst fernhalten; im zweiten fallen die derart abgelehnten Archetypen vielleicht durch Schatten-Eigenschaften auf, die andere deutlicher sehen als Sie selbst. Wenn Sie sich diese geleugneten Teile von sich bewusst zu eigen machen, haben Sie mehr Reaktionsmöglichkeiten und sind vor unbeabsichtigten Durchbrüchen der weniger positiven Eigenschaften des Archetyps sicherer. Wenn er sich voll äußern darf, werden sich wahrscheinlich auch seine positiven Seiten zeigen, und Ihr Leben bekommt mehr Schwung und Abwechslung.

Kein Test weiß mehr als Sie. Wenn Sie meinen, dass der Archetyp in Ihrem Leben wichtiger oder unwichtiger ist, als Ihre Punktzahl angibt – ändern Sie sie entsprechend! (aus: AWAKENING THE HERO © 1991 by Carol S. Pearson, für die deutschsprachige Ausgabe ©1993/2017/2019 Knaur Verlag)

Die Bedeutung der Archetypen
Der Archentypentest geht von den zwölf Archetypen nach Carol S. Pearson aus. Grundlage ist die Archetypenlehre C. G. Jungs.

Der Unschuldige hält sich an die Regeln und glaubt an das Gute. Er ist Idealist und Optimist, möchte alles richtig machen. Andernfalls befürchtet er, verlassen zu werden.

Der Verwaiste ist geprägt vom Erlebnis, verlassen und von allen im Stich gelassen zu sein. Er fühlt sich als Außenseiter, zum Opfer gemacht, ist Pessimist mit dem Bewusstsein einer unvollkommenen Welt und von Menschen, die nicht vertrauenswürdig sind. Er sehnt sich nach Sicherheit und intensiven Beziehungen, trägt aber immer wieder zu deren Scheitern bei.

Der Krieger ist der Kämpfer, welcher Position bezieht, in weiblicher Form die Amazone. Positiv ist, dass er für sich und für andere kämpft und konfliktfreudig ist. Er kann seine Ressourcen mobilisieren und entwickelt Strategien, mit seinen Problemen fertig zu werden.

Geber meint, dass jemand in der Lage ist, sich selbst und anderen emotionale Unterstützung zu geben. Er besitzt Mitgefühl und Zugewandtheit und kann anderen helfen, ohne sich dabei selbst zu vernachlässigen.

Unter einem Suchenden versteht man eine Person, die nach ihrem wahren Selbst, nach Autonomie sucht und jede Art von Konformität scheut. Konkret kann auch der Vagabund oder der Pionier, der Forscher und Erfinder gemeint sein.

Der Liebende ist geprägt von einer positiven Grundhaltung der Welt und den Menschen gegenüber. Es geht ihm darum, konstruktiv Einfluss zu nehmen und nach Lösungen zu suchen bei Problemen und in Konflikten. Seine Liebe meint aber auch Leidenschaft und Bindungsfähigkeit.

Der Zerstörer ist ein Mensch, der sich destruktiv verhält, im negativen wie auch im positiven Sinn. Positiv: Er hat den Mut, sich von alten, überholten Traditionen zu verabschieden, er steht für den absoluten Neubeginn. Altes zerstören, damit sich Neues entwickeln kann, ist seine Devise, die er auch auf andere Menschen bezieht. Dazu nimmt er ohne weiteres auch mal die Rolle des Bösewichts in Kauf.

Schöpfer meint, dass jemand Einflusskraft, Initiative und Willenskraft besitzt, dazu ausreichend Selbstakzeptanz und klare Erkenntnis, um Lösungen für sein eigenes Leben und das seiner Umgebung zu finden. Sein Hauptziel besteht darin, die Identität mit sich selbst zu finden.

Der Herrscher ist jemand, dem es um die Herstellung von Ordnung und Kontinuität geht, der das Chaos verabscheut und im Gegensatz dazu Struktur in die Vielfalt zu bringen versucht. Er übernimmt die volle Verantwortung für das eigene und das ihm anvertraute Leben anderer. Praktische Intelligenz und Disziplin zeichnen ihn aus.

Unter einem Magier versteht man einen Zauberer, eine archetypische Figur, die durch Kenntnis geheimen Wissens und magischer Techniken Kontakt zu den Unterwelten und Überwelten (dem Unbewussten) aufnehmen kann. Er besitzt außerdem heilende, konstruktiv einzusetzende Kräfte, indem er furchtlose Selbsterkenntnis sowohl des Guten als auch des Schattenhaften in sich selbst bewirkt. Er fördert das Streben nach Einsicht und Erleuchtung.

Ein Weiser ist jemand, der wegweisend und sinnstiftend wirkt. Er nutzt seine Intelligenz und seine Lebenserfahrung, um die Welt zu verstehen und die Wahrheit zu erkennen. Er steht anderen mit seinem Rat zur Seite und zeigt ihnen den Weg zur Klarheit. Er ist die archetypische Gestalt, die die „chaotischen Dunkelheiten des bloßen Lebens mit dem Lichte des Sinnes durchdringt“ (C. G. Jung, GW 9/1, § 77).

Narr meint jemanden, der andere durch Späße und Spott zum Lachen bringen kann. Andererseits zeigt er sich auch als dummer, einfältiger und unbewusster Mensch, der auf andere lächerlich wirkt. Der Narr ist aber auch der, der anderen einen Spiegel vorhält und der als einziger am Hof dem König die Wahrheit sagen durfte (der Hofnarr). „Der Narr erscheint dann wie der Joker im Kartenspiel, als Mittel des Unbewussten, festgefahrene Situationen aufzulösen und wieder zu entspannen" (Gert Sauer). Der Narr steht in vielerlei Hinsicht dem Weisen nahe.

4.6 Frauenarchetypen – Männerarchetypen

Seit einiger Zeit wird in entsprechenden Selbsterfahrungsseminaren häufig mit Frauen- bzw. Männerarchetypen gearbeitet, um den Teilnehmerinnen und Teilnehmern zu einem vertieften Selbstbewusstsein zu verhelfen. Es geht darum, fremde oder abgelehnte Aspekte und Qualitäten der eigenen Persönlichkeit zu erkennen und zu beleben, um zu einem ganzheitlichen, erfüllten Leben zu gelangen.

Frauenarchetypen

Weder in Bezug auf die Frauen- noch auf die Männerarchetypen gibt es eine standardisierte, festgelegte Liste. Im Gegenteil, die Vorstellungen bewegen sich zwischen vier und dreizehn und mehr unterschiedlichen Bildern.

C. G. Jung geht von vier archetypischen Grundmustern aus, was sich bei vielen seiner psychoanalytischen Nachfolger durchgesetzt hat.

Demnach können sich Frauen in der Amazone, der Mutter (Eva), der Rätselhaften (Muse, Sphinx) und der Heiligen bzw. der Reinen (Maria) wiederfinden.

Andere Autorinnen gehen von dreizehn Archetypen aus: Tochter, Jungfrau, Blutsschwester, Geliebte, Mutter, Hebamme, Amazone, Matrone (Herrscherin), Priesterin, Zauberin, Weise Alte, Dunkle Mutter, Verwandlerin (vgl. Davis & Leonhard, 2015).

Es ist natürlich nicht so gedacht, dass Frauen die einzelnen Archetypen chronologisch durchlaufen. Einzelne Ausprägungen können in unterschiedlichen Lebensstationen präsent sein, je nach Veränderungen der Persönlichkeit und der Lebenssituation.

Impulsfrage Frauen

- Überlegen Sie, welcher Frauenarchetyp zurzeit am ehesten zu Ihnen passt. Welche Gründe sehen Sie dafür?

Der Mutterarchetyp

In der Therapie begegnen wir immer wieder Situationen, in denen es sinnvoll ist, sich an archetypische Muster zu erinnern. Die Erinnerung daran kann helfen, den engen Blick von der eigenen, teilweise negativen biographischen Erfahrung wegzulenken und die emotionale Fixiertheit darauf zu lösen. Da die Eltern in der Regel die ersten und prägendsten Personen im Leben eines Menschen sind, ist es nicht verwunderlich, dass entweder der Vater oder die Mutter bzw. beide in der Therapie eines Klienten sehr häufig eine herausragende Stelle einnehmen, wenn es zum Beispiel um die Bearbeitung von Beziehungsproblemen geht.

In einem jüdischen Witz über die „jiddische Mamme" wird diese Tatsache wundervoll überspitzt zum Ausdruck gebracht, da heißt es:

„Drei jüdische Mütter sitzen in einem Straßencafé und unterhalten sich darüber, wie sehr ihre Söhne sie lieben. Sadie sagt: „Kennt ihr das Chagall-Gemälde in meinem Wohnzimmer? Mein Sohn Arnold hat es mir zu meinem 75. Geburtstag geschenkt. Was ist er doch für ein guter Sohn, und wie sehr er seine Mutter liebt!" Minnie sagt: „Das nennst du Liebe? Ihr kennt den Mercedes, den ich kürzlich zum Muttertag bekommen habe? Der ist von meinem Sohn Bernie. Er ist einfach ein Schatz!" Shirley sagt: „Das ist doch nichts! Kennt ihr meinen Sohn Stanley? Er geht zum besten Psychiater der Stadt. Dreimal die Woche. Und worüber, glaubt ihr, redet er? Nur über mich!" (Uhlmann, 2012, S. 59).

Bleiben wir beim negativen Mutterkomplex. Unter einem Komplex verstehen wir, einfach gesagt, ein Bündel zusammengehöriger Gefühle, oder anders gesagt: es geht um autonome Seelenanteile, die sich wie Inseln im Meer unserer Psyche bewegen. Besonders in den starken Gefühlen und Affekten werden wir uns unserer Komplexe bewusst.

Ein Mutterkomplex beinhaltet alle positiven und negativen psychischen Inhalte, die sich aus den entsprechenden Erfahrungen mit der persönlichen Mutter entwickelt haben. Darüber hinaus umfasst er nach Jung auch das archetypische Mutterbild. Das Konzept der Komplexe, vor allem der Elternkomplexe, steht in unmittelbarem Zusammenhang mit der psychischen Entwicklung eines Menschen. Verena Kast sagt dazu: „Der Ich-Komplex eines Menschen muss sich „altersgemäß" von den Mutter- und Vaterkomplexen ablösen, soll der Mensch seine altersgemäßen Entwicklungsaufgaben wahrnehmen können und über einen kohärenten Ich-Komplex – ein hinreichend starkes Ich – verfügen können, das es ihm oder ihr erlaubt, die Anforderungen des Lebens wahrzunehmen, mit Schwierigkeiten umzugehen und ein gewisses Maß an Lebenslust und Zufriedenheit aus dem Leben gewinnen zu können" (Kast, 2005, S. 10).

Vom negativen Mutterkomplex sprechen wir, wenn es sich um das Erlebnis einer negativen, destruktiven Mutter handelt, von der sich die Tochter oder

der Sohn herabgewürdigt, abgelehnt, ja verlassen gefühlt hat. Die Möglichkeit, ein positives Selbstwertgefühl aufzubauen, war nicht gegeben. Es stellt sich das Gefühl ein, fortwährend um die eigene Daseinsberechtigung kämpfen zu müssen.

Fallbeispiel

Jana ist 32 Jahre alt, sie arbeitet als Lehrerin in einem Gymnasium. Sie beginnt eine Therapie, weil sie sich den Anforderungen ihres beruflichen Alltags nicht mehr gewachsen fühlt. Sie leidet unter Schlafstörungen, einem Verlorenheitsgefühl, dem Gefühl der inneren Lehre und starken Insuffizienzgefühlen. Dabei ist sie äußerst leistungsorientiert, setzt sich selbst ständig unter Druck. Mit Beziehungen zu männlichen Partnern hatte sie immer Schwierigkeiten. Jeglicher Annäherung eines Mannes verweigerte sie sich entweder mit der Angst, doch irgendwann verlassen zu werden oder mit einem starken Wutgefühl: „Mich kriegt ihr nicht! Denkt ja nicht, dass ihr eine Chance bei mir habt!"

Es war Jana bewusst, dass ihre Probleme mit ihren negativen Muttererfahrungen zu tun hatten. Sie war das dritte Kind einer Mutter, die sich bereits durch die Schwangerschaft noch eines weiteren Kindes völlig überfordert fühlte, dies Kind nicht mehr haben wollte und es daher von Anfang an ablehnte. Schon von früher Kindheit an sind ihr die Worte der Mutter im Ohr: „Lass mich in Ruhe, du störst mich!" „Geh in dein Zimmer, ich will Dich nicht!" „Fass mich ja nicht an!"

Jana hat die Mutter im Grunde immer nur überfordert, erschöpft und vorwurfsvoll erlebt. Das Gefühl, am besten gar nicht auf der Welt zu sein, ergriff Jana und sie versuchte, dem entgegenzuwirken durch besondere Konzentration auf die Mutter, auf ihre Gestik und Mimik, um ihr ihre Wünsche von den Augen abzulesen und es der Mutter recht zu machen. Später, in der Schule, war sie immer darauf aus, die Mutter durch gute Leistungen gnädig zu stimmen. Alle diese Versuche liefen aber meist ins Leere, was bei Jana zusätzlich Schuldgefühle auslöste.

Hinzu kam, dass sich Jana vor allem in der Pubertät, aber auch später noch, völlig abgewertet fühlte durch Bemerkungen wie „Na ja, hübsch kann man dich nicht nennen!" „Wie hast du dich wieder zurechtgemacht! Ein so hässliches Mädchen wie dich will später kein Mann!" An ihren Vater erinnert sich Jana kaum. Er verließ die Familie, als sie 3 Jahre alt war.

Das Fallbeispiel zeigt sehr deutlich Wesen und Wirkung eines negativen Mutterkomplexes. Der Kampf um die Daseinsberechtigung, ständiger Leistungszwang, dem sich Jana selbst dauerhaft aussetzte, und eine tiefe Mutlosigkeit bestimmten ihr Leben. In diesem Fall äußerte sich der negative Mutterkomplex vielleicht am ehesten als ein Mutlosigkeitskomplex: Mir gelingt nichts, es wäre besser, ich würde nicht existieren, und die Welt ist schlecht.

Therapeutisch erhielt Jana, neben verschiedenen anderen wichtigen Entdeckungen ihres wahren Selbst, dadurch Hilfe, dass sie lernte, sich selbst eine gute Mutter zu sein. Die Sehnsucht nach der guten Mutter der Vergangenheit konnte nicht mehr erfüllt werden, nichts aus dem erlebten Unglück ließ sich wieder gut machen. Aber Jana konnte sich das Bild einer „guten Mutter" vor Augen führen. Was eine gute Mutter ausmacht, dessen ist sich jeder Mensch zutiefst bewusst. Über die Erfahrungen mit der biographischen Mutter hinauszugehen und sich den Archetyp der guten Mutter in Erinnerung zu rufen, das kann therapeutisch sehr hilfreich sein.

Der Mutterarchetyp, auch Große Mutter oder Urmutter, ist einer der bedeutendsten Archetypen bei C. G. Jung. Dieser Archetypus hat aber nicht nur eine positive, sondern auch eine negative Seite, dargestellt zum Beispiel in verschlingenden, destruktiven Mutterfiguren wie der Figur der Hexe, negativen Schicksalsgöttinnen, der fressenden indischen Todesgöttin Kali, die allerdings auch die Göttin der Wandlung ist, indem sie das Leben nicht nur nimmt, sondern auch gibt.

Eine wichtige Rolle für die Therapie spielt aber die lebensfördernde, schützende, Wachstum und Nahrung spendende konstruktive Mutterfigur, personifiziert zum Beispiel in der großen, aus dem kleinasiatischen Raum stammenden, göttlichen Erdenmutter Kybele sowie der Nahrung spendenden Demeter, eine griechische, für die Fruchtbarkeit zuständige Göttin, oder auch in der Sophia, einer weiblichen Figur, welche im antiken Griechenland die göttliche Weisheit symbolisierte. Für Jana war die „gute Mutter" eine wichtige Entdeckung im Prozess ihrer Selbstannahme und des konstruktiven Umgangs mit sich selbst.

Männerarchetypen

Ähnlich wie für Frauen stehen selbstverständlich auch für Männer entsprechende archetypische Bilder bereit. Auch hier sind in der Literatur verschiedene Vorschläge zu finden. Einig ist man sich, dass folgende vier Männerarchetypen grundlegend sind: der König (repräsentiert Verantwortung und Sicherheit), der Krieger (steht für den Helden und den Mut), der Liebhaber (steht für Lebendigkeit, Leidenschaft, Hingabe) und der Magier (der Lehrende, der Wissende, sicher auch der alte Weise).

Was bereits für die Frauen galt, ist auch für die Männer festzuhalten: sicherlich hat jeder Mann in unterschiedlicher Intensität Anteile von jedem der genannten Archetypen in sich. Aber die jeweilige Dominanz des einen oder des anderen Archetyps, ebenso das Interesse daran, wechselt – je nach Alter und Lebenssituation der Person. Der Zugang zu den archetypischen Mustern kann aber eine wichtige Aufgabe der Selbsterkenntnis sein.

Impulsfrage Männer

- Überlegen Sie, welcher Männerarchetyp zurzeit am ehesten zu Ihnen passt. Welche Gründe sehen Sie dafür?

Der Heldenarchetyp

Nicht nur für die Entwicklungspsychologie, aber für sie besonders, ist die Beachtung eines weiteren Archetyps relevant, des sogenannten Heldenarchetyps. Heranwachsende Jungen machen Eltern und Lehrern oft das Leben schwer mit ihrem aufsässigen, kämpferischen Verhalten, ihrer Faszination für kriegerische Videospiele und die entsprechende Fantasy-Literatur.

Fehlende Übergangsriten bzw. Initiationsriten lassen Jugendliche häufig in ihrer archetypischen Erwartung eines Neubeginns allein. Sie sehen sich somit „gezwungen", eigene Rituale zu erfinden, die ihnen beim Einstieg in das Erwachsenenleben helfen können. Dabei greifen sie auf alte Mythen oder moderne Handlungsmuster zurück, in denen der Held mit unlösbaren Aufgaben konfrontiert ist sowie schwierige Abenteuer, tödliche Gefahren und gefährliche Kämpfe zu bestehen hat. Die Identifikation mit einem siegreichen Helden soll über eigene Konflikte, als unlösbar empfundene Aufgaben und Unsicherheiten des Erwachsenwerdens hinweg eigene Schwächegefühle kompensieren helfen. Videospiele und Fantasy-Literatur stellen genügend Gestalten als Identifikationsmuster bereit.

Der bereits oben erwähnte „Stirb-und-Werde-Auftrag" wird nirgends so vehement empfunden wie in der Pubertät und Adoleszenz. Das Wissen um die genannten Zusammenhänge kann Erziehungspersonen den Umgang mit Kindern und Jugendlichen in diesem schwierigen Alter erleichtern.

Fallbeispiel

Paul, ein fünfjähriger Junge, kurz vor dem Beginn der Grundschulzeit, wird plötzlich von diffusen heftigen Ängsten heimgesucht. Er erzählt seinem Vater von einem Tiger, der sich nachts unter seinem Bett verstecke und ihn jeden Moment angreifen könne. Das mache ihm eine Riesenangst. Gemeinsam mit dem Vater wird überlegt, was man tun könne. Paul äußert den Wunsch nach einem Schwert. Der Vater schnitzt ihm ein großes Schwert aus Holz und schenkt es ihm mit den Worten: „So, Paul, wenn der Tiger unter dem Bett hervorkommen und gefährlich werden sollte, dann kannst du dich wehren. Du hast nun ein gutes, scharfes Schwert." Paul ist beruhigt. Gleichzeitig malt er mit ungelenker Hand einen Krieger mit unübersehbar großem Schwert auf die weiße Tür seines Kinderzimmerschranks. Das hilft ihm merklich. Nach und nach schwächen sich die Ängste ab und verlassen ihn schließlich ganz.

Das Fallbeispiel zeigt sehr schön, wie in einer für den Jungen psychisch angespannten, Ängste hervorrufenden Übergangssituation von der unbeschwerten Kindheit zum Eintritt in die Schule der Rückgriff auf ein archetypisches Muster, in diesem Fall ist es der Heldenarchetyp, der dem Kind helfen kann, der neuen Herausforderung, die mit Ängsten begleitet ist, zu begegnen. Die Angst vor der neuen Lebenssituation, der Übergang in eine neue Lebensphase, manifestieren sich in der Angst vor dem Tiger unter dem Bett. Hinzu kommt, dass der Tiger oder der Löwe ein oft wiederkehrendes Traumsymbol darstellen, das die Aggressivität des Geschlechts symbolisiert und die Herausforderungen der späteren Pubertät vorwegnimmt.

In vielen Beschneidungsinitiationen afrikanischer Stämme wird die Beschneidung als Verschlingung durch ein Ungeheuer dargestellt. In unserem Fallbeispiel bekommt Paul ganz konkret ein Schwert an die Hand (Attribut des Helden), und auf symbolischer Ebene identifiziert er sich mit dem Helden auf seiner Schranktür. Somit gewinnt er der gefährlichen Macht gegenüber an Sicherheit und Überlegenheitsgefühl.

4.7 Archetypische Muster als heilsame Erinnerungen

Es geschieht immer wieder in der Therapie bei der Besprechung von Träumen oder Phantasien, dass ein Klient voller Beunruhigung oder Scham von ungewöhnlichen bis hin zu obszönen Phantasien berichtet, bis dahin, dass er sich selbst für „nicht normal" hält oder sogar Angst davor hat, pervers zu sein. Es kann sich dabei um Phantasien handeln, die mit einer starken Aggressionsgehemmtheit oder sexuellen Verdrängung zu tun haben und sich nun in starken Bildern „Luft" machen. Zunächst wird sich der Patient dadurch entlastet fühlen, dass der Analytiker den Bericht gelassen und ohne Erschütterung aufnimmt. Vor allem aber wird er mit Erleichterung reagieren, wenn er erfährt, dass sich seine Phantasien bereits in uralten Riten und Traditionen fremder Ethnien wiederfinden und dass es sich sozusagen um ein archetypisches Verhaltensmuster uralter Völker handelt.

Fallbeispiel
Ein etwa 30 Jahre alter Klient mit einer spätadoleszenten Problematik, das heißt mit Schwierigkeiten beim Übergang zum psychischen Erwachsenwerden, berichtete davon, dass er immer wieder fast zwanghafte Phantasien habe, bei einem Ritus dabei zu sein, bei dem ein männliches Glied gegessen werden müsse. Er fand das pervers und fürchtete sich vor der „Unmoral" und der Unberechenbarkeit seines Unbewussten. Der Bericht seines Analytikers von dem Initiationsritus eines südafrikanischen Stammes (in Sambia), bei dem nach der Beschneidung der zu initiierenden Jungen die Vorhaut getrocknet und zerrieben und dann gegessen oder als Medizin für die Jungen verwendet wird, entlastete den Klienten ungemein. Seine Phantasien waren also nicht

pervers, sondern sie hatten eine Entsprechung in uralten Riten. Er konnte sie somit akzeptieren und integrieren. Hinzu kam, dass es ja, psychologisch gesehen, auch bei ihm darum ging, dass er einen Weg finde, ins Erwachsenenleben initiiert zu werden.

Literatur

Davis, Elizabeth & Leonhard, Carol: Im Kreis des Lebens: Die dreizehn Archetypen der Frauen. Engerda 2015.

Dorst, Brigitte: Therapeutisches Arbeiten mit Symbolen. 2. Aufl. Stuttgart 2015.

Hark, Helmut (Hrsg.): Lexikon Jungscher Grundbegriffe. Olten 1990.

Jung, Carl Gustav: Erinnerungen, Träume, Gedanken. Aufgezeichnet und herausgegeben von Aniela Jaffé. 16. Aufl. Düsseldorf 2009.

Ders.: Gesammelte Werke, Bd 9/1, § 77, 4. Aufl. Olten 1982.

Kast, Verena: Vater-Töchter, Mutter-Söhne. Wege zur eigenen Identität aus Vater- und Mutterkomplexen. Stuttgart 2005.

Pearson, Carol S.: Die Geburt des Helden in uns. Transformation durch die zwölf Archetypen. München 1993.

Uhlmann, Rainer F.: Witze – mehr oder weniger fromm. 2. Aufl. Norderstedt 2012.

Kapitel 5
Die Macht der Mythen

Der Mythos fasst die tiefere Wahrheit als der Fakt.
(Bernhard Steiner)

5.1 Die Bedeutung von Mythen

Stellen Sie sich vor, Sie befinden sich auf einem nach vielen Jahren stattfindenden Familientreffen. Mit Ihren Geschwistern, Vettern und Cousinen lassen Sie alte Erinnerungen an Eltern oder Tanten und Onkel wieder aufleben. Ihnen steht ein jovialer, freundlicher, Sie immer bestätigender Mann vor Augen, der für Sie Ihr Vater war. Auch habe er seine Firma kompetent, umsichtig und gerecht geleitet. Plötzlich fällt Ihnen Ihr Bruder oder Ihre Cousine ins Wort und zeichnet das Bild eines oft jähzornigen und autoritären Mannes, als den er oder sie Ihren Vater in Erinnerung hat. Auch das mit der Firma sei geschönt. Der Vater sei sehr machtbewusst gewesen, ein schwieriger Chef, bei dem die Mitarbeiter nichts zu lachen gehabt hätten. Was stimmt nun? Wessen Erinnerung entspricht der Wahrheit? Wahrscheinlich hat Ihr Vater von beidem etwas verkörpert, Sie aber halten ein makelloses, ideales Bild von Ihrem Vater aufrecht. Sie ärgern sich über die Einwände Ihres Bruders oder Ihrer Schwester/Cousine und weisen sie heftig zurück. Sie wollen sich nicht verunsichern lassen.

Warum fällt es Ihnen so schwer zu akzeptieren, dass das Bild Ihres Vaters Risse bekommt, dass ein Schatten auf seine Person fällt? Ihr Vater ist inzwischen für Sie zum Mythos einer, trotz Fehlern, unantastbaren Person geworden, an dem Sie festhalten, weil Sie ihn für Ihr Selbstgefühl brauchen. Der Mythos dient dazu, eine Vergangenheit zu schaffen, mit der man sich identifizieren kann. Somit wirkt der Mythos identitätsbildend. Jede Familie schafft sich durch Erinnerungen ihre eigene Identität, die sich von anderen unterscheidet, wodurch der Familienmythos entsteht. Der Mythos erfüllt die Funktion, ein erstrebenswertes Vorbild, eine Leitfigur zu schaffen. Daher besitzt er sehr oft die Tendenz zur Selektion der Fakten.

> Was aus der Vergangenheit erinnert wird und was nicht,
> hängt letztlich davon ab, von wem und wozu die Geschichte
> gebraucht wird.
> (Assmann, 2008, S. 4).

5.2 Individuelles und kollektives Gedächtnis – worin unterscheiden sie sich?

„Was die Nation ausmacht, ist der gemeinsame Besitz eines reichen Erbes von Erinnerungen", sagte der französische Historiker Ernest Renan 1882 in einem Vortrag. Lässt sich Ähnliches für die Familie sagen? Literarisches Beispiel:

Geschwister
Was anders heißt Geschwister sein
als Abels Furcht und Zorn des Kain,
als Streit um Liebe, Ding und Raum,
als Knöchlein am Machandelbaum.
Und dennoch, Bruder, heißt es auch
Die kleine Bank im Haselstrauch,
den Klageton vom Schaukelbrett,
das Flüstern nachts von Bett zu Bett,
den Trost –
Geschwister werden später fremd,
vom eigenen Schicksal eingedämmt,
doch niemals stirbt die wilde Kraft
der alten Nebenbuhlerschaft,
und keine andere vermag
so bittres Wort, so harten Schlag.
Und doch, sooft man sich erkennt
Und bei den alten Namen nennt,
auf wächst der Heckenrosenkreis.
Du warst von je dabei. Du weißt.
(Kaschnitz, 1985, S. 535)

Sicher werden in diesem Gedicht auch noch andere Erinnerungen bei Geschwistern angesprochen als nur die gemeinsamen. Dennoch spielen sie – bei allen geschwisterlichen Differenzen – eine unübersehbar verbindende Rolle. Die gemeinsamen Erinnerungen verweisen auf die gleichen Wurzeln, sie bilden den „Kitt" innerhalb des Familiengefüges. Das ist vor allem der Fall, wenn sich die Geschwister im Alter nahe sind. Herrscht ein großer Altersunterschied von mehr als zehn Jahren unter ihnen, haben sich die Lebenskreise früh getrennt und es gibt weniger gemeinsame Erinnerungen. Bindungen sind dann oft weniger stark oder sie sind elterlicher, aber nicht geschwisterlicher Art.

Falls Sie Geschwister haben, tauschen Sie Ihre Erinnerungen aus! Sie werden die starken Bande der Zusammengehörigkeit spüren.

Andererseits werden Sie die Erfahrung machen, dass Sie sich ganz unterschiedlicher Dinge erinnern und dass Sie sich gegenseitig sowie andere Menschen und Ereignisse ganz unterschiedlich bewerten. Womöglich geraten Sie sogar darüber in Streit.

Gemeinsames oder kollektives und individuelles Gedächtnis stimmen also nicht unbedingt überein. Worin unterscheiden sie sich? Das individuelle Gedächtnis ist abhängig von Ihrer eigenen Persönlichkeitsstruktur, von Ihren persönlichen Erfahrungen und Wertungen. Das kollektive Gedächtnis beinhaltet eher allgemeine Bezugspunkte der Familiengeschichte oder der Nation, die auch von einer größeren Gruppe von Familienmitgliedern oder Angehörigen einer Nation bestätigt werden können. Es bezeichnet also eine gemeinsame Gedächtnisleistung einer Gruppe von Menschen. Somit ist das kollektive Gedächtnis die Basis für jede Kommunikationsform und Sprache, bildet den Zusammenhalt jeder Gesellschaft und tradiert eine gemeinsame kulturelle Vergangenheit und gemeinsames Wissen.

Beispiele

Länger zurückliegende Ereignisse, die im kollektiven Gedächtnis weiterleben:

- Italien: Die Renaissance und die nationale Erhebung (Risorgimento) im 19. Jahrhundert
- Deutschland: Die Hyperinflation von 1922/23, die eine problematische Sparpolitik und hohe Arbeitslosenzahlen zur Folge hatte

Aktuellere Ereignisse:

- Frankreich: Die Résistance im zweiten Weltkrieg
- Deutschland: Bau und Fall der Berliner Mauer, 1989
- Zusammenbruch der Sowjetunion 1991
- Die Flüchtlingskrise 2015 in Deutschland und Europa

Ohne kollektive Gedächtnisleistung wären Bildung und Konservierung von Mythen nicht möglich.

5.3 Was ist eigentlich ein Mythos?

Ein Mythos ist (der Wortbedeutung des griechischen Begriffs nach) zunächst die „Erzählung" über einen Sachverhalt, der sich mit dem Identitätsbewusstsein einzelner Personen, in der Regel aber mit dem von Menschengruppen verbindet. Damit entsteht ein Gemeinschaftsbewusstsein, für das der jeweilige Mythos (auch als „Großerzählung" bezeichnet) „identitätsstiftend" wirkt. Dabei werden Mythen nicht von „oben" verordnet, sondern wachsen langsam durch fortwährendes Erzählen innerhalb des jeweils von ihnen betroffenen menschlichen Verbandes, bis sie sich verfestigen und – unter Umständen bewusst politisch genutzt – die Struktur von Dogmen annehmen. Sie verlieren ihre Kraft, wenn nicht mehr an sie geglaubt wird oder sie durch innere oder äußere Ereignisse ihrer sinn- und identitätsstiftenden Wirkung verlustig gehen.

Mythen gehen entweder von überirdischen Wesen („Göttern") aus oder knüpfen an Persönlichkeiten an, die durch ihre Größe und Bedeutung als exemplarische Gestalten erscheinen. Vielfach sind sie aber auch mit Ereignissen verbunden, auf die sich die eigene Geschichte beziehen lässt. Zu identitätsstiftenden Ereignissen können sowohl glückliche als auch unglückliche, ja tragisch verlaufene Begebenheiten werden.

Eine solche Wirkung können Mythen über lange Zeiträume hinweg entfalten, sei es für eine bestimmte Gruppe innerhalb eines Gesellschaftsverbandes, sei es für größere Kollektive wie ganze Völker, Staaten oder gar Staatengemeinschaften. Ihr identitätsstiftender Sinn kann aber auch verloren gehen. In diesem Fall – er steht meistens in Zusammenhang mit Umbrüchen – tritt in der Regel ein neuer Mythos an die Stelle eines alten. Ohne einen sinn- oder identitätsstiftenden Mythos geht der innere Zusammenhalt von menschlichen Verbänden in der Regel verloren, es sei denn, man findet sich – gegebenenfalls in einem neuen Verband – im Rahmen eines anderen Mythos neu zusammen.

5.4 Welche Arten von Mythen gibt es?

Nationen haben kein Gedächtnis, erinnern können sich nur Individuen. Dennoch rufen Denkmäler, Jahrestage, Straßennamen oder Namen von Metrostationen und öffentlichen Plätzen die Erinnerung an Triumphe und Niederlagen vergangener Zeiten wach. Es scheint also so etwas wie ein kollektives Gedächtnis zu geben, das bestimmte Ereignisse und Personen zu einem Mythos stilisieren kann, der lange Zeiträume überdauert.

Die Historiker (vgl. Münkler, 2009) unterscheiden zwischen Schöpfungs- und Gründungsmythen, Ereignismythen, Persönlichkeitsmythen, Ortsmythen, Institutionsmythen und Endzeitmythen. Ist es überhaupt möglich, dass ein solcher Mythos individuell auf einen Menschen wirkt?

Fallbeispiel
Jeden Mittag das gleiche Spiel: Leo, 15 Jahre alt, hat keinen anderen Platz, um seine Schulaufgaben zu machen als den riesigen schwarzen Schreibtisch mit Lederauflage, den er hasst, weil er gar nicht richtig daran sitzen kann. Aber sein Vater möchte, dass Leo diesen Schreibtisch in Ehren hält, denn es ist ein Erbstück des Großvaters, der im Krieg gefallen ist, als Leos Vaters erst 4 Jahre alt war. Auch er hatte schon als Schüler an diesem Schreibtisch sitzen müssen, der als Vermächtnis des von der Großmutter bewunderten und verehrten toten Großvaters galt. Dieser wurde dem Sohn und später dem Enkel als ausgesprochen dominante Figur und leuchtendes Vorbild – belesen, gebildet, künstlerisch begabt, erfolgreich in Schule und Studium – vor Augen geführt. Sohn und Enkel wurden also mit einem Vollkommenheitsideal konfrontiert, dem gegenüber sie sich verpflichtet sahen. Der Großvater war zum Familienmythos geworden, sichtbar verehrt und lebendig gehalten in dem alten Schreibtisch, der die ständige Gegenwart dieses übermächtigen Großvaters symbolisierte. Auf Leo wirkte das alles belastend und gleichzeitig irreal. Denn dieses aus dem sogenannten früheren Herrenzimmer stammende Möbelstück machte auf Leo einen gruftartigen Eindruck. Einen Trumpf aber meinte Leo in der Hand zu haben, als er einen alten Koffer voller Briefe auf dem Speicher fand, die den Großvater als überzeugten und aktiven Nazi erkennen ließen. Diese Mitteilung stieß in der Familie, vor allem bei seinem Vater, auf vehemente Ablehnung, und der Koffer samt Inhalt wurde schnellstens vernichtet. Der Großvater war zum unantastbaren Mythos geworden, vor dem selbst nachprüfbare Tatsachen zu schweigen hatten. In diesem Fall war die Glaubwürdigkeit des Vaters für Leo erschüttert.

Das Fallbeispiel zeigt, wie ein solcher, sich um eine Persönlichkeit rankender Mythos bis in die zweite und dritte Generation tradiert wird und, wie in diesem Fall, negativ weiterwirken kann.

5.5 Brauchen wir Mythen und wenn ja, wozu?

Impulsfrage
Schauen Sie sich die einzelnen Arten der Mythen einmal genau an!
Welche Mythen sind Ihnen wichtig und warum?

Schöpfungs- und Gründungsmythen
Sie knüpfen an Personen oder Ereignisse an, die für die Formierung eines Verbandes eine für die überwiegende Mehrzahl seiner Mitglieder übereinstimmende (weil sinn- und identitätsstiftende) Bedeutung haben. Dabei handelt es sich nicht selten um Schöpfungsmythen, die ein ursprünglich ideales Zusammenleben innerhalb einer Gesellschaft zum Inhalt haben („paradiesi-

sche Zustände“). Solche Mythen können zu Auslösern religiöser Bewegungen werden, wie das Beispiel der großen Offenbarungsreligionen zeigt.

Vielleicht wird auch in Ihrer Familie ein solcher Gründungsmythos tradiert. Vielleicht gibt es einen Urgroßvater, der die Familienfirma gegründet hat, die bis zu Ihnen von Generation zu Generation weitertradiert wurde. Dieses Erbe lastet nun auf Ihnen. Wie gehen Sie damit um? Wollen Sie sich in die Reihe der vorangegangenen Generationen einreihen lassen, die Tradition fortführen und somit den Familienmythos des erfolgreichen Gründers weiter hochhalten? Oder steigen Sie aus?

Literarisches Beispiel: Thomas Mann hat in seinem Roman „Buddenbrooks“ (1901) die Bedeutung eines Familienmythos um den Gründer einer Getreidehandelsfirma und dessen Erbschaft für die nachfolgenden Generationen Gestalt werden lassen. Seine Rolle in dieser Familie wahrzunehmen, kann nur heißen, sich als Glied in einer Kette zu begreifen. Über drei Generationen ist die Familie erfolgreich und gehört zu den ersten der Stadt. Auch auf dem fünfzehnjährigen Hanno, Nachkomme in der vierten Generation, lastet der väterliche Anspruch des Senators Thomas Buddenbrook, die Firma zu übernehmen und weiterzuführen. Auf die Wahrnehmung dieser Rolle hin versucht der Vater, ihn zu erziehen, muss aber im Laufe der Zeit feststellen, dass der zarte, künstlerisch und musisch interessierte Sohn keinerlei Ambitionen zeigt, die Kaufmannstradition der Familie fortzuführen. Bezeichnend ist eine Szene, die Hannos innerlich bereits vollzogenen Ausstieg aus dem vorgegebenen Familienauftrag zeigt: Als er nämlich eines Tages die Familienpapiere offen daliegen sieht, ist er von den vielen Namen im Stammbaum so verwirrt, dass er mit dem Lineal einen Doppelstrich unter die Seite zieht, auf der am Schluss sein Name steht. Als der Senator, sein Vater, ihn dafür zur Rechenschaft zieht, stammelt Hanno, er habe geglaubt, da komme nichts mehr. Diese Überzeugung des Sohnes erfüllt sich wenig später, indem Hanno seiner Typhuserkrankung keinen Lebenswillen mehr entgegenzusetzen hat und stirbt.

Die Macht eines Familienmythos muss sich nicht immer als so negativ erweisen. Es gibt auch positive Beispiele von dessen integrativer und stützender Wirkung auf Familienmitglieder.

Ereignismythen

Sie knüpfen an historisch bedeutsame oder als bedeutsam stilisierte Begebenheiten an, von denen bestimmte Entwicklungen ausgegangen sind, die man immer wieder auf die Gegenwart bezieht, weil sie das positive Selbstbild einer Nation stärken oder mit ihnen bestimmte Handlungsziele verfolgt werden. Solche Begebenheiten können tragischer Natur sein wie die Niederlage im Kosovo im Jahre 1389, welche die Serben in ihren nationalen Heiligenkalender eingetragen haben, oder die unter den Römern gefallene Festung Massada, die für die Israelis ein politischer Erinnerungsort geworden ist. Auch wenn es negative Ereignisse sind, derer gedacht wird, schwächt die Erinnerung nicht, sondern ermutigt und stärkt eine Nation und trägt zu ihrer Identität bei. Auch die historischen Momente der Erhöhung können positive Folgen für eine Nation hervorbringen wie die Französische Revolution von 1789.

Persönlichkeitsmythen

Hiermit sind im Zusammenhang mit bedeutsamen Ereignissen agierende Persönlichkeiten gemeint. Sie können infolge ihres Wirkens entweder im Kontext oder im Anschluss an wichtige oder gar umwälzende Ereignisse zu mythischen Gestalten erhoben werden.

Solche, sich um Persönlichkeiten rankende Mythen können eine viel weiter gehende, dauerhafte Wirkung entfalten, zumal wenn ihnen zugeschrieben wird, dass sie dauerhafte Veränderungen eingeleitet oder herbeigeführt hätten. Dies gilt etwa für Napoleon Bonaparte oder Bismarck, ferner in Russland für Lenin, in Indien für Mahatma Ghandi oder in China für Mao Tse-Tung. Es gibt dabei auch „gescheiterte" Mythenkreationen (z. B. den Kult um „Hermann den Cherusker" im 19. Jahrhundert, den späteren Führerkult in Deutschland oder den Marx-Engels-Kult in der untergegangenen DDR).

Ortsmythen

Auch Örtlichkeiten können zu Mythen erhoben werden. Bevorzugt werden dabei Schlachtfelder, so z.B. die Schlacht von Sedan Anfang September 1870, deren Datum zum Nationalfeiertag des Kaiserreichs wurde, und die Felder von Verdun, die in den 1980er Jahren als Symbol für die deutsch-französische Aussöhnung über den Gräbern auserkoren wurden.

Ortsmythen ranken sich aber auch um Burgen (z. B. Luther und die Wartburg in Thüringen) und Städte (Worms als Stadt der Nibelungen bzw. später als Stadt der mittelalterlichen Kaiser und der Reichstage bis hin zur Reformationszeit) sowie um bestimmte Bauten.

Unter den Stadtmythen spielen Athen und Rom eine besondere, über Jahrhunderte hinweg reichende Rolle, wobei Rom hinsichtlich seiner religiösen Bedeutung mit Jerusalem und Mekka verglichen werden kann. In neuerer Zeit spielt für die deutsche Geschichte Berlin als Symbol der Teilung Deutschlands eine wichtige Rolle.

Was die Bauten betrifft, um die sich Mythen ranken, so wären als Beispiele das Schloss von Versailles, der Pariser Eiffelturm, der Berliner Reichstag, das Wawel-Schloss in Krakau oder der Kreml in Moskau zu nennen als Symbole für den königlichen Absolutismus, die gefestigte „dritte" französische Republik, die Durchsetzung und den Untergang des Parlamentarismus in Deutschland bzw. für die deutsche Wiedervereinigung, die Erinnerung an die „Großmacht“ Polen unter den Jagiellonenkönigen bzw. für das gute, alte Russland und seine Weltmachtposition in der Zeit des „Kalten Krieges“.

Initiationsriten

Institutionen sind gemeinschaftliche Einrichtungen eines menschlichen Verbandes, die der Religion, der Verwaltung, der Wirtschaft, der Kriegführung oder der Vermittlung von Bildung dienen. Auch in diesen Bereichen können Mythen entstehen, die das Gemeinschaftsbewusstsein prägen. Aleida Assmann (2008) bemerkt: „Institutionen und Körperschaften wie Nationen, Staaten, die Kirche oder eine Firma ‚haben‘ kein Gedächtnis, sie ‚machen‘ sich eines und bedienen sich dafür memorialer Zeichen und Symbole, Texte, Bilder, Riten, Praktiken, Orte und Monumente. Mit diesem Gedächtnis ‚machen‘ sich Institutionen und Körperschaften zugleich eine Identität.“

Um einige Beispiele anzuführen: Für Großbritannien trifft dies auf das Parlament und den seit Jahrhunderten bestehenden Parlamentarismus zu, für die USA auf das seit 1787 bestehende (und bewährte) Verfassungssystem, das Bundesstaatlichkeit, Parlamentarismus und Demokratie vereint, für Frankreich ist hier der auf eine lange Tradition zurückzuführende Zentralismus zu nennen. In Deutschland war es im 19. Jahrhundert das „preußische Modell“ (Heer und Bildungssystem, vor allem das Hochschulwesen) und gegenwärtig ist es das vom Grundgesetz geformte Verfassungssystem, das sowohl nach dem Vorbild der Verfassungsideen von 1848 und 1919 als auch nach dem Vorbild der USA geformt wurde. Ähnliches gilt für die Schweiz, deren ausgeprägte föderale Tradition bis ins Mittelalter zurückreicht.

Endzeitmythen

Die bereits beschriebenen Schöpfungsmythen beinhalten oft einen Mythos vom Schicksal des Menschen am Ende der Zeiten. Hier spielt vor allem das „Jüngste Gericht“ und die Scheidung der „Guten“, die das ewige Leben im Himmel genießen, von den „Schlechten“, die zur Hölle fahren, eine Rolle. Ähnliches finden wir auch in anderen Religionen.

Wichtig ist in diesem Zusammenhang die Ausrichtung der Menschheitsgeschichte auf diese Vorstellungen, so den Mythos von der Abfolge verschiedener Reiche – sei es nach dem Vorbild des Buches Daniel im Alten Testament, sei es nach der Idee Joachims von Fiore von den drei „Reichen“ (des Alten und Neuen Testaments sowie des Heiligen Geistes, das „tausend Jahre“ bis zur Abhaltung des Jüngsten Gerichts dauern soll). Diese Ideen haben auch bei der von Karl Marx und Friedrich Engels postulierten Endphase der menschlichen Geschichte in der Form einer auf die „Weltrevolution“ des Proletariats folgenden „Klassenlosen Gesellschaft“ Pate gestanden. Das Gegenmodell wäre das zu Beginn der 1990er Jahre von dem US-Autor Francis Fukuyama prophezeite „Ende der Geschichte“.

Impulsfragen

- Brauchen wir für unser Leben Mythen oder wenigstens einen Mythos für unsere nationale Identität?
- Wenn ja, welchen?
- Könnte der Fall der Berliner Mauer ein solcher Mythos sein?
- Oder welche Ideen hätten sie sonst?
- Gibt es bei Ihnen einen Familienmythos?
- Wenn ja, worin besteht er?
- Wie gehen Sie damit um? Belastet oder beflügelt er Sie?
- Handelt es sich um einen Gründungsmythos, einen Persönlichkeitsmythos oder einen Ereignismythos?
- Oder handelt es sich um einen anderen Mythos?

Sicher müssen Mythen auch als Stakeholder der nationalen Identität herhalten. Das lässt sich für fast jede Nation feststellen. In Bezug auf Frankreich war bereits die Rede von der Französischen Revolution, sicher spielt als älterer Personenmythos auch Jeanne d`Arc immer noch eine Rolle. Für Polen denken wir an die Schwarze Madonna von Tschenstochowa, in England ist es der oben bereits genannte Institutionsmythos des Parlaments und des Parlamentarismus. Die Aufzählung ließe sich noch um weitere Beispiele fortsetzen. Ohne Mythen scheint es schwierig zu sein, eine familiäre oder nationale Identität aufrechtzuerhalten. Im Zweifelsfall erschafft man sich einen Mythenersatz.

5.6 Das Problem des „Mythenersatzes"

Individuen wie menschliche Verbände bedürfen anscheinend der Mythen – wenn ein Mythos verschwindet, wird meist stets ein neuer entstehen, der seine Stelle einnimmt.

Da dies aber nicht immer gelingt, können „mythenlose" Kollektive rasch auf ihren Untergang zusteuern, zumal wenn der bedeutungslos gewordene Mythos noch eine Weile einen Teil seiner Ausstrahlung behält. Dies zeigt das Beispiel der Weimarer Republik, der es nicht gelang, einen identitätsstiftenden Demokratie-Mythos zu entwickeln, da sie stets am scheinbar glücklichen und herausragenden Kaiserreich gemessen wurde. Diesen Mythos konnte erst die NS-Diktatur mit ihrem neuen Mythos „Ein Volk, ein Reich, ein Führer" überwinden.

Nachdem das „Tausendjährige Reich“ in Trümmer zerfallen war, versuchte die 1949 neu entstandene Bundesrepublik ohne einen „Staatsmythos“ auszukommen. Stattdessen setzte man auf die wachsende Zufriedenheit, die sich im Zuge des „Wirtschaftswunders“ einstellte und die Verbrechen der NS-Zeit in Vergessenheit geraten ließ. Das Fehlen eines wirklich bindenden Mythos verursachte mit die sog. 1968er Bewegung.

Aber auch die DDR konnte mit ihrem Mythos vom „Arbeiter- und Bauernstaat“ auf die Dauer in der Bevölkerung keinen Anklang finden, weil ihr kein Wirtschaftswunder gelang und die Staatsmacht die Bevölkerung diktatorisch beherrschte. Der Mythos fand schließlich keinen Anklang mehr. Die Folge war der Umbruch von 1989/90.

Einen Ersatzmythos hat das wiedervereinigte Deutschland immer noch nicht gefunden, und es ist eine spannende Frage, wie er aussehen könnte. Die Notwendigkeit, einen neuen Mythos zu „erfinden“, besteht jedenfalls nach wie vor, wenn man an der These festhält, dass kein Kollektiv ohne Mythen, die eine positive Bindekraft entfalten, auskommt.

5.7 Ansichten aus psychoanalytischer Perspektive

Aus der Sicht der analytischen Psychologie sind Mythen als psychische Manifestationen aufzufassen, welche die Bewegungen der Seele darstellen. Mythen werden nicht bewusst erdacht, sondern wir erkennen in ihnen symbolische Ausformungen von unbewussten psychischen Vorgängen, Manifestationen und Projektionen von kollektivem psychischem Bildmaterial. Der Mythos ist erdichtete Realitätsbeschreibung. Sein Antrieb liegt auch in dem Wunsch und in der Notwendigkeit der Erklärung des Unerklärlichen.

Mythos und Mythologie sind frühe wissenschaftliche Instrumente zur Wahrheitsfindung. Im Verständnis der frühen Griechen sind die Götter, die Mysterien und die göttlichen Abenteuer (Heldenmythos) wahr und real. Sie sind nicht symbolisch zu verstehen, sondern sie stiften einen Sinn für die erlebten menschlichen Schicksale und Naturereignisse. Daher gestaltet sich die Mythologie meist auch narrativ.

Von den kollektiven Mythen wird mitunter auch der persönliche Mythos unterschieden. Die Überzeugungen und Wirklichkeitsbilder des einzelnen Menschen beruhen nicht nur auf Bewusstseinsvorgängen, sondern werden irrational mitbestimmt. Mit dem Erkennen des persönlichen Mythos (auch Familienmythos) im Sinne C. G. Jungs ist gemeint, dass das Individuum seine Funktion als Mitschöpfer der Welt, das heißt auch seiner Vorstellungswelt wahrnimmt. Das kann zu einer symbolischen und mythologischen Perspektive einer Person in Hinblick auf das eigene Leben, das ihrer Familie bzw. ihres Clans führen.

Für C. G. Jung hat der Mythos immer auch etwas mit dem „Archetypischen" zu tun. Demnach gilt er als ein dem Menschen als Individuum sowie als Mitglied eines größeren Verbandes eigenes, urtümliches Lebensmuster (= Archetyp), als eine psychische Grundkonstellation des Daseins. „Jung geht davon aus, dass es im Menschen eine mythenschaffende Kraft gibt, die ihn auch heute noch – trotz der Herrschaft der Rationalität – mit der kollektiven Dimension verbindet" (Knoll, 2003, S. 292).

Beispiele sind unter anderem der Mythos Bismarck als tradierter positiver Mythos und das „Dritte Reich" als negativer Mythos und kollektiver Schatten. Im ersten Fall geht es um den starken Wunsch, eine positive Kontinuität in der deutschen Geschichte zu manifestieren, welche die eigene individuelle Identifikation mit dem Kollektiv, in dem man lebt, dauerhaft ermöglicht. Im zweiten Fall geht es um den Versuch, dem kollektiven Schatten dadurch zu begegnen, dass ihm positive Mythen entgegengesetzt werden, zum Beispiel mit dem Schlagwort „Ich bin stolz, ein Deutscher zu sein!" oder mit der Beschwörungsformel vom „Volk der Dichter und Denker".

Jung betrachtet Menschen, die glauben, ohne Mythen rein rational leben zu können, als Entwurzelte, die „weder mit der Vergangenheit, dem Ahnenleben (das immer in ihnen lebt), noch mit der gegenwärtigen menschlichen Gesellschaft in Verbindung" stehen (Jung, 1982, S.13).

Was versteht Jung unter dem „Kollektiven Unbewussten"? Es handelt sich dabei um tradierte Erfahrungen, die sich im Bewusstsein eines Kollektivs wie etwa einer Nation verdichtet haben und durch den Vorgang des Vergessens ins Unbewusste abgesunken sind. Über den Bereich des persönlichen Unbewussten hinaus gibt es in den Träumen und Phantasien der Menschen archetypische Bilder und mythologische Motive, die ohne bewusst erinnerte historische Traditionen aus einer Tiefe der Seele stammen, die das Kollektive Unbewusste genannt wird.

Jung verweist auch auf das Phänomen, dass die Belebung von Inhalten des Kollektiven Unbewussten eine Massenhysterie oder -psychose auslösen kann (z. B. Beginn der Kreuzzüge, Pestepidemie im Mittelalter, Hexenwahn oder Vorabend einer Revolution). Doch es gehen nicht nur pathologische oder destruktive Wirkungen vom Kollektiven Unbewussten aus, sondern es ist auch die Quelle für neue Ideen, soziale, politische und religiöse Erneuerungen (vgl. das Zeitalter der Reformation oder die „friedliche Revolution" in der DDR). Wenn solche, sich entwickelnden Inhalte dann von intuitiv begabten Menschen wahrgenommen und thematisiert werden, breiten sich derartige neue Anschauungen rasch aus, weil das Kollektive Unbewusste im Menschen entsprechend sensibilisiert ist.

Wenn Sie sich näher mit Ihrem persönlichen Familienmythos beschäftigen möchten, können Sie wie folgt vorgehen:

- Sprechen Sie mit den Alten in der Familie. Sie haben oft erstaunliche Detailkenntnisse und sind in der Regel daran interessiert, aus ihrem Leben und von erinnerten Familienereignissen zu erzählen.
- Welche Erinnerungskulturen leiten sich daraus ab?
- Wie werden sie gestaltet (Feste, Feiern, Gedenktage)?
- Welche Rolle spielen bestehende Vorurteile und Verdrängungsprozesse (auch bei Ihnen selbst)?
- Gibt es Verzerrungen oder Verleugnungen, die zur Entstehung und Aufrechterhaltung des Familienmythos geführt haben?
- Benötigen Sie diesen Mythos weiterhin, um Ihre persönliche Identität und Ihr Selbstgefühl (positiv oder negativ) aufrechtzuerhalten? Oder brächte es Ihnen eine neue Freiheit, sich von diesem Mythos zu lösen?

Literatur

Assmann, Aleida: Gedächtnis- Formen. In: Bundeszentrale für politische Bildung. 26.8.2008 (https://www.bpb.de/geschichte/zeitgeschichte/geschichte-und-erinnerung/39802/kollektives, letzter Abruf: 20.3.2022).

Dies.: Kollektives Gedächtnis. In: Bundeszentrale für politische Bildung. 26.8.2008 (https://www.bpb.de/geschichte/zeitgeschichte/geschichte-und-erinnerung/39802/kollektives, letzter Abruf: 20.5.2022).

Dies.: Erinnerungen verändern sich von einer Generation zu anderen. Psychologie heute, Heft 10, Oktober 2004, S. 26-28.

Dies.: Wie wahr sind Erinnerungen? In: Harald Welzer (Hrsg.): Das soziale Gedächtnis. Geschichte, Erinnerung, Tradierung. Hamburg 2001, S. 103-122.

Fukuyama, Francis: The End of History and the Last Man. Free Press New York 1992

Jung, Carl Gustav: Gesammelte Werke. Bd. 5. Olten und Freiburg 1982.

Kaschnitz, Marie Luise: Die Gedichte. Gesammelte Werke. Bd.5, hrsg. von Christian Büttrich und Norbert Miller. Frankfurt/Main 1985.

Knoll, Dieter: Mythos. In: Wörterbuch der Analytischen Psychologie, hrsg. von Lutz Müller & Anette Müller. Düsseldorf & Zürich 2003, S. 291-293.

Mann, Thomas: Buddenbrooks. Limitierte Jubiläumsedition. Frankfurt/Main 2002.

Mitscherlich, Alexander: Der Kampf um die Erinnerung. München 1975.

Müller, Lutz & Müller, Anette (Hrsg.): Wörterbuch der Analytischen Psychologie. Düsseldorf & Zürich 2003.

Münkler, Herfried: Die Deutschen und ihre Mythen. Berlin 2009.

Renan, Ernest: „Was macht die Nation aus?, veröffentlicht in : M. Jeismann/H. Ritter, Grenzfälle – Über neuen und alten Nationalismus. Leipzig 1993

Sauer, Gert: Unbewusstes, kollektives. In: Wörterbuch der Analytischen Psychologie, hrsg. von Lutz Müller & Anette Müller. Düsseldorf & Zürich 2003, S. 441.

Welzer, Harald: Das kommunikative Gedächtnis. Eine Theorie der Erinnerung. München 2002.

Welzer, Hans J. & Markowitsch, Hans-Joachim (Hrsg.): Warum Menschen sich erinnern können: Fortschritte der Interdisziplinären Gedächtnisforschung. Stuttgart 2006.

Kapitel 6
Das Familiengrab

Erinnere dich der Vergessenen – und eine Welt geht dir auf.
(Marie von Ebner-Eschenbach)

6.1 Der Mensch als Mehrgenerationenwesen

Niemand von uns kommt als unbeschriebenes Blatt zur Welt. Jeder ist Glied einer Kette von Ahnen, die ihm ihr Erbe und vielleicht auch besondere Aufträge mit auf den Weg gegeben haben.

Äußere Ähnlichkeiten zwischen Verwandten sind zum Teil verblüffend. Nicht nur, dass Kinder einem Elternteil wie aus dem Gesicht geschnitten sein können, manchmal gehen die Spuren noch weiter in die Vergangenheit zurück, indem ein Nachfahre dem Urgroßvater oder einer Großtante ähnelt. Bestimmte Familienmerkmale wie die bekannte Habsburger Unterlippe vererben sich oft über viele Jahrhunderte.

In der Literatur wird dieses Thema oft und gerne behandelt. Das dunkle Geheimnis der Familie von Quindt besteht in einem Fehltritt der Großmutter der Hauptfigur Maximiliane, die nicht von ihrem Mann, sondern von einem polnischen Offizier den einzigen Sohn empfängt und zur Welt bringt. Nie wird dieses Geheimnis gelüftet, und nur die dunklen, fast schwarzen Augen, die Maximiliane selbst, ihr Sohn sowie ein Enkel erben, verraten, dass slawisches Blut in den Adern der Nachkommen fließt.

Bei einem Besuch bei ihrer Tochter Mirka in Paris unterhält sich Maximiliane mit Enkel Philippe und stellt dabei fest: „Philippe! Die Augen des legendären polnischen Leutnants hatten sich nun bereits in der vierten Generation vererbt" (Brückner, 1985, S. 71).

Neben den äußeren gibt es nicht selten innere Übereinstimmungen. Bestimmte Begabungen – etwa ein musikalisches oder bildhauerisches Talent – gehen oft weit in die Vergangenheit zurück, ohne dass ihre Träger davon wissen müssen.

Da der Mensch ein sich erinnerndes Wesen ist, können wir uns derartige Zusammenhänge aber bewusstmachen. Dabei gibt es Erinnerungen, die familiär gepflegt, ja stilisiert werden, aber auch solche, die verdrängt sind. Bei Letzteren handelt es sich meist um sorgsam gehütete Familiengeheimnisse, die allerdings nur in seltenen Fällen tatsächlich geheim bleiben.

6.2 Warum Familiengeheimnisse nicht geheim bleiben

Menschen sind keine geborenen Lügner. Schon für den Urmenschen war es überlebenswichtig, Betrüger zu erkennen, die freundlich taten, aber hinter dem Rücken den Faustkeil zückten oder auf Kosten anderer schmarotzen wollten, ohne sich selbst reziprok altruistisch zu verhalten. Diese, im Lauf der Evolution ausgebildete Fähigkeit, einen „cheater" rasch auszumachen, hat vielen Vettern aus der Urzeit wahrscheinlich das Leben gerettet.

Die Informationen, die zur Entschlüsselung von Betrugsabsichten dienen, sind dabei vor allem nonverbaler Art. Bei den meisten Menschen erzeugt Lügen ein erhöhtes körperliches Aktivierungsniveau und führt in der Folge zu psychophysiologischen Veränderungen. Der Blutdruck und die elektrische Leitfähigkeit der Haut steigen an, der Puls beschleunigt sich. Einige Menschen erröten, und es gibt Hinweise, dass sich auch die Stimme verändert, wenn wir die Unwahrheit sagen. Auf der Messung dieser Veränderungen basieren Polygraphen oder, wie sie umgangssprachlich heißen, Lügendetektoren. Auch bestimmte Gesten, Besonderheiten der Blickrichtung usw. können einen Lügner verraten.

Daher verwundert es nicht, dass Familiengeheimnisse oft aufgedeckt werden. Die Angehörigen spüren, irgendetwas stimmt nicht. Der Sohn oder die Tochter tritt ins Zimmer, und plötzlich verstummt das Gespräch zwischen Mutter und Großmutter, oder es wird ihm eine andere, harmlose Wendung gegeben. Es gibt offensichtliche Lücken in der Familienchronik, die nicht erklärt werden können. So fehlen bspw. von einem bestimmten Kind alle Babyfotos. Es ist unklar, wo die Familie zu einer bestimmten Zeit lebte usw.

Die Geheimnisträger verraten sich meist selbst: Ein bestimmter Gesichtsausdruck, eine Veränderung der Stimmlage, die plötzlich gereizt oder ärgerlich klingt, und ein überraschend hohes Emotionalitätsniveau, wenn bestimmte Fragen gestellt werden, deuten auf Familiengeheimnisse hin.

Die jüdischen Wurzeln von Altbundeskanzler Helmut Schmidt
Der Vater von Helmut Schmidt – Gustav Schmidt – war der uneheliche Sohn eines jüdischen Bankiers und wurde von den Schmidts adoptiert. Diese Tatsache war ein Familiengeheimnis. Sie wurde erst aufgedeckt und dem Sohn Helmut mitgeteilt, als dieser im Alter von 14 Jahren unbedingt der Hitlerjugend beitreten wollte. Helmut erfuhr, dass seine Großeltern väterlicherseits nicht seine Blutsverwandten waren und er selbst im Jargon der Nazis als Mischling 2. Grades galt. Durch eine Urkundenfälschung wurde die jüdische Herkunft verschleiert, so dass die Familie ohne Repressalien das Dritte Reich überlebte. Die Öffentlichkeit erfuhr erst nach 1980 von den jüdischen Wurzeln ihres ehemaligen Kanzlers.

6.3 Traumata und Lorbeerkränze

Welche Erinnerungen aber ruhen in Familiengräbern? Welche setzt man weithin sichtbar in einer eindrucksvollen Gruft bei, zu der die Nachfahren gedanklich immer wieder pilgern, und welche werden wie früher die Selbstmörder am Rand eines Gottesackers verscharrt, und man vermeidet den Blick in diese Richtung? Es sind hier zwei Kategorien von Taten und Ereignissen zu nennen, deren eine zum Familienruhm beiträgt, während die andere mit Schuld, Erniedrigung und Scham einhergeht.

Erinnerungen, die bewusst lebendig gehalten werden, kreisen zum Beispiel um die herausragende Position oder den früheren Reichtum der Vorfahren. Typisch ist, dass immer wieder erzählt wird, wie es dazumal war, wie schön sich das Leben anließ, wie glänzend die Familie dastand, wie gebildet und besonders sie war. Viele Romane thematisieren diese Art Familiengrab, so die Geschichten aus den ehemaligen deutschen Ostseeprovinzen Livland, Estland und Kurland (heute die Staaten Lettland und Estland).

Die Deutschen bildeten dort über mehrere Jahrhunderte die privilegierte Oberschicht des Landes, bis sie durch die Revolution in den Jahren 1918 und 1919 ihre bisherige Vormachtstellung bzw. durch den Hitler-Stalin-Pakt 1939 schließlich auch ihre Heimat verloren. In den zurückliegenden Jahrhunderten jedoch lebten sie im Baltikum in einer Art abgeschiedenem Idyll, verfügten über Reichtum, Einfluss und Bildung und waren stolz darauf, dass ihre Vorfahren einst auf den Spuren der Kreuzfahrer ins Land kamen, um es zu christianisieren.

Nach der Vertreibung wird die verlorene und geliebte Heimat in vielen Romanen und Erzählungen wieder heraufbeschworen. Dabei findet mehrfach die Gestalt eines in Stein gehauenen Mönchs im Dom von Riga als Vermächtnis an die Nachfahren Erwähnung, so auch in der Romanfolge „Unter dem wechselnden Mond“ von Mia Wroblewska, die am Beispiel der Geschicke einer Familie die Siedlungsgeschichte der Deutschen über viele Generationen hinweg bis zur Vertreibung nachzeichnet.

Eine im 19. Jahrhundert geborene Nachfahrin dieser Familie steht andächtig vor der Statue, die den Augustinermönch Meinhard zeigt, der im 12. Jahrhundert lebte und sich berufen fühlte, die heidnischen Völker zum Christentum zu bekehren und dann Livlands erster Bischof wurde:

> Margarethe Thoeler beugte die Knie, und ihre Seele öffnete sich in Liebe und im Ahnen der geheimen Zusammenhänge von Ursachen und Wirkungen, die sich über ferne Jahrhunderte verknüpfen und ohne deren Erkenntnis unser Leben ein sinnloses Zufallsspiel bliebe. Ihre Hände strichen zärtlich über die Gestalt des kleinen Mönchs im rauhen Stein.

> „Du unser aller geistlicher Vater!" sprach es in Margarethe Thoeler, „der du den Grund legtest zu unserer baltischen Kolonie in diesem Lande, wir danken dir für allen Reichtum, den unsere Väter und wir selber von der geliebten Heimat empfingen.
> (Munier-Wroblewska, 1928, S. 295)

Tief in der Erde verscharrt aber werden Erinnerungen, die geeignet sind, eine Familie bzw. deren frühere oder noch lebende Mitglieder zu desavouieren. Dazu gehören Taten, die mit persönlicher Schuld einhergehen, oder aber unverdiente Erniedrigungen durch andere.

Für Deutsche ist typisch, dass eine Beteiligung von Verwandten an den Verbrechen des Naziregimes oder aber der Stasibespitzelung in der ehemaligen DDR entweder totgeschwiegen oder aber umgedeutet wird. Werden entsprechende Vergehen thematisiert oder zweifelsfrei nachgewiesen, setzen meist Beschwichtigungsversuche ein:
„Dein Großvater war nicht so. Er hat sich keines Verbrechens schuldig gemacht. Man hat ihn gezwungen, das zu tun. Er konnte nichts dafür. Es war die Zeit. Ihr Heutigen könnt das gar nicht mehr verstehen."

Verschwiegen werden außerdem Erfahrungen, die mit Scham und Demütigungen einhergehen, zum Beispiel die Tatsache, eine Vergewaltigung erlitten, dem Ehemann ein fremdes Kind untergeschoben zu haben, Opfer von Verfolgung und Folter geworden zu sein. KZ-Überlebende sprachen bezeichnenderweise fast nie mit ihren Kindern über ihre Leiden in den Lagern. Zu schmerzlich, aber auch zu erniedrigend waren die Erfahrungen, die sie zum Teil über einen langen Zeitraum hatten machen müssen.

Verdrängt und totgeschwiegen werden auch Fälle von innerfamiliärem sexuellem Missbrauch, und zwar sowohl von den Kindern, die andernfalls den Zerfall der Familie befürchten oder denen massiv gedroht wird, als auch von den Tätern und Mitwissern – meist die Mütter. Sexueller Missbrauch hinterlässt tiefe Spuren, wie die nachfolgenden Verse zeigen:

Gedicht eines Missbrauchsopfers

Keines Vaters Kind
keiner Mutter Tochter
keines Bruders Schwester
keines Mannes Frau
Jemand hat mir das Leben geschenkt
sie hat mich ausgeliefert
jemand hat mich beschützen sollen
er hat mich zerbrochen

jemand war mit mir zusammen Kind
er hat mich in den Abgrund getrieben
jemand wollte mich lieben
er hat meine Seele erstickt
(Lorenz, 1988, S. 7-8)

6.4 Untote Tote

Und ebenso wie bestimmte Triumphe und Niederlagen – Lorbeerblätter und Traumata – durch das kollektive Familiengedächtnis wabern, so greift der Geist manch eines Verstorbenen aus dem Grab heraus nach den Lebenden. Bei Vorfahren, die unvergessen bleiben, handelt es sich oft um solche, denen ein besonderes Schicksal widerfuhr, die bspw. einen frühen oder gar gewaltsamen Tod erleiden mussten. Andere erbrachten als „Familienstolz" ungewöhnliche Leistungen oder scherten als „schwarze Schafe" aus der Familientradition aus. Letztere wurden oft ausgestoßen, andere kappten freiwillig ihre familiären Bindungen.
Wie aber verschaffen sie sich nach ihrem Tod Gehör? Wie ist es möglich, dass sie oft viele Jahrzehnte oder gar Jahrhunderte nach ihrem Ableben Einfluss auf die Nachfahren nehmen?

Je nach Todesdatum existieren vielleicht noch Geschichten über diese Vorfahren sowie Fotos, alte Briefe oder sonstige Dokumente, deren Inhalte mit tatsächlichen Erinnerungen vermengt werden und zur Mythenbildung führen können. Die Lebensgeschichte und Persönlichkeit des „schwarzen Schafes" wie des „Familienstolzes" werden im Lauf der Zeit vielfach verzerrt, indem man einzelne Facetten übertreibt, stilisiert oder aber verteufelt. Die Toten erhalten so leicht übermächtige Züge, die auf die Nachwelt beeindruckend, faszinierend oder auch beängstigend wirken. Dies trägt wieder dazu bei, das Gedächtnis an sie lebendig zu halten. Aufgrund der Mythenbildung werden solchen Gestalten in abergläubischen Umwelten oft übersinnliche Kräfte zugesprochen. Man glaubt, dass sie den Nachfahren nahe sind und sie beschützen oder aber, dass sie als böse Geister umgehen.

6.5 Helden und Heilige

Herausragende Vorfahren, die ungewöhnliche Taten vollbrachten oder sich durch eine besonders hochstehende Gesinnung auszeichneten, dienen oft als Vorbilder, die nicht nur den Nachfahren, sondern auch ihrem Volk, ja sogar der Weltgemeinschaft, Ideale vermitteln und Orientierung bieten sollen.

Historische und literarische Gestalten

Männer haben in diesem Zusammenhang eher die Rolle des Helden, Frauen die der Heiligen inne. Erstere zeichnen sich vor allem in Kriegen und Kämpfen aus, während letzteren oft eine übermäßige Selbstlosigkeit eigen ist, die zu „guten Werken“ motiviert.

Eine dieser weiblichen „Heiligen“, die weiterhin verehrt werden, ist Mutter Teresa. Zu den bis zum heutigen Tag bewunderten „Helden“ gehört Erwin Rommel. Erwin Rommel wurde 1891 als Sohn eines Lehrers in Heidenheim an der Brenz geboren. Er besuchte das Realgymnasium und trat dann in das württembergische Heer ein. Bereits im Ersten Weltkrieg fiel er durch besondere Tapferkeit und todesmutige Aktionen auf. Rommel wurde Kompaniechef, später Oberleutnant und schließlich Hauptmann.

Die Machtübernahme der Nationalsozialisten begrüßte er kritiklos, denn er hatte es als schwere persönliche Kränkung erlebt, dass das Heer, dem er angehörte, durch die Bestimmungen des Versailler Vertrags zur Bedeutungslosigkeit abgesunken war. Zwischen Adolf Hitler und ihm bestand eine intensive Beziehung, die auf gegenseitiger Bewunderung beruhte.

1936 berief Hitler seinen Lieblingsgeneral in das militärische Begleitkommando. Beim Einmarsch in das Sudetenland und bei der Besetzung des Memellandes erhielt Rommel den Oberbefehl. Er wurde zum Generalmajor, später zum Oberfeldmarschall befördert und zog schließlich als Leiter in das Führerhauptquartier ein. Rommels Buch „Infanterie greift an“, das er 1937 veröffentlichte, war ein Bestseller.

1941 übertrug Hitler ihm den Oberbefehl über das Afrikakorps in Libyen. Es gelang dem „Wüstenfuchs“ – so Rommels Beiname –, große militärische Erfolge zu verzeichnen, bis er sich schließlich angesichts der Übermacht der alliierten Truppen geschlagen geben musste. Vor allem die siegreichen Eroberungen in Afrika verschafften Erwin Rommel den Ruf eines Kriegshelden. Zu seiner ungeheuren Popularität, die von den Nationalsozialisten bewusst gefördert und zelebriert wurde, trug auch bei, dass er seine Feldzüge nicht „backstage“ führte, sondern mit seinen Soldaten an vorderster Front kämpfte.

Nach dem misslungenen Attentat auf Hitler 1944 brachte man ihn mit dem deutschen Widerstand in Verbindung. Zwei hitlertreue Generäle suchten ihn auf und stellten ihn vor die Wahl, sich entweder vor dem Volksgerichtshof zu verantworten oder seinem Leben selbst durch eine mitgeführte Giftkapsel ein Ende zu setzen. Rommel wählte letzteres. Sein erzwungener Selbstmord, der als späte Loslösung von Hitler gedeutet wurde, erhielt den Nimbus vom genialen Strategen und aufrechten Soldaten auch nach dem Krieg am Leben. Rommel wurde früh zur Legende und das erstaunliche Charisma, das seiner Person eigen war, hat ihn überlebt.

Mutter Teresa

Mutter Teresa wurde unter dem Namen Anjezë Gonxhe Bojaxhiu 1910 in Albanien geboren und wuchs in einer gutsituierten katholischen Familie auf. Anjezë Gonxhe entschloss sich schon früh, Nonne zu werden und trat mit 18 Jahren in den Orden der Loretoschwestern ein, der sich besonders in Indien sozial und religiös engagierte und dort Niederlassungen hatte. Nach einer Tätigkeit in Irland gelangte die junge Ordensschwester nach Kalkutta, wo sie zunächst an der Schule des Ordens als Lehrerin, später als Direktorin tätig war.

1946 vernahm sie bei einer Fahrt durch die Slums von Kalkutta ihren eigenen Angaben zufolge einen Ruf Gottes. Christus selbst schien sie aufzufordern, den Schutzraum des Klosters zu verlassen, um den Ärmsten der Armen beizustehen. Mutter Teresa folgte dem Ruf und kümmerte sich fortan um die Leidenden und Sterbenden in den Elendsvierteln der Großstadt. 1950 gründete sie einen neuen Orden, der sich „Missionarinnen der Nächstenliebe" nannte und schließlich von Rom anerkannt wurde. Der Orden machte es sich zur Aufgabe, mittellose Kranke und Sterbende zu betreuen, ihnen eine Unterkunft zu bieten, sie medizinisch zu versorgen und in der Stunde des Todes an ihrer Seite zu sein. Immer mehr junge Frauen schlossen sich dem Orden an.

Mutter Teresa wurde für ihr Werk mehrfach ausgezeichnet. Die höchste Auszeichnung, die sie erhielt, war der Friedensnobelpreis im Jahr 1979. Sie starb 1997 in Indien und wurde, wie es ihr Wunsch war, in dem von ihr gegründeten Kloster beigesetzt. 2003 erfolgte ihre Seligsprechung seitens der katholischen Kirche.

„Lasse nie zu, dass du jemandem begegnest, der nicht nach der Begegnung mit dir glücklicher ist." (Zitat von Mutter Teresa)

Die Heilige und ihr Narr

Literaten nehmen sich der Figuren des Helden, der Heiligen und des schwarzen Schafs gerne an, und auch die fiktionalen Protagonisten dienen dazu, edukative Wirkungen zu erzielen und ganze Generationen entweder nach ihrem Bild zu prägen oder ex negativo davor zu warnen, einen ähnlichen Weg einzuschlagen.

Der gleichnamige Roman von Agnes Günther war der einzige, den die Autorin verfasste und erschien erst posthum 1913. Das Buch machte Günther berühmt, denn es erwies sich als Bestseller, der weit über 100 Auflagen erfuhr und mehrfach verfilmt wurde. Das Werk prägte für viele Generationen das Idealbild von der selbstlosen, unbedingt liebenden Frau.

Die Heilige in diesem Werk ist Rosmarie, genannt „Seelchen". Sie entstammt der Fürstenfamilie von Brauneck und wächst als Halbwaise bei ihrem Vater auf. Als Kind lernt sie den viel älteren „Ruinengraf" Harro, einen

Außenseiter und Maler, kennen. Aus dieser Beziehung erwächst später eine tiefe, leidenschaftliche Liebe. Das Paar schließt die Ehe, und Rosmarie wird Mutter eines Sohnes.

Die junge Heldin zeichnet ein weit überdurchschnittliches Maß an Sensitivität und hoher Ethik aus. Selbstlosigkeit und Leidensbereitschaft sind ihr vor allen anderen Eigenschaften eigen. Ihre Gegenspielerin hingegen, die zweite Frau des Vaters, ist anspruchsvoll, egoistisch und skrupellos. Sie wird Rosmaries Todfeindin.

Bitter gehasst von der jungen Stiefmutter, die sie ständig demütigt, verbal angreift und durch falsche Verdächtigungen dafür sorgt, dass sie das Schloss ihrer Väter verlassen muss, erträgt die Heldin klaglos alle Grausamkeiten und vergilt Böses mit Gutem.

Die Konflikte eskalieren, als Rosmarie den Grafen Harro, zu dem die Stiefmutter selbst eine Neigung gefasst hat, heiratet. Die junge Fürstin treibt der Hass soweit, dass sie ihrer Stieftochter am Hochzeitsmorgen schwere Verbrennungen zufügt und später versucht, sie im Wald zu erschießen.

Rosmarie, die den Anschlag überlebt und die Stiefmutter erkannt hat, wahrt Stillschweigen, zum einen weil sie ihrem Vater den Schmerz ersparen möchte, mit einer solchen Frau verheiratet zu sein, und zum anderen weil sie sich selbst der Mitschuld an dem Mordversuch bezichtigt. Gegenüber ihrem Beichtvater klagt sie:

> Meine Schuld, meine große Schuld. Ich habe nie ein bißchen Liebe für Mama in mir auftreiben können, alles, was ich tun konnte, war, daß ich meinen Haß begrub. Sie wissen, Herr Stiftsprediger, daß das zu wenig ist. Und nun hätte ich mich erbarmen müssen, wer denn sonst als ich! Und ich bin dort in meinem Goldhaus geblieben und habe mit mir geschachert von Tag zu Tag. Ich wußte ja, wenn ich hierher käme, würde ich nie wieder zurück können. Wenn ich Mama wirklich eine Liebe tun wollte, so konnte das doch nur geschehen, indem ich Geduld zeigte. Nicht heute kommen und morgen genug haben. Sondern immer wieder aufs neue ihr zeigen, solange ich noch Kraft habe. Ich bin da, und ich habe endlich, endlich entdeckt, was ich ihr schuldig geblieben bin.
> (Günther, 1919, S. 558).

Es ist eine Besonderheit dieses Romans, dass weltentrückte Schauplätze und märchenhafte Szenerien mit sehr realen Orten und gesellschaftskritischen Passagen verbunden werden, was einen Teil der Faszination, die von dem Werk einst ausging, erklärt.

6.6 Schafe so schwarz wie die Nacht

Einn er auðkvisi aettar hverrar! -
In jeder Familie ist ein unnützes Glied!
(Altes isländisches Sprichwort)

Den edlen, sittlich vorbildhaften Gestalten in Literatur und Realität stehen andere gegenüber, die scheinbar über völlig entgegengesetzte Eigenschaften verfügen und meist nicht bewundert, sondern verachtet werden: die schwarzen Schafe.

Das „schwarze Schaf" ist ein beliebter Topos, der sowohl die Hochliteratur als auch die weniger anspruchsvolle Belletristik durchzieht. Oft erweisen sich schwarze Schafe als „untote Tote", deren Schicksal sich auf geheimnisvolle Weise mit dem der Nachkommen verbindet.

Auch in realen Familien treten immer wieder Außenseiter auf, die mit lieb gewordenen Traditionen brechen und ihre Angehörigen durch diverse „Untaten" vor den Kopf stoßen. Diese missliebigen Familienmitglieder werden manchmal durch Rauswurf, Kontaktabbruch, Enterbung usw. aktiv ausgestoßen. Andere verlassen von sich aus das unwirtliche Nest und kappen vorübergehend oder für immer sämtliche familiäre Bindungen.

Die Verfemte

Gertrud von le Fort erzählt in ihrer gleichnamigen Novelle von einer Gräfin, die sich zur Zeit des Dreißigjährigen Krieges eines „Verbrechens" schuldig macht, das noch im Zweiten Weltkrieg als „Mitleid mit dem Feind" verurteilt und geahndet wurde. Die schwangere junge Frau, deren Mann in dem mörderischen Ringen der Religionsgruppen umgekommen war, empfand Mitgefühl mit einem gegnerischen Schweden, der sich auf der Flucht vor den Kaiserlichen auf das Gut ihrer Familie gerettet hatte. Dort fiel er ihr zu Füßen und flehte sie an, ihn zu retten. Anna Elisabeth war bewegt und fühlte durch ihre Schwangerschaft auch eine besondere Verpflichtung, menschliches Leben zu schützen. Statt ihn erschlagen oder im Moor versinken zu lassen, führte sie den jungen Mann tief in der Nacht über einen geheimen Steg durch das Teufelsmoor auf die andere Seite, so dass er sicher das Lager seiner Kameraden erreichen konnte. Der Soldat sprach zum Dank einen Segenswunsch für seine Retterin und deren Geschlecht aus.

Die Verwandten und deren Kinder und Kindeskinder verziehen der jungen Frau ihre unpatriotische Haltung jedoch nicht und betrachteten sie nicht länger als eine der Ihren. Anna Elisabeth musste den Rest ihres Lebens, von ihren Angehörigen gemieden, in Einsamkeit und Abgeschiedenheit verbringen.

„Und immer noch hing in der langen Reihe der Familienbilder, die den weiträumigen Eßsaal dieses Hauses schmückten, der leere Rahmen, darunter das kleine barocke Schild mit der verschnörkelten Inschrift: ‚Anna Elisabeth, Vermählte von Golzow, geboren 1654, verwitwet 1675‘ – das Todesjahr fehlte – damals hatte man das Porträt schon aus dem Rahmen geschnitten und das Andenken der Dargestellten gelöscht.“ (Le Fort, 1968, S. 368)

Die Frau mit den Karfunkelsteinen

Von einem schwarzen Schaf berichtet auch E. Marlitt in ihrem Roman „Die Frau mit den Karfunkelsteinen“. Die Heldin kommt als junges verwaistes Mädchen in das Haus ihres Vormunds, des Kommerzienrates Justus Lamprecht. Dessen Ehefrau Judith war kurz zuvor verstorben und hatte den zurückbleibenden Gatten an ihrem Sterbebett schwören lassen, ihr über das Grab hinweg die Treue zu halten und sich niemals mehr zu vermählen. Der Vormund und sein Mündel verlieben sich jedoch ineinander und brechen schließlich den Eid, wobei die junge Frau die treibende Kraft ist.

„Herr Justus hatte aber ein leidenschaftliches Herz gehabt, und seine schöne Mündel, die in seinem Hause gewohnt, nicht minder. Sie hatte gemeint, und wenn sie in die Hölle mit ihm müsse, sie lasse doch nicht von ihm und heirate ihn der neidischen Seligen zum Trotz und Tort“ (Marlitt, 1940, S. 6).

Die schöne Dora stirbt schließlich nur ein Jahr nach der Eheschließung im Kindbett einen frühen Tod, der von vielen als Strafe Gottes für den begangenen Eidbruch gedeutet wird.

In den Fußstapfen Heinrich von Kleists

Johannes R. Becher (1891-1958), einer der führenden Lyriker des Expressionismus und zugleich ein erfolgreicher Politiker, fühlte sich von früher Kindheit an einsam und ungeliebt in seiner Familie. Der Vater, ein promovierter Jurist und späterer Oberlandesgerichtspräsident, kam aus bescheidenen Verhältnissen und hatte sich seinen akademischen und beruflichen Erfolg hart erkämpft. Die Mutter entstammte einer gutbürgerlichen Apothekerfamilie.

Ein frühes Familienfoto illustriert die marginale Position Bechers. Der Vater wendet ihm den Rücken zu, die Mutter hält den kleinen Bruder auf dem Arm und lehnt ihren Kopf an den des Kindes. Auch sie ignoriert den ältesten Sohn, der allein auf der anderen Seite steht.

Johannes R. Becher fiel bereits auf dem Gymnasium wegen ungebührlichen Verhaltens auf, wechselte mehrfach die Schule und wurde aufgrund ungenügender Leistungen in Deutsch 1902/03 nicht versetzt.

Mit 19 Jahren wollte er – inspiriert von dem berühmten erweiterten Suizid Heinrich von Kleists – gemeinsam mit seiner Freundin in den Tod gehen. Die junge Frau starb, er selbst überlebte den Selbsttötungsversuch, dem noch weitere folgen sollten, nur knapp. Sein Onkel, ein Arzt, rettete ihm in einer dramatischen Notoperation das Leben. 1911 legte Becher das Abitur in Ingolstadt ab und beabsichtigte, Medizin zu studieren, wozu es aber nie kam. In den nachfolgenden Jahren verfiel er dem Morphium, führte ein unstetes Leben mit sexuellen Ausschweifungen und abgebrochenen Entziehungskuren. Seine familiären und psychischen Probleme verarbeitete er in Gedichten, Romanen und Dramen, die zum Teil aber nicht von der Zensur freigegeben wurden.

Nach der letzten, endlich erfolgreichen Entziehungskur trat Becher 1919 in die Kommunistische Partei Deutschlands ein. Unterbrochen von einer Phase der religiösen Gottsuche, in der er sich vom Sozialismus abwandte, wurde er 1923 erneut Mitglied der KPD. Während die Beziehungen zu Frauen nur kurzlebig waren – seine Ehen wurden geschieden und er hatte unzählige Affären – blieb er der Partei in der Folgezeit treu.

Becher hat zwar immer betont, und in manchen Biographien wird dies fälschlicherweise auch bestätigt, dass er 1914 zu den Kriegsgegnern gehört habe, die Realität sieht jedoch anders aus. In Wahrheit hatte er sich als Kriegsfreiwilliger gemeldet, wurde aber aufgrund der körperlichen Folgen seines ersten Suizidversuchs mit einer Schusswaffe abgelehnt.

Bechers persönliche Aufzeichnungen und Briefe lassen ein extrem belastetes Verhältnis zwischen Vater und Sohn erkennen: „Der Vater behandelte mich immer als den Angeklagten – von Kindheit auf war ich angeklagt und hatte den Vater als Richter vor mir, der mich ununterbrochen schuldig sprach und ein Urteil nach dem anderen fällte“ (Dwars, 2003, S. 12).

Der spätere endgültige Bruch mit den Eltern geht anscheinend auf seinen Vater zurück, der ihn 1915 drängte, München für immer zu verlassen und sich auf eigene Beine zu stellen.

Johannes R. Becher schrieb an einen Freund: „Vertraglich meinem Vater gegenüber verpflichtet, München dauernd zu verlassen, siedle ich nach Berlin über“ (Ebd., S. 35-36).

6.7 Kippbilder

Sie wissen wahrscheinlich, was Kippbilder sind? Kippbilder enthalten zwei abweichende Botschaften, die sich dem Betrachter durch einen Wahrnehmungswechsel und das Fixieren unterschiedlicher Facetten erschließen. Je nachdem, welche Konturen man in Augenschein nimmt, sieht man ein völlig anderes Bild.

Mit „Kippbildern“ haben wir es auch in Hinblick auf Helden, Heilige und Verfemte zu tun, denn diese werden oft nur einseitig wahrgenommen, indem man ihre Tugenden oder Untugenden betont und andere Aspekte leugnet.

Manch ein Held und manch eine Heilige erstrahlen nicht mehr in einem reinen, hellen Licht, wenn man sie genauer in Augenschein nimmt, und manch schwarzes Schaf erhält plötzlich weiße Flecke, sobald man sich näher

Abb. 6.1 Totenkopf oder zwei junge Menschen? (Quelle: commons.wikimedia.org)

mit ihm beschäftigt oder andere Wertmaßstäbe bzw. die Sichtweise einer neuen Zeit zugrunde legt.

Menschen sind glücklicherweise nicht einseitig „schwarz" oder „weiß" bzw. gut oder böse, und das macht sie lebendig und menschlich erreichbar. Es gibt kaum jemanden, der nur destruktive oder nur positive Persönlichkeitszüge hat.

Die Einengung der Sichtweise sowie einseitige Übertreibungen dienen einmal der Rechtfertigung für die Ausstoßung eines schwarzen Schafs – es hat es nicht anders verdient – oder – indem an der Politur des Helden nicht gekratzt werden darf – dem Erhalt des familiären Lorbeerblattes und damit auch des eigenen Selbstwertgefühls. Wenn es sich um nahe Verwandte handelt, etwa Vater, Mutter oder Großeltern, werden deren problematische Eigenschaften und Taten auch verdrängt, um die Liebe zu ihnen ungebrochen aufrechterhalten zu können. Sobald sich aber ein Nachfahre entschließt, den Schleier zu heben, macht er meist überraschende und entlarvende Entdeckungen.

Helle Spots und unerwartete Karrieren

Manchmal haben gerade schwarze Schafe ausgesprochen segensreiche Auswirkungen auf die Nachkommen. Die so jung verstorbene Heldin im Roman der E. Marlitt nimmt erheblichen Einfluss auf die Kinder und Enkel ihres Mannes. Das lebensgroße Gemälde der schöne Dorothea mit den funkelnden Rubinen im schwarzen Haar beschäftigt die Phantasie von Grete, der Ur-Urenkelin von Justus Lamprecht, in hohem Maße, und es scheint eine geheimnisvolle innere Verbindung zwischen den beiden Frauen zu bestehen. Obwohl sie keine Blutsverwandtschaft eint, passt Grete das

Prachtkleid der Verstorbenen wie angegossen, und ihr Gesicht weist einen ähnlichen Ausdruck von Stolz auf.

Grete wird auch in Bezug auf ihre Wertvorstellungen von der rebellischen, bedingungslos liebenden Dora beeinflusst. Sie hinterfragt als junges Mädchen kritisch die Phänomene ihrer Zeit, das Dienern vor Höhergestellten, die Jagd nach dem Mammon und die Glorifizierung des Adels durch das Bürgertum. Als sie eine nachmittägliche Kaffeeszene beobachtet, in der ihre Verwandten allen Bürgerstolz vergessen und sich gegenüber ihren adeligen Gästen unterwürfig verhalten, denkt sie bei sich:

> Das, was augenblicklich beherrschend und entnervend durch das gesamte moderne Leben ging, die Liebedienerei, die Machtanbetung, das ungenierte Buhlen um die Gnade einflußreicher Persönlichkeiten, das waren jetzt die Gespenster im Lamprechtshause, gegen die sie sich ihres Leibes und Lebens zu wehren hatte! – Wahrlich, „die schöne Frau mit den Karfunkelsteinen", die einzig aus rücksichtsloser, heißer Liebe die Grabesruhe verwirkt hatte, sie stand groß neben den kleinen Seelen!
> (Marlitt, 1940, S. 121)

Die Verfemte in der Novelle von Gertrud von le Fort, die in dunkler Zeit praktische Nächstenliebe übte, wird Jahrhunderte später zu einer Art Lebensretterin ihrer Nachkommen, als diese in den letzten Tagen des Zweiten Weltkriegs von ihrem Gut im Osten fliehen müssen:

> Wir waren, als die Katastrophe hereinbrach, alle noch einmal dort versammelt", erzählte Barbara. „Hans-Jeskow hatte die ganze Familie aufs Land kommen lassen, als es in den Städten mit dem Bombenkrieg ernst wurde. Aber dann kam die tödliche Bedrohung auch aufs Land, anders als in den Städten, aber nicht minder furchtbar. Doch du weißt natürlich, daß man uns die Flucht verboten hatte – lassen wir die Einzelheiten. Es schien also keine Rettung für uns zu geben, denn als wir endlich fliehen durften, war es viel zu spät. Und trotzdem sind wir im letzten Augenblick entkommen, und weißt du auch wie? Durch das Moor über den alten Schwedensteg, den einst Anna Elisabeth den jungen Kornett geführt hat. Wir haben auf der ganzen Flucht an sie gedacht und uns mit ihr getröstet, so als wolle sie uns unsichtbar geleiten, ja, als habe auch der junge Schwede bei seinem Abschiedswunsch bereits an uns gedacht.
> (Le Fort, 1968, S. 393)

Einige schwarze Schafe haben außerdem beeindruckende Erfolge zu verzeichnen, welche die Leistungen ihrer Eltern und Vorfahren weit übertreffen.

Ein „Junkie“ wird Minister

Johannes R. Becher, der sich mit seinen Eltern völlig überwarf und zeitlebens nie mehr versöhnte, mehrere Suizidversuche überlebte, morphinsüchtig war und Werke schrieb, die ihm eine Anklage wegen „literarischen Hochverrats“ einbrachten, war in seinem späteren Leben äußerst erfolgreich. Becher, der u.a. die Nationalhymne der DDR verfasste, hinterließ ein umfangreiches, viel beachtetes schriftstellerisches Werk und gilt heute als einer der wichtigsten Vertreter des deutschen Expressionismus. 1948 war er der einzige zugelassene deutsche Redner auf dem PEN-Kongress in Kopenhagen, später wurde er zum zweiten Präsidenten des deutschen PEN gewählt. Er gründete u.a. den Aufbauverlag und war Mitbegründer der Zeitschrift „Sinn und Form“.

Auch politisch führte ihn sein Weg immer weiter nach oben. 1953 erhielt er in Moskau den Stalin-Preis, er wurde in die Volkskammer der DDR gewählt und 1954 zum Minister für Kultur ernannt. Zu seinem 60. Geburtstag zeichnete man ihn mit der Ehrendoktorwürde der Berliner Humboldt-Universität aus. Becher kannte viele Große seiner Zeit. Er war mit Lukács befreundet und gut bekannt mit Gerhard Hauptmann und Hans Fallada.

Als Robert R. Becher 1958 nach einer Krebsoperation starb, wurde ihm in der DDR gegen seinen Willen ein pompöses Staatsbegräbnis zuteil, obwohl er aufgrund seines Eintretens für politische Reformen schon 1957 in Ungnade gefallen war. Beigesetzt ist Becher auf dem Dorotheenfriedhof in Berlin.

Er wünschte sich übrigens, nicht im Himmel, sondern in der Hölle seine neue Heimstatt zu finden:

Laßt bitte mich nicht in den Himmel ein,
Ich litte dort in eurem Paradiese
Noch mehr an Qual als in der Hölle Pein.
Ich wähl’ die Hölle – und begehr nur diese!
(Dwars, 2003, S. 251)

Der Schatten von Helden und Heiligen

Mutter Teresa gilt nicht allen als unangreifbare Idealgestalt. Es wird auch Kritik an ihren Einstellungen und Entscheidungen geübt. Zum Beispiel lehnen viele Menschen ihre streng katholische und damit ablehnende Auffassung gegenüber der Ehescheidung, ihr entschlossenes Nein zur Empfängnisverhütung, ihre Weigerung, Schwerkranke mit Schmerzmitteln zu versorgen, weil physisches Leiden ihrer Auffassung nach mit Jesus verbindet, ab.

Mutter Teresa selbst wurde von vielen Anfechtungen und Glaubenszweifeln heimgesucht, die sich in ihren späten Lebensjahren intensivierten, wie aus Briefen und Tagebuchnotizen hervorgeht:

> Oft frage ich mich, was Gott von mir in diesem Zustand tatsächlich hat – kein Glaube, keine Liebe – noch nicht einmal in den Gefühlen. Ich kann Ihnen gar nicht sagen, wie schlecht ich mich neulich fühlte. – Es gab einen Augenblick, an dem ich mich fast geweigert hätte, es anzunehmen. – Bewusst nahm ich den Rosenkranz und ganz langsam, ohne eigentlich zu meditieren oder nachzudenken – sagte ich ihn langsam und ruhig auf. Der Augenblick ging vorüber – doch die Dunkelheit ist so dunkel, und der Schmerz ist so schmerzvoll." (Kolodiejchuk, 2007, S. 276)

Was Erwin Rommel anbelangt, so ist unter Historikern umstritten, ob er tatsächlich dem Widerstand gegen Hitler angehörte. Er selbst hat dies verneint und sich in Briefen an seine Frau erfreut darüber geäußert, dass das geplante Attentat gegen Hitler gescheitert war. Allerdings müssen entsprechende Zeilen nicht der Wahrheit entsprochen haben, sondern können aus Furcht vor einer Entdeckung seiner Sympathien für die aufständischen Generäle vorgetäuscht gewesen sein. Schwerer wiegen die Äußerungen von Rommels Frau Lucie, die auf entsprechende Fragen stets aussagte, dass ihr Mann es mit der Ehre eines Soldaten für unvereinbar hielt, einen Tötungsplan gegenüber Hitler, dem vorgesetzten Feldherrn zu fassen.

Das Buch „Mythos Rommel" von Maurice Philip Remy, rückt den Generalfeldmarschall allerdings wieder in die Nähe des deutschen Widerstands. Remy will wissen, dass Rommel 1944 zu der Gruppe um den Grafen von Stauffenberg stieß und das geplante Attentat gegen Hitler schließlich billigte. Er soll zu dieser Zeit erkannt haben, dass der Krieg nicht mehr zu gewinnen war und wollte angeblich sogar aktiv dazu beitragen, ihn möglichst rasch zu beenden. Andere Stimmen tun jedoch kund, dass Rommel zwar um die Attentatspläne wusste, aber unentschieden blieb. Noch ist kein endgültiges Urteil gesprochen.

Es ist andererseits relativ unumstritten, dass Rommel ein unpolitischer Mensch war, der die Augen vor dem verbrecherischen Unrechtssystem der Nationalsozialisten verschloss und anscheinend wenigstens in den ersten Jahren der von Hitler ausgehenden Faszination erlag.

Die Realitätssicht

Das Erhellen der normalerweise im Schatten stehenden Eigenschaften und Taten von Heilsbringern und Bösewichtern komplettieren das Bild und lassen untote Tote als reale Personen erscheinen.

Mutter Teresas Anfechtungen und ihre starre katholische Haltung schmälern nicht ihre sonstigen Verdienste, so ihren Einsatz für die vergessenen Bewohner der Slums in Kalkutta. Erwin Rommel war in der Tat ein begabter, mutiger und bei seinen Soldaten beliebter Feldherr, der über viel Charisma verfügte. Werner Mork aus Kronach, Jahrgang 1921 und Mitglied des Afrikakorps, notiert 2005 rückblickend:

> Der General Rommel war wegen der großartigen Erfolge nicht nur bei seinen Soldaten als der Papa Rommel beliebt, er wurde im ganzen Volk als Held und einmaliger Feldherr verehrt. Ein General, der nicht in seinem Hauptquartier saß, sondern sich vorne, bei seinen „Jungens" aufhielt. In vorderster Front mit seinen Soldaten, die nun den Engländern in Afrika das große Fürchten beibrachten.
> (Mork, 2005)

Johannes R. Becher erscheint abseits von all seinen Erfolgen als konfliktreicher, suchtgefährdeter und bindungsgestörter Mann, dessen Frauenbeziehungen nur von kurzer Dauer waren. Ähnlich seiner eigenen Geschichte hatte auch er ein äußerst problematisches Verhältnis zu seinem einzigen Sohn.

6.8 Aufträge in der Mehrgenerationenperspektive

Welche Aufträge aber sind es, die den Nachkommen selten offen, aber dafür umso subtiler und nicht minder nachdrücklich erteilt werden?

Familiäre Aufträge können lauten:

- Werde wie wir! Sei erfolgreich, wohlhabend, gebildet! Transportiere dieses Erbe in die Zukunft!

Oder umgekehrt:

- Bleibe so wie wir! Bewege dich nicht von uns weg! Sei nicht erfolgreich! Beende die Schule nicht, brich deine Ausbildung ab, bleibe bei uns auf der Verliererseite!

Es gibt auch Aufträge, welche die Brücke zu einem ganz bestimmten Vorfahren schlagen:

- Sei wie dein Großvater, deine Großmutter!
- Sei wie deine Mutter, ersetze sie mir!
- Sei wie dein Vater, damit ich stolz auf dich sein kann!

Manche Aufträge intensivieren sich aufgrund wahrgenommener Ähnlichkeiten:

- Du siehst genauso aus wie dein Vater. Werde sein Ebenbild!
- Du hast die Augen und das Temperament deiner Mutter. Werde ihr Ebenbild!

An wahrgenommene Ähnlichkeiten knüpfen sich manchmal auch negative selbsterfüllende Prophezeiungen:

- Du sprichst wie deine Tante! Du wirst untergehen wie sie!
- Aus dir wird nichts, denn du bist deinem nichtsnutzigen Onkel wie aus dem Gesicht geschnitten!

Abzulehnende Aufträge

Jeder Mensch muss letztlich selbst entscheiden, ob er einen Auftrag annimmt oder ablehnt. Es empfiehlt sich, gut zu überlegen, welche Stimme „aus dem Orff" man hören und welche man besser überhören sollte?

Aufträge, welche die eigene Person und deren Bedürfnisse völlig negieren, Unrecht fortschreiben oder gar kriminelles Verhalten fordern, sind in jedem Fall abzulehnen. Bei derartigen Aufträgen liegen manchmal verdrängte familiäre oder individuelle Konflikte vor, die sich auf diese Weise immer wieder bemerkbar machen.

Kriminelle, unrechtmäßige und egoistische Aufträge

Das Ansinnen, kriminelle Aufträge zu erfüllen, kann sich an jemanden richten, dessen Vorfahren selbst gegen die Gesetze verstießen und den Sohn oder die Enkelin auffordern:

- Werde so wie ich, distanziere dich auf gar keinen Fall von mir!

Derartige Aufträge werden u.a. in Familien erteilt, die der Mafia oder arabischen Clans angehören. Hier ist die organisierte Kriminalität gewissermaßen Bestandteil des Familienerbes. Etwas weniger extrem sind Fälle, in denen offensichtliches Unrecht fortgeschrieben werden soll. Ein Beispiel wäre ein Nazitäter, der von seinen Kindern und Enkeln fordert, die familiäre Mitwirkung an den Verbrechen zu leugnen und die „Auschwitzlüge“ bzw. die dahinter stehende rassistische Ideologie zu vertreten. Hier liegen Überschneidungen zur Kriminalität vor, indem der Tatbestand der Volksverhetzung erfüllt sein kann.

- Abzulehnen im Sinne des eigenen Überlebens und der psychischen Gesundheit sind auch Aufträge, welche die Individualität des Einzelnen mit Füßen treten. Ein Beispiel wäre der Auftrag, das Erbe einer Künstlerfamilie fortzusetzen und Musik zu studieren, um eine berühmte Pianistin wie die Mutter oder ein herausragender Sänger wie der Vater zu werden, obwohl man selbst keinerlei künstlerische Ambitionen in sich spürt. Auch Aufträge, die mit einer emotionalen Erpressung einhergehen – „Wenn du dies tust oder jenes unterlässt, bist du nicht mehr unser Sohn, unsere Tochter!“ – gehören in diese Kategorie.

Jeder Auftrag, der Sie daran hindert, Ihr eigenes Leben zu leben und Sie weit über das Jugendalter hinaus mit Ihrer Familie verklammert, ist destruktiv. Solche Aufträge können lauten:

- Sei auf ewig mein Sohn, meine Tochter!
- Gehe nie eine eigene Partnerschaft ein, bekomme keine Kinder!
- Bleibe bei mir!

Die Opferfalle

Vor allem Frauen tappen aufgrund ihrer Sozialisation, die immer noch im Unterschied zum männlichen Geschlecht vorsieht, in erster Linie für andere da zu sein und eigene Bedürfnisse hintanzustellen, oft in die Opferfalle. Sie neigen mehr als Männer dazu, ihr eigenes Leben teilweise oder ganz aufzugeben, um die an sie gerichteten Aufträge zu erfüllen.

Das eigene Leben nicht leben, um in der Rolle des Sohnes oder der Tochter zu verharren, bedeutet zunächst einmal, auf viele Glücksmomente zu verzichten, die Menschen in einer Partnerschaft und neu gegründeten Familie erleben. Eltern oder Großeltern, die ihre Nachkommen zu ewigen Kindern und Enkeln erziehen, sind außerdem selten angenehme Zeitgenossen, mit denen man gerne zusammenlebt. Einige werden vor allem im höheren Altern schwierig, ansprüchlich, undankbar und ungerecht.

Wer immer nur nach den Bedürfnissen der anderen schielt, lernt die eigenen Fähigkeiten – Was kann ich? Wo liegen meine Stärken? – kaum kennen und steht sich selbst fremd gegenüber. Daraus folgt, dass Potentiale nicht entfaltet und individuelle Begabungen vernachlässigt werden, da es angeblich ja viel wichtiger ist, für andere da zu sein.

Sich selbst auf diese Art verleugnen heißt auch, persönliche Lebensziele – zum Beispiel auswandern, eine Weltreise machen usw. – und Bedürfnisse – Sexualität, Nähe etc. – nicht zu realisieren. Man verbietet sie sich, weil man ja die verwitwete Mutter nicht allein lassen kann oder den Vater versorgen muss, der nach einem Unfall im Rollstuhl sitzt. Damit aber verfehlt man sich selbst als Person.

Diese Art Selbstverleugnung ist ein trauriges Schicksal für Wesen, die wie wir Menschen mit einem Bewusstsein ihrer selbst geboren werden. Eltern, die ihren Kindern den Auftrag erteilen, das eigene Leben nicht zu leben, sind keine guten Eltern!

Anzunehmende Aufträge

Bestimmte Aufträge entsprechen jedoch der Natur des Nachfahren, weil es viele beeindruckende Parallelen zwischen seiner Person und dem „Auftraggeber" gibt. So werden herausragende Begabungen und dominierende Interessen manchmal von einer Generation auf die andere übertragen wie etwa bei den Nachfahren des Ehepaars Curie.

Das Erbe der Vorfahren

Marie Curie, geb. Skłodowska (1867-1934) war polnisch-jüdischer Herkunft und ging nach Frankreich, um dort zu studieren. Sie beschäftigte sich zunächst vor allem mit der Strahlung von Uranverbindungen und prägte das Wort radioaktiv. Ihr Mann Pierre (1859-1906) entdeckte früh die Piezoelektrizität und fand den sog. „Curiepunkt". Das Paar konzentrierte sich später gemeinsam auf die Erforschung radioaktiver Substanzen und entdeckte die Elemente Polonium und Radium. 1903 erhielten Pierre und Marie Curie gemeinsam mit Henri Becquerel den Nobelpreis für Physik und 1911, ihr Mann war damals schon tot, wurde Marie Curie zusätzlich mit dem Nobelpreis für Chemie ausgezeichnet. Sie war die erste Frau und Professorin, die einen Lehrstuhl an der elitären Sorbonne erhielt.

Die Nachfahren

Irène Joliot-Curie (1897-1956)

Irène trat in die Fußstapfen ihrer Eltern. Sie erhielt 1935 zusammen mit ihrem Mann, dem Physiker Frédéric Joliot den Nobelpreis für Chemie, da das Ehepaar die künstliche Radioaktivität entdeckt hatte.

Ève Curie (1904-2007)

Sie war Schriftstellerin und politische Beraterin in den USA.

Hélène Langevin-Joliot (geb.1927)
Die Tochter von Irène Joliot-Curie ist Atomphysikerin und Professorin für Kernphysik in Paris. Sie heiratete einen Atomphysiker.

Pierre Joliot (geb. 1932)
Der Sohn des Ehepaars Joliot-Curie ist Biochemiker und Professor für zelluläre Bioenergetik. Er wurde bereits mit diversen Preisen ausgezeichnet.

Yves Langevin (geb. 1951)
Der Urenkel von Marie und Pierre Curie ist ein bekannter Astrophysiker.
Aber auch in dieser Familie, die so viele hochrangige Forscher auf dem Gebiet der Physik und Chemie hervorgebracht hat, die offensichtlich nicht nur die entsprechende Begabung erbten, sondern auch den Auftrag in sich spürten, ebenso wie ihre Vorfahren eine Forscherlaufbahn einzuschlagen, gibt es Ausnahmen. Ève Curie beispielsweise hatte andere Interessen und brach mit der Familientradition.

Der Ruf nach Gerechtigkeit
Schwarze Schafe appellieren oft auf geheimnisvolle Weise an ihre Nachfahren, sie nicht zu vergessen und ihnen Gerechtigkeit widerfahren zu lassen. Einige scheinen regelrecht in ihren Gräbern zu rumoren, vielleicht weil sie nicht länger so verlassen sein möchten. Diese Aufträge werden natürlich nicht real erteilt, sondern beschäftigen die Phantasie der Nachfahren, und zwar meist solcher, die sich selbst auch an der Peripherie der Familie bewegen bzw. irgendwie „anders" sind. Sie zeigen sich, weil sie ein ähnliches Schicksal teilen, besonders aufgeschlossen gegenüber ausgestoßenen Vorfahren und beginnen oft, sich mit deren Schicksal intensiv auseinanderzusetzen. Einen solchen Auftrag zu erfüllen, ist spannend und kann außerordentlich bereichernd sein, nicht nur für die einzelne Person selbst, sondern auch für die Herkunftsfamilie und manchmal weit über diese hinausgehend.

Andere Rufe, die von Nachkommen gehört werden, stammen von Verfolgten und Ermordeten, die Sühne fordern und ebenfalls nicht vergessen werden wollen.

Der Nazijäger
Simon Wiesenthal wurde 1908 in Galizien geboren und starb 2005 in Wien. Als Jude im Dritten Reich verfolgt und interniert, überlebte er insgesamt fünf Konzentrationslager. 1945 befreiten ihn die Amerikaner aus dem KZ Mauthausen. Er und seine Frau Cyla, die ebenfalls überlebte, verloren durch die Naziverfolgung fast alle ihre Verwandten.

Wiesenthal fühlte den Appell seiner toten Angehörigen und der Ermordeten seines Volkes, für Gerechtigkeit zu sorgen und gegen das

Vergessen der Shoa einzutreten. Diese beiden Prinzipien wurden schließlich zu seiner Lebensaufgabe.

Seinen Recherchen ist es mit zu verdanken, dass Adolf Eichmann entdeckt, nach Israel entführt und dort vor Gericht gestellt werden konnte. Auch so bekannte Nazitäter wie Franz Stangel, Kommandant des Vernichtungslagers Treblinka, und Karl Silberbauer, der die Familie Frank in Amsterdam verhaften ließ, wurden von Wiesenthal, dem „Nazijäger“, wie man ihn später teils bewundernd, teils kritisch nannte, aufgespürt.

6.9 Erstellen Sie Ihr Familiengenogramm

Begeben Sie sich auf die spannende Reise zu Ihren eigenen Wurzeln, Ihren Vorfahren und der Geschichte Ihrer Familie, und zwar mittels eines Familiengenogramms. Genogramme werden vor allem in der systemischen Familientherapie eingesetzt, um sich wiederholende Problemkonstellationen, Schicksalsschläge usw. offen zu legen. Ein Genogramm geht daher weit über die Erstellung eines Familienstammbaums hinaus, da es auch Beziehungsmuster zwischen Personen und Besonderheiten von Vorfahren abbildet. Prinzipiell besteht auch die Möglichkeit, wichtige außerfamiliäre Personen mit einzubeziehen.

Es ist sehr aufwendig, ein Genogramm anzufertigen. Man sollte auf jeden Fall mehrere Wochen oder auch Monate, je nachdem wie viel Zeit einem zur Verfügung steht, einplanen. Wahrscheinlich wird es notwendig sein, ältere, noch lebende Verwandte zu kontaktieren, um deren Wissensschatz zu nutzen, und eventuell Nachfragen bei Behörden einzuleiten. Es empfiehlt sich, die Infos zunächst einmal nur zu sammeln und die Angaben erst, wenn sie einigermaßen komplett sind, in ein Ordnungssystem zu bringen und das eigentliche Genogramm zu erstellen.

PC-Programm für Genogramme

Es stehen mittlerweile mehrere PC-Programme zur Erstellung von Familiengenogrammen zur Verfügung, zum Beispiel „My Heritage Family Tree Builder“, eine kostenlose Software für die Ahnenforschung, die in mehreren Sprachen zugänglich ist (http://www.myheritage.de).
Leitfragen können sein:

- Gibt es ausgestoßene Personen in Ihrer Familie?
- Gibt es Hinweise auf Familiengeheimnisse?
- Gibt es ernsthafte Krankheiten oder psychische Störungen bei Verwandten?

- Wurden Ihre Vorfahren verfolgt?
- Gibt es Hinweise auf besondere Begabungen und Talente in Ihrer Familie?
- Fügen Sie selbst weitere Fragen an!

Bei der Beantwortung dieser Fragen sollten Sie sich möglichst an Fakten halten und von Spekulationen oder subjektiven Interpretationen absehen, da diese einen leicht auf eine falsche Fährte locken.

Versetzen Sie sich in die interessierenden Vorfahren hinein und betrachten Sie deren Schicksal aus einer 360-Grad-Perspektive. Das bedeutet, unterschiedliche Bewertungen dieser Personen zu reflektieren. Fragen Sie sich, wie die vielleicht bestehenden Unterschiede zustande kommen. Beziehen Sie auch die Zeit, in der diese Personen lebten, mit ein und überlegen Sie, welchen Einflüssen sie ausgesetzt waren und welchen Wertekanon sie wahrscheinlich verinnerlicht hatten.

6.10 Konsequenzen der Vergangenheitsreise

Bevor Sie zu Ihrer Reise in die Vergangenheit aufbrechen, sollten Sie sich fragen, ob Sie bereit sind, gewohnte Sicherheiten bersten zu sehen und zu tolerieren, dass ihr Leben vielleicht etwas aus den Fugen gerät. All das kann Ihnen auf Ihrer Reise zu den Vorfahren zustoßen, und nur Sie können entscheiden, ob Sie sich für diese Art Konfrontation gerüstet fühlen. Vielleicht entschließen Sie sich auch, den Trip in die Vergangenheit in eine Zeit zu verlegen, in der Sie weniger belastet sind und über mehr Freiräume verfügen. Aber bei allen Gefahrenquellen, die sich bei einer intensiven Beschäftigung mit den Vorfahren auftun können, überwiegen doch in den meisten Fällen die Benefits. Die Augen vor Familiengeheimnissen zu verschließen, ist manchmal bequem, geht jedoch immer mit einem Stück unerfülltem Leben einher und erlaubt nur eine begrenzte Entfaltung der eigenen Persönlichkeit.

Selbstwerdung

Indem Sie Ihr persönliches Genogramm erstellen, erfahren Sie zugleich etwas über sich selbst und gelangen zu erweiterten Einsichten über die eigene Person, indem Sie die Mehrgenerationenperspektive einbeziehen. Sie erkennen vielleicht, dass einige Entscheidungen in Ihrem Leben gar nicht so selbstgesteuert waren, wie Sie vielleicht dachten, sondern auf ungeliebte Aufträge aus der Vergangenheit zurückgehen. In diesem Fall können Sie gezielt gegensteuern und endlich Sie selbst werden.

Marie Antoinette
Manche Menschen erkennen erst im Angesicht des Todes, wer sie wirklich sind. Marie Antoinette, die französische Königin, die von der Französischen Revolution hinweggefegt wurde, demonstrierte erst in der äußersten Bedrohung ein erstaunliches Maß an innerer Kraft und Kühnheit. Es schien so, als habe der verzweifelte Ausruf ihrer Mutter „Wann wirst Du endlich werden, die Du bist?“, den diese einst der jungen, vergnügungssüchtigen, nur auf ihr Amüsement bedachten Tochter schrieb, jetzt endlich einen Widerhall in ihr gefunden. Marie Antoinette starb aufrecht und ungebeugt – entschlossen, der Welt zu zeigen, wie eine Tochter der Kaiserin Maria Theresia stirbt.

Wenn Sie aber feststellen, dass Ihre individuellen Entscheidungen richtig waren, weil Sie sich bspw. gegen unpassende Aufträge erfolgreich zur Wehr gesetzt haben, oder im Gegenteil bemerken, in welchem Ausmaß das Vermächtnis Ihrer Ahnen in Ihnen einen echten, lebendigen Widerhall gefunden hat, so können auch diese Erkenntnisse außerordentlich erhellend und bereichernd wirken.

Innerer Friede

Die Erstellung eines Genogramms kann außerdem zu einem besseren Verständnis für die Schwächen und Probleme Ihrer Vorfahren führen, indem Sie sich mit den Zeitumständen und den Einflüssen, denen bspw. Ihre Eltern oder Großeltern ausgesetzt waren, beschäftigen.

Sie werden dann eventuell bereiter sein, fehlende Empathie, Lieblosigkeit und einen von Strenge geprägten Erziehungsstil seitens Ihrer Vorfahren zu verzeihen. Auf diese Weise gelingt es Ihnen vielleicht auch, sich von Groll, Rachsucht etc., die unter Umständen Ihr eigenes Leben überschattet haben, zu befreien.

Netzwerkerweiterung

Wenn Sie Nachforschungen über Familiengeheimnisse anstellen, kann es passieren, dass Sie im Zuge Ihrer Recherchen auf eine Halbschwester oder einen Halbbruder treffen. Es kann sich herausstellen, dass Ihr Vater gar nicht Ihr Vater ist oder dass Sie einem anderen Volk angehören, als es für Sie bisher selbstverständlich war.

Sofern Sie diesen Spuren weiter nachgehen, können Sie im günstigsten Fall Ihr soziales Netzwerk erweitern und Ihre Lebensqualität steigern.

Fallbeispiel

Ein junger Araber wunderte sich, dass er dunkelblonde Haare und eine recht helle Haut hatte und es in seiner Familie viele rothaarige und ebenfalls hellhäutige Verwandte gab. Er entschloss sich daher, einen Gentest durchführen zu lassen, um mehr über die Herkunft seiner Vorfahren zu erfahren. Arif wurde von dem beauftragten Institut mitgeteilt, dass seine Ahnen väterlicherseits Europäer und im Mittelalter in Frankreich ansässig waren. Weitere Recherchen ergaben, dass er wahrscheinlich von einem Kreuzfahrer abstammte, der eine Verbindung mit einer einheimischen Frau eingegangen war. Arif fand diese Informationen äußerst interessant. Er beschäftigte sich mit der Geschichte und den kulturellen Besonderheiten Frankreichs und beschloss, ein Jahr in Paris zu studieren. Dort gefiel es ihm so gut, dass er nach dem Abschluss seines Studiums eine Arbeitsstelle in der französischen Hauptstadt annahm und später eine Französin heiratete. Arif war in das Ursprungsland seiner Vorfahren zurückgekehrt.

Veränderte Sichtweisen

Die nähere Beschäftigung mit menschlichen Ikonen hat in der Regel zu Konsequenz, dass sie von ihrem Podest stürzen. Man stößt auf typisch menschliche Fehler und Mängel bei ihnen und wird auf diese Weise manchmal auch nachsichtiger gegenüber sich selbst und legt nicht mehr so viel Wert auf unerreichbaren Perfektionismus. Eine weitere Folge kann sein, dass Sie sich mehr zutrauen, wenn Sie merken, auch Idole kochen nur mit Wasser.

Die Konzentration auf die Antipode des „Idols", das „schwarze Schaf", führt ebenfalls meist zu veränderten Sichtweisen, vor allem wenn man sich mit den Ursachen beschäftigt, die Menschen in eine marginale Position geraten lassen. „Schwarze Schafe" weisen oft folgende Besonderheiten auf:

- Sie nehmen Denk- und Lebensweisen einer späteren Zeit vorweg, sind also Avantgardisten und Revolutionäre.
- Sie passen sich nicht „brav" dem Mainstream an, sondern bleiben kritisch und eigenständig und legen daher typischerweise den Finger auf wunde Punkte in Familie und Gesellschaft.
- Sie haben den Mut, ihre Individualität zu leben und sich nicht durch allzu große Rücksichtnahme verbiegen zu lassen.
- Sie vertreten grundlegende humane Werte in Zeiten, in denen diese Werte mit Füßen getreten werden.

Diese Erkenntnisse können zu mehr Toleranz gegenüber Andersdenkenden führen, aber aufgrund einer vielleicht eintretenden Vorbildwirkung auch zu mehr Mut und Selbstvertrauen bei schwierigen persönlichen Entscheidungen und der Bewältigung eigener Lebensaufgaben. Daher unser Rat: Begeben Sie sich auf Ihre persönliche Zeitreise und gewinnen Sie ein bisher unbekanntes Stück Leben hinzu!

Literatur

Brückner, Christine: Die Quints. 4. Aufl. Frankfurt/Main & Berlin 1985.

Dwars, Jens-Fietje: Johannes R. Becher. Triumph und Verfall: eine Biographie. Berlin 2003:

Günther, Agnes: Die Heilige und ihr Narr. 70. Aufl. Stuttgart 1919.

Kolodiejchuk, Brian (Hrsg.): Mutter Teresa: Komm, sei mein Licht. München 2007.

Lang, Hellmuth (Rommel-Adjutant), Ruge, Friedrich (Vizeadmiral) & Speidel, Hans (Stabschef): Rommel: Ende einer Legende. In: Der Spiegel, 21.8.1978 (https://www.spiegel.de/spiegel/print/d-40616081.html, letzter Abruf 30.5.2022).

Lorenz, Tina: Gedicht eines Missbrauchsopfers. In: Karin Gutjahr & Anke Schrader: Sexueller Mädchenmißbrauch. Köln 1988, S. 7-8.

Le Fort, Gertrud von: Die Erzählungen. Nördlingen 1958.

Marlitt, Eugenie: Die Frau mit den Karfunkelsteinen. Berlin 1940.

McGoldrick, Monika & Gerson, Randy: Genogramme in der Familienberatung. Bern 1990.

Mork, Werner: Der lange Weg nach Afrika. In: Lebendiges Museum Online, Januar 2005 (www.dhm.de/lemo/zeitzeugen/werner-mork-der-lange-weg-nach-afrika.html, letzter Abruf: 30.5.2022).

Munier-Wroblewska, Mia: Unter dem wechselnden Mond. Sommersegen. Heilbronn 1928.

Remy, Maurice Ph.: Mythos Rommel. München 2004.

Kapitel 7
Umgang mit belastenden Erinnerungen

Vom Unglück erst / Zieh ab die Schuld;
Was übrig ist, / Trag in Geduld!
(Theodor Storm)

7.1 Singuläre Ereignisse und chronische Belastungen

Zu unterscheiden ist bei belastenden Erinnerungen zwischen singulären Ereignissen und chronischen Belastungen bzw. zwischen Belastungen, zu denen man selbst – unter Umständen vielleicht sogar schuldhaft – beigetragen hat und solchen, die als unkontrollierbare Schicksalsschläge über einem hereingebrochen sind.

Die Grenzen sind aber nicht immer leicht zu ziehen, sondern eher fließend. So kommen beispielsweise Fehlgeburten in den ersten Monaten der Schwangerschaft vor, obwohl sich die werdende Mutter vorbildlich verhalten hat. Ein Abort kann jedoch auch durch Stressoren ausgelöst werden, welche die Schwangere mit verursacht hat, zum Beispiel durch zu angestrengtes Arbeiten entgegen der dringenden Empfehlung des Frauenarztes.

Dabei beeinflussen persönliche Wertsetzungen und Überzeugungen die Entscheidung, welche Belastungen man sich selbst zumutet. So kann man die Überzeugung vertreten, dass die Pflege einer hilfsbedürftigen alten Mutter für die Tochter eine Selbstverständlichkeit sei und nicht hinterfragt werden dürfe. Man kann aber auch der Auffassung sein, das jeder Mensch individuell entscheiden müsse, ob sich Altenpflege mit dem eigenen Leben vereinbaren

Belastende Erinnerungen			
Singuläre Ereignisse		**Dauerhafte Belastungen**	
Schicksalhaft	**(Selbst) verursacht**	**Schicksalhaft**	**(Selbst) verursacht**
Beispiele - Tod eines Angehörigen - Unfall durch Geisterfahrer	**Beispiele** - Schwangerschaftsabbruch - Trennung vom Partner	**Beispiele** - chronische Erkrankung - permanenter Streit der Eltern	**Beispiele** - jahrelange Pflege eines Angehörigen - Alkoholabhängigkeit

lässt und ob einem die Mutter persönlich überhaupt so nahe steht, dass man mit ihr zusammen leben oder sie gar pflegen möchte.

Fallbeispiele

Geisterfahrer

Die 31-jährige Mona verlor ihren gleichaltrigen Mann durch einen schweren Verkehrsunfall, den ein suizidaler Geisterfahrer verursachte, der in einem Abschiedsbrief angekündigt hatte, sterben zu wollen. Monas Mann, der vorschriftsmäßig gefahren war, erlag noch an der Unfallstelle seinen schweren inneren Verletzungen. Der Geisterfahrer war auf der Stelle tot.

Obwohl die Ehe nicht unproblematisch verlief, es hatten Gewöhnungsprozesse eingesetzt und das Sexleben war eingeschlafen, erwies sich das Geschehen für Mona als eine Katastrophe. Sie kam von dem Unfall innerlich nicht mehr los, sondern verbrachte noch Jahre später viele Stunden mit Grübeleien. Sie versuchte zu ergründen, was in dem Geisterfahrer innerlich vorgegangen war, empfand Wut, da er sich seiner gerechten Strafe entzogen hatte und machte sich ungerechtfertigte Vorwürfe, weil sie mit ihrem Mann an diesem Morgen über ein Geburtstagsgeschenk für seine Mutter gestritten hatte. Oft dachte sie: „Hätte ich nicht so lange mit ihm diskutiert, wäre er früher losgefahren und könnte noch am Leben sein." Diese ständigen „Wenn-Dann-Überlegungen" führten zu depressiven Verstimmungen, gegen die ihr der Arzt schließlich ein mildes Antidepressivum verschrieb.

Bechterew

Martin erkrankte im Alter von 42 Jahren an der Bechterewschen Krankheit. Das ist eine unheilbare chronische Entzündung der Wirbelsäule, deren Ursachen noch nicht völlig geklärt sind und die im Extremfall zur völligen Versteifung des Rückens führen kann.

Obwohl Martin von seiner Familie unterstützt wurde, er war verheiratet und hatte zwei Kinder im Teenageralter, und auch seinen Beruf als Bankkaufmann weiter ausübte, verfiel er dennoch in Depressionen und Grübeleien. Er konnte sich mit den körperlichen Veränderungen nicht abfinden und ging gedanklich immer wieder und zunehmend häufiger in die Vergangenheit zurück, in der er ein gutaussehender, hochgewachsener, sportlicher junger Mann gewesen war. Diese Erinnerungen und Tagträumereien nahmen mit der Zeit zwanghafte Züge an und dienten als Flucht vor der Konfrontation mit der Krankheit. Auf Drängen seiner Familie suchte er schließlich psychotherapeutische Hilfe.

Kinderwunsch

Manfred hatte sich von seiner Lebensgefährtin getrennt, weil sich das Paar über die Kinderfrage nicht einigen konnte. Während Silvia keine Kinder wollte, war Manfred immer davon ausgegangen, eine Familie mit mindestens zwei, am liebsten aber drei Kindern zu gründen. Silvia hatte am Anfang der Beziehung auf diese Vorstellungen zunächst ausweichend reagiert und das Thema vermieden. Als Manfreds Wunsch, Vater zu werden, nach einigen Jahren immer drängender wurde, kam es zur Aussprache und Klärung der beiderseitigen unvereinbaren Positionen. Schließlich zog Manfred die Konsequenzen und trennte sich von Silvia. Obwohl er seinen Entschluss nicht bereute und wusste, dass ein Leben ohne Kinder für ihn nur halb so glücklich verlaufen werde, vermisste er Silvia, die sich im Übrigen nie mehr bei ihm gemeldet hatte. Auch drei Jahre später kam er von den Erinnerungen an seine frühere Lebensgefährtin nicht los und konnte sich gefühlsmäßig nicht auf eine andere Frau einlassen.

Pflegefall

Marianne hatte ihre demenzkranke Mutter Alma bei sich aufgenommen und sie gemeinsam mit einer Pflegekraft, die kam, wenn Marianne arbeitete, über Jahre betreut. Die Mutter war alleinerziehend gewesen und hatte ihre Tochter ohne Vater großgezogen. Marianne wollte sie auch aus diesem Grund auf gar keinen Fall in ein Heim geben. Bei ihrer Mutter brach die Krankheit aus, als sie erst Anfang 50 und ihre Tochter 28 Jahre alt war. Zehn Jahre später starb Alma an einem Schlaganfall. Nach der ersten Trauerphase musste Marianne feststellen, dass das Leben in den vergangenen zehn Jahren an ihr vorübergezogen war. Die früheren Freundinnen hatten geheiratet, zum Teil Karriere gemacht und/oder Kinder bekommen. Sie berichteten von tollen Urlauben und gingen ihren Hobbies nach. Ihr selbst hatte für all das immer die Zeit gefehlt. Obwohl Mariannes Beziehung zur Mutter sehr eng gewesen war, begann sie, ihr innerlich vorzuwerfen, der einzigen Tochter das Leben geraubt und zerstört zu haben. Trotz der Einsicht, dass diese Vorwürfe ungerecht waren, schließlich hatte sie selbst entschieden, die Mutter bei sich aufzunehmen, steigerte sie sich in der Phantasie zunehmend in schwere Anklagen hinein, die sie zu Almas Lebzeiten nicht zu äußern gewagt hätte. Sie wurde immer unzufriedener mit ihrem Leben und fühlte sich unglücklich. Manchmal schluckte sie auch Tranquilizer, um etwas Abstand zu gewinnen.

7.2 Psychotherapeutische Ansätze

Es ist oft die beste Entscheidung, sich innerhalb eines professionellen Settings mit belastenden Erfahrungen auseinanderzusetzen, um diese zu verarbeiten und einen neuen Anfang zu wagen.

Verhaltenstherapie

Innerhalb des therapeutischen Spektrums existieren verschiedene Ansätze, die sich durch das Vorgehen, die eingesetzten Strategien und das dahinterstehende Menschenbild unterscheiden.

Wenn man belastende Erinnerungen bearbeiten möchte, ist es möglich, sich einer Verhaltenstherapie zu unterziehen. Verhaltenstherapeuten gehen grundsätzlich davon aus, dass die meisten problematischen Verhaltensweisen erlernt wurden und daher unter Beachtung der Gesetzmäßigkeiten des menschlichen Lernens auch wieder verlernt werden können.

In der Verhaltenstherapie werden zunächst der Problemhintergrund, die Entstehung und die aufrechterhaltenden Begleiterscheinungen sowie die subjektiven Interpretationen und Gedanken zu dem jeweiligen Problem exploriert.

Die Informationen zur Entstehung und Aufrechterhaltung der Problematik fließen in das zu erstellende SORKC-Modell ein:

S	Stimulus: Was sind auslösende Bedingungen, Situationen, Reize für das Problemverhalten?
O	Organismische Variablen: Welche eventuell auch körperlichen Variablen (z.B. hohes Emotionalitätsniveau), Erziehungseinflüsse (z. B. Modelle) usw. spielen in der Vorgeschichte eine Rolle?
R	Reaktion: Wie wird auf die auslösende Bedingung, Situation etc. konkret reagiert?
K	Kontingenz: Wie sieht die regelmäßige oder intermittierende zeitliche Verknüpfung zwischen der Reaktion und den Konsequenzen aus?
C	Konsequenz: Welche belohnenden Konsequenzen gibt es für das Problemverhalten, die geeignet sind, es aufrechtzuerhalten?

Auf der Basis des Modells werden Veränderungen geplant, die auch zur Erweiterung des Handlungsrepertoires des Patienten und zur Steigerung seiner Lebensqualität beitragen sollen. Gemeinsam mit dem Patienten legt der Therapeut die zu erreichenden Ziele fest, die während des Psychotherapieprozesses überprüft und ggf. korrigiert werden.

VT-Strategien beziehen sich auf folgende Ebenen:

- Ebene des Denkens. Bearbeitung von selbstschädigenden Kognitionen und unangemessenen Einstellungen anhand bestimmter Techniken; Formulierung und Verinnerlichung positiver Selbstverbalisationen (innere Dialoge, Selbstinstruktionen) usw.
- Ebene des Körpers. Erlernen einer bewährten Entspannungsmethode wie Autogenes Training oder Meditation; Vermittlung von Atemtechniken, um bspw. Panikattacken vorzubeugen.
- Ebene des Verhaltens. Vereinbarung eines Belohnungssystems für alternatives Verhalten; Konfrontationstechniken, um sich dem unangenehmen Reiz allein oder auch in Begleitung des Therapeuten entweder dosiert oder überflutend auszusetzen; Steigerung der Lebensqualität.
- Ebene der zwischenmenschlichen Interaktion. Eventuell Vermittlung von sozialen Fertigkeiten und Einsatz von Rollenspielen zur Verbesserung der Empathie und Erweiterung des persönlichen Verhaltensspielraums.

Ein Verhaltenstherapeut wird, sollte sich Martin bei ihm in Therapie begeben, zunächst genau erfragen, welche Situationen die belastenden Grübeleien auslösen und was genau der Inhalt seiner Gedanken und Annahmen ist. Martin erhielte die Aufgabe, sich sorgfältig zu beobachten und diese Selbstbeobachtungen schriftlich festzuhalten. Der Therapeut ginge aber auch in die Vergangenheit zurück, um zu überprüfen, welchen Erziehungseinflüssen Martin ausgesetzt war. So könnte es sein, dass in Martins Familie übertrieben viel Wert auf das äußere Erscheinungsbild gelegt wurde und Martin entsprechende Gewichtungen daher von seinen Eltern vermittelt wurden. Außerdem würde der Therapeut wahrscheinlich erfragen, ob bei Verwandten bereits Depressionen aufgetreten sind, so dass Martin eventuell über eine genetisch bedingte erhöhte Vulnerabilität verfügt.

Die Bedingungen für das Zustandekommen und die Aufrechterhaltung des Problemverhaltens werden dem Ratsuchenden offen mitgeteilt und das Modell wird gemeinsam mit ihm erstellt. Vor allem die belohnenden Aspekte des Problemverhaltens sind oft unklar und werden vom Patienten nicht erkannt.

Bei Martin heben die Erinnerungen an frühere Zeiten wahrscheinlich zunächst die Stimmung, was als ausgesprochen positiver Verstärker gelten kann, der das Verhalten stabilisiert und seine Auftretenswahrscheinlichkeit erhöht. Vielleicht erhält Martin in seinen depressiven Phasen auch vermehrt

Zuwendung von seiner Familie, was den Rückzug und die Grübeleien ebenfalls positiv verstärkt. Um diese Zusammenhänge zu verdeutlichen, kann man einen sogenannten Teufelskreis erstellen, in dem zwischen kurzfristigen und langfristigen Konsequenzen des Verhaltens unterschieden wird. Meist ist der Fall, dass die Konsequenzen kurzfristig angenehm, langfristig aber außerordentlich problematisch sind wie etwa beim Gebrauch eines Suchtmittels.

Nachdem das SORKC-Modell erstellt wurde und die konkreten Therapieziele festgelegt sind, werden erste Veränderungen eingeleitet, zum Beispiel durch den Einsatz von Schemata zur Bearbeitung dysfunktionaler Annahmen und durch die Vermittlung von Strategien zum Abbrechen fruchtloser Gedankenketten. Außerdem vereinbart man alternative, stimmungsaufhellende Verhaltensziele, wozu unterstützend sog. Verstärkerlisten zu Rate gezogen werden können. Für Martin wären außerdem Rollenspiele hilfreich, in denen er lernen kann, trotz seiner Erkrankung selbstbewusst aufzutreten.

Klientenzentrierte Psychotherapie

Die Klientenzentrierte Psychotherapie stellt neben der klinischen Verhaltenstherapie und den tiefenpsychologischen Ansätzen die dritte psychotherapeutische Richtung dar, die wissenschaftlich anerkannt ist und deren Wirksamkeit in Psychotherapiestudien nachgewiesen werden konnte.

Diese Richtung, besser bekannt unter der Bezeichnung „Gesprächspsychotherapie“, wurde von dem Amerikaner Carl Rogers begründet, der eigentlich Psychoanalytiker war, gegenüber der Tiefenpsychologie jedoch eine zunehmend kritische Haltung einnahm.

Die GT geht davon aus, dass alle Menschen bestrebt sind, innerlich zu wachsen und in sich Kräfte mobilisieren, um belastende Erfahrungen konstruktiv zu verarbeiten. Der einzige von Rogers anerkannte Trieb besteht demnach in dem angeborenen Streben nach „Selbstaktualisierung“, womit die Motivation gemeint ist, die eigenen individuellen Potentiale zu entfalten. Diese positive menschliche Grundausrichtung soll der Therapeut fördern und entwickeln, indem er innerhalb des therapeutischen Settings drei Wirkkomponenten realisiert:

- Unbedingte Akzeptanz
- Verbalisierung emotionaler Erlebnisinhalte
- Echtheit

Unbedingte Akzeptanz bedeutet, dass der Therapeut allen Äußerungen des Klienten offen und akzeptierend begegnet. Er kann die Einstellungen und den Lebensstil des Klienten persönlich ablehnen, aber er muss sie als individuelle Bewältigungsmuster, die ihre eigene Geschichte haben, wertschätzen.

Die Verbalisierung emotionaler Erlebnisinhalte heißt, dass der Therapeut über die ihm dargebotenen Inhalte hinaus mit einfühlendem Verstehen versucht, die verborgenen affektiven Botschaften in den Äußerungen zu entschlüsseln und dem Klienten zurückzumelden.

Echtheit verlangt, dass sich der Therapeut nicht hinter seiner Rolle verschanzt, sondern als Person agiert, die für den Klienten authentisch und erreichbar ist. Dazu gehört zum Beispiel auch, in möglichst nicht verletzender Weise mitzuteilen, dass einen die Ausführungen des Klienten persönlich langweilen oder sogar ärgern.

Hier unterscheidet sich die GT ganz grundsätzlich von psychoanalytischen Ansätzen, in denen der Therapeut eher Projektionsfläche für vorausgegangene Erfahrungen mit wichtigen Bezugspersonen ist. Rogers selbst war der Meinung, dass die wichtigsten Veränderungsprozesse durch echte Begegnungen zwischen Klient und Therapeut innerhalb des therapeutischen Settings ausgelöst werden.

Ein GT-Therapeut wird bspw. Silvias ablehnende Haltung gegenüber Kindern zunächst als Ausdruck ihrer persönlichen Lebensgeschichte akzeptieren und zu verstehen versuchen. Er wird jedoch anders als ein analytischer Therapeut seine eigene positive Haltung gegenüber Kindern deutlich machen, sollte diese Botschaft wichtig für die innere Entwicklung seiner Klientin sein.

Innerhalb des therapeutischen Prozesses wird der Therapeut versuchen, Silvias Abneigung gegen Kinder und die damit zusammenhängenden, ihr vielleicht gar nicht bewussten Gefühle zu explorieren und der Klientin widerzuspiegeln. So könnten Silvias Gefühle um die Befürchtung kreisen, keine gute Mutter zu sein oder durch die Mutterschaft an ihre eigene, unglückliche Kindheit erinnert zu werden. Im Verlauf der Gespräche kommen dann meist vielfältige Veränderungen und innere Wachstumsprozesse zustande.

Die Realisierung der drei Wirkvariablen mag einfach anmuten, ist in Wahrheit aber sehr schwer zu verwirklichen. Dass diese Methode nachweislich erstaunliche Erfolge zu verzeichnen hat, weist darauf hin, wie bedeutsam die Beziehung zwischen Therapeut und Klient/Patient innerhalb des therapeutischen Prozesses ist.

Analytische Psychotherapie

Ähnlich wie bei den auf Sigmund Freud zurückgehenden tiefenpsychologischen Ansätzen, stehen auch in der von Carl Gustav Jung begründeten Analytischen Psychologie bzw. Psychotherapie die Analyse von Träumen und unbewusst wirkenden Kräften im Inneren der Person im Mittelpunkt.

Besondere, einzigartige Komponenten der Analytischen Psychologie sind aber die Beschäftigung mit der „Persona", dem „Schatten" sowie mit

„Komplexen“ und „Archetypen“. „Persona“ ist der griechische Ausdruck für Maske. Schauspieler hielten in der Antike eine Maske vor ihr Gesicht, um dem Publikum zu zeigen, welche Rolle sie spielten. Die Persona ist jener Teil in uns, der sich jenseits individueller Bedürfnisse, Ziele und Wünsche den Erfordernissen einer Gemeinschaft bzw. der Gesellschaft, in der wir leben, anpasst. In unserem „Schatten“ wiederum bündeln sich verpönte Wünsche, abgewehrte Gefühle und Erinnerungen an Taten, für die wir uns schämen und daher tief im Inneren verbergen möchten oder auf andere projizieren. Unter „Archetypen“ (vgl. Kapitel 4) werden bildhafte Verkörperungen von Gestalten und Erfahrungen subsumiert, die in der Menschheitsgeschichte immer wieder auftreten und nach wie vor eine bedeutsame Rolle spielen, etwa die Gestalt des „Kriegers“, des „Weisen“, die Erwartung des Kindes, umsorgt zu werden usw. „Komplexe“ wiederum entstehen durch Fixierungen auf Beziehungsaspekte oder Annahmen von der eigenen Person; sie sind meist destruktiv und behindern die Individuation des Einzelnen.

Bei Silvia könnte sich im Rahmen einer analytischen Psychotherapie beispielsweise herausstellen, dass ihr „Schatten“ in dem uneingestandenen Hass auf die weit jüngere, von den Eltern bevorzugte Schwester besteht und dieser Hass der Schlüssel für ihre ablehnende Haltung gegenüber einer Mutterschaft ist.

Bei Marianne wird eine analytische Therapeutin unter Umständen herausarbeiten, dass sich starre, archetypische Bilder von der idealen Mutter-Tochter-Beziehung hinter der aufopferungsvollen Haltung gegenüber der eigenen Mutter verbergen und Mariannes Individuation eingeschränkt haben.

Bei Martin ließe sich eventuell feststellen, dass seine Persona im Vergleich zu seinem ureigenen Selbst dominiert und ihn daher besonders vulnerabel gegenüber negativen Veränderungen seines äußeren Erscheinungsbildes macht, die mit einem reduzierten Status in der Öffentlichkeit und eventuell auch mit Karrierenachteilen einhergehen.

Im Fall von Mona ist die lange Trauerreaktion vielleicht auf traumatische Erfahrungen mit Trennungen in früheren Lebensphasen zurückzuführen, die zu einem „Komplex“ geführt haben.

In der Analytischen Psychotherapie geht es vor allem darum, abgedrängte Aspekte bewusst zu machen und in die Persönlichkeit zu integrieren, so dass Entwicklungsprozesse in Gang kommen, die zu einer zunehmenden Individuation beitragen.

Fazit

Es gibt nicht die Universaltherapie, sondern es gibt unterschiedliche Verfahren, die je nach Passung auch unterschiedlich wirksam sein können. Jemand, der in erster Linie möchte, dass sich seine Symptome zurückbilden oder am besten ganz verschwinden, ist bei einem VTler richtig. Jemand, der vor allem verstehen will, welche Wurzeln sein Problemverhalten hat, sollte sich eher an einen Analytiker wenden. Jemand, dem es primär darauf ankommt, sich akzeptiert und verstanden zu fühlen – vielleicht weil gerade das Fehlen dieser Momente in der Vergangenheit zu seiner Problematik beigetragen hat – ist wahrscheinlich bei einem GTler gut aufgehoben.

Sollten Sie daran denken, sich in Therapie zu begeben, lassen Sie die in diesem Kapitel vorgestellten Therapieansätze auf sich wirken und entscheiden dann nach Bauchgefühl, welche Richtung zu Ihnen selbst am besten passt.

Lebensrückblicktherapie

Dieser spezifische Ansatz stellt den Lebensrückblick in Therapie und Beratung in den Mittelpunkt und wird durchaus nicht nur bei psychisch Kranken oder Älteren eingesetzt. Die Therapieform basiert auf konzeptuellen und empirischen Grundlagen der Gedächtnispsychologie und integriert verschiedene Techniken, z.B. Verbalisierung und Visualisierung sowie gruppenorientierte Ansätze, die vor allem bei Seniorinnen und Senioren zum Einsatz kommen.

Die Lebensrückblicktherapie hat sich u.a. bei Anpassungsstörungen und Lebenskrisen sowie bei Traumata und Depressionen als wirksam erwiesen. Lebenskrisen und Traumata führen oft zu einem negativen Fazit des bisherigen Lebens. Der psychotherapeutische Lebensrückblick motiviert dazu, den Fokus auch auf positive Erfahrungen zu richten und damit eine realistische Lebensbilanz zu ziehen, was wiederum zur Aufhellung der Stimmung beiträgt und suizidalen Entwicklungen vorbeugt.

Bei traumatisierten Personen führt das erlebte Trauma oft zu einer Verengung der autobiographischen Erinnerungen, indem die Gedanken zwanghaft um das traumatische Geschehen kreisen. Lebensrückblicksinterventionen können diese Verknotung aufbrechen mit dem Ziel, das Trauma am Ende als ein Ereignis unter anderen Erfahrungen, die positiv und selbstwertstärkend waren, innerhalb der persönlichen Biographie zu gewichten.

Der Ansatz integriert auch das Thema der Sinnsuche und Sinngebung. Vor allem in der Konfrontation mit einem kritischen Lebensereignis, z.B. der Diagnose einer lebensbedrohlichen Erkrankung, dem Verlust eines nahen Angehörigen durch einen Unfall usw., haben Menschen das Bedürfnis, diesem Ereignis einen Sinn zu geben. Andreas Maercker und Simon Forstmeier bemerken in diesem Zusammenhang:

„Eine Lebensrückblicksintervention kann dieses Bedürfnis nach Sinngebung aufnehmen und verstärkt berücksichtigen, um eine bessere emotionale und kognitive Verarbeitung des Lebensereignisses zu ermöglichen" (Maercker & Forstmeier, 2013, S. 92-93).

Ähnliche Gedanken finden wir bei Verena Kast. Sie legt vor allem Wert auf die Akzeptanz des eigenen Lebens, die durch einen Lebensrückblick gefördert werden kann. Das gelebte Leben wirklich als das eigene Leben anzunehmen, auch wenn manche Entscheidungen vielleicht nicht gut und schwierige und schmerzliche Erfahrungen unvermeidlich waren. Dennoch kann es darum gehen, durch den Lebensrückblick einen Schatz zu heben – so lautet auch eine Kapitelüberschrift „Die Suche nach dem Schatz" – und die Erfahrung zu vermitteln „das gelebte Leben hat einen Wert, eine Bedeutung und einen Sinn [...]" (Kast, 2010, S. 20).

Selbsthilfegruppe

Manchmal ist es nur schwer möglich, sich mit Verwandten oder Freunden über belastende Erinnerungen auszutauschen und Unterstützung zu erfahren. Gab es einen Todesfall in der Familie, so kommt es vor, dass die Familienmitglieder den Schmerz in sich verschließen und das Thema tabuisieren, so dass man innerfamiliär keinen Ansprechpartner findet. Geht es um Erinnerungen, die zugleich demütigend sind, zum Beispiel die Trennung vom Partner, der sich für seine langjährige Geliebte entschieden hat, hilft es oft wenig, sich mit Freunden auszutauschen, denen so etwas nicht widerfahren ist. Man fühlt sich unter Umständen „klein", weil diese Freunde einem vielleicht schon lange vorher geraten hatten, die Beziehung zu beenden.

In solchen Fällen kann es eine gute Entscheidung sein, sich einer Selbsthilfegruppe anzuschließen, in der man Selbstbetroffenen begegnet und auf Verständnis stößt. Außerdem eröffnen sich persönliche Entwicklungschancen, indem man Bewältigungsstrategien von Gruppenmitgliedern reflektiert und selbst erprobt. Selbsthilfegruppen gibt es in allen größeren Städten. Sie sind in der Regel themenspezifisch ausgerichtet, definieren sich also zum Beispiel als Trauergruppe, Trennungsgruppe oder Gruppe zur Bewältigung einer bestimmten Krankheit wie etwa Krebs oder Rheuma.

Es gibt auch professionelle, durch Therapeuten geleitete Gruppen, in denen sich Betroffene zu festgelegten Terminen über einen bestimmten Zeitraum hinweg treffen. Diese Variante kann sehr wirkungsvoll sein, da es sich meist um Psychologen oder Trauerbegleiter handelt, die sich auf die entsprechende Thematik spezialisiert haben und in diesem Bereich über viel Wissen und Erfahrung verfügen. Die Wirkung dieser Gruppen ist dann oft mit den Effekten einer Gruppentherapie zu vergleichen, die von den gesetzlichen Krankenkassen unter Umständen sogar finanziert wird.

Einen Überblick über alle Selbsthilfegruppen in der Bundesrepublik Deutschland sowie Erfahrungsberichte und weitere wichtige Informationen finden Sie bei NAKOS: Nationale Kontakt- und Informationsstelle zur Anregung und Unterstützung von Selbsthilfegruppen (https://www.nakos.de).

7.3 Psychologische Strategien

Es gibt eine Vielzahl wirkungsvoller psychologischer Strategien, die auch außerhalb einer Psychotherapie als Copingansätze bei belastenden Erinnerungen eingesetzt werden können.

Ablenkung

Um sich vor belastenden Erinnerungen zu schützen, ist Ablenkung ein geeignetes Mittel. Ablenkungen können in realen Aktivitäten und/oder positiven Kognitionen bestehen. So ist es möglich, gedanklich gezielt Glücksmomente in der Vergangenheit oder der Zukunft – etwa ein bevorstehender Urlaub, der Besuch eines Freundes, den man lange nicht gesehen hat – zu fokussieren. Man kann sich auch bewusst an frühere Erfolge erinnern und auf individuelle Kompetenzen, die man schon mehrfach unter Beweis gestellt hat, besinnen.

Das destruktive Potential belastender Erinnerungen lässt sich zudem durch angenehme Aktivitäten reduzieren, durch Sport, Medienkonsum, Ausflüge, Unternehmungen mit Freunden, Besichtigungen von Museen, Ausstellungen usw. Manchmal helfen bereits ein Spaziergang in die Natur oder eine städtische Shoppingtour, bei denen man sich bewusst auf das Umfeld und die aktuellen Eindrücke konzentriert, damit sich die Stimmung wieder hebt.

Wer sich nicht ganz sicher ist, welche Beschäftigungen ihm oder ihr wirklich Spaß machen, sollte sich Listen mit positiven Aktivitäten aus dem Internet downloaden bspw. unter folgendem Link: www.falkrichter.de/psychologie/vt_depression_liste.htm.

Kaufen Sie sich einen lachenden Buddha

Der lachende Buddha ist von üppiger Gestalt, und Buddhisten glauben, dass es Glück bringt, wenn man täglich seinen Bauch reibt. Stellen Sie den Buddha so auf, dass sie ihn möglichst oft sehen und reiben Sie täglich seinen Bauch. Sie werden erleben, dass sich Ihre Stimmung hebt. Die psychologische Erklärung besteht darin, dass man sich durch diese kleine Geste gedanklich programmiert, das Helle, das einem pro Tag begegnet, bewusst wahrzunehmen.

Gedankenstopp

Um intensive, sich aufdrängende Gedanken an belastende Erfahrungen zu kontrollieren, eignet sich die sog. Gedankenstopp-Methode.

Vorgehen

Damit der unangenehme Gedanke abgebrochen wird, sagen Sie laut und energisch zu sich selbst „Stopp“ und schlagen dabei mit der Hand hart auf den Tisch. Wenn Sie nicht allein sind, führen Sie diese Übung in der Vorstellung durch. Sie stellen sich einen großen Mund vor, der deutlich „Stopp“ zu ihnen sagt oder sogar schreit.

Lassen Sie sich nicht entmutigen, wenn Sie die belastenden Erinnerungen zunächst eher überfluten. Das ist normal! Bleiben Sie bei der oben beschriebenen Vorgehensweise und setzen Sie diese Methode gezielt, ohne sich frustrieren zu lassen, bei jedem Auftreten des zu kontrollierenden Gedankens ein. Der Erfolg wird sich nach einiger Zeit einstellen, indem Sie feststellen, dass die belastenden Erinnerungen nicht mehr ständig wiederkehren.

Eine andere Methode besteht darin, die störenden Gedanken zu akzeptieren und mit ihnen in eine Art Dialog zu treten, zum Beispiel: „Schön, dass ihr wieder da seid. Ihr seid wirklich so etwas wie treue Begleiter in meinem Leben. Aber ich kann mich jetzt nicht mit euch beschäftigen, da ich Wichtigeres zu tun habe.“

Grübelstunde

Wenn Sie sich dabei ertappen, dass Ihre Gedanken dennoch ständig abirren und in unfruchtbarer Weise in die Vergangenheit zurückkehren, so dass Sie sich nicht auf aktuelle Aufgaben in Ihrem Leben konzentrieren können, besteht eine weitere Kontrollmöglichkeit darin, sogenannte Grübelstunden einzurichten.

Diese Strategie sieht vor, dass man bewusst pro Tag eine Stunde einplant, um ungestört seinen Grübeleien nachzuhängen. Sie geben sich also gewissermaßen selbst die Erlaubnis, in fruchtloses Grübeln zu verfallen, setzen aber zugleich Grenzen.

Nehmen Sie sich nicht nur eine bestimmte Zeitspanne vor, sondern legen Sie auch eine Uhrzeit und einen konkreten Platz in Ihrer Wohnung, einen besonderen Stuhl oder Sessel, fest. Indem sie Ihre Grübeleien auf abgegrenzte Zeiten und Orte beschränken, verhindern Sie, dass diese dilatieren. Sie üben Kontrolle aus, so dass Sie von den Grübeleien schließlich nicht mehr beherrscht werden, sondern Sie selbst Ihre Grübeleien beherrschen.

Wenn Sie trotz dieser Taktik die auftauchenden Erinnerungen auch außerhalb der festgelegten Grübelzeit nicht abdrängen können, hilft es manchmal, sich Stichworte zu den Inhalten, die einem beständig durch den Kopf gehen, zu notieren und sich dabei vorzunehmen, die Liste in der eigentlichen Grübelstunde zu bearbeiten. Diese Vorgehensweise ist zweckmäßig, um Grübeleien, die zur Unzeit auftreten, unter der Oberfläche zu halten.

Kognitive Techniken

Kognitive Techniken zur Bearbeitung destruktiver Gedankenketten haben ihren Ursprung in der Verhaltenstherapie. Sie dienen dazu, das negative Denken – in diesem Fall belastende Erinnerungen – gezielt zu bearbeiten und sich gegenüber seinen Inhalten zu immunisieren. Dazu setzt man die Gesetze der Logik, der Realitätsprüfung und der Differenzierung ein.

Bahnbrechend haben hier die Forschungen der amerikanischen Psychologen Aaron T. Beck und Albert Ellis gewirkt, deren therapeutische Ansätze auf die Veränderung von Denkinhalten und -mechanismen im Zusammenhang mit psychischen Störungen ausgerichtet sind. In der Therapiestunde werden imponierende Denkfehler identifiziert und anhand von Schemata bearbeitet. Die entsprechenden Übungsblätter händigt man dem Patienten aus, damit er im Rahmen von „Hausaufgaben" lernt, seine Gedanken auch ohne den Therapeuten einer gezielten Kontrolle zu unterziehen und zu verändern.

Typische Denkfehler nach Beck:

- Schwarz-Weiß-Denken.
  Beispiel: Man kann nur lieben oder nicht lieben. Dazwischen gibt es nichts.
- Selektive Verallgemeinerung.
  Beispiel: Ich habe einmal einen schweren Unfall verursacht. Deshalb bin ich ein durch und durch schlechter Mensch.
- Unlogische Schlussfolgerungen.
  Beispiel: Der bewölkte Himmel war ein Zeichen, dass etwas passieren wird. Ich hätte mit der Straßenbahn fahren sollen, dann wäre der Unfall nicht passiert.
- Personalisierung.
  Beispiel: Immer fährt mir der Bus vor der Nase weg. Der Busfahrer scheint etwas gegen mich zu haben. Er schaut auch immer so komisch in meine Richtung.

Typische Denkfehler nach Ellis:

- Ich muss perfekt sein!
  Beispiel: Ich habe die letzte Prüfung nur mit 1,7 bestanden. Mit dieser Note bin ich sehr unzufrieden. Ich habe den Anspruch an mich, jede Prüfung mit einer glatten „Eins" zu bestehen.
- Es ist notwendig, von allen akzeptiert und gemocht zu werden!
  Beispiel: Ich kann es nicht aushalten, wenn ich das Gefühl habe, irgendjemand lehnt mich ab.
- Menschen haben keinen Einfluss auf ihr Leben und ihre Befindlichkeit!
  Beispiel: Ich bin schon als Unglückswurm auf die Welt gekommen. Da kann man eben nichts machen.

Sechsstufiges Veränderungsschema

Notieren Sie eine belastende Erinnerung, für die Sie sich selbst die Schuld geben:

- Zu wie viel Prozent sind Sie von dem Wahrheitsgehalt Ihrer Annahme überzeugt?
- Welche Argumente sprechen für diese Annahme?
- Welche Argumente sprechen gegen diese Annahme?
- Beziehen Sie alle Argumente ein: Zu wie viel Prozent sind Sie jetzt von dem Wahrheitsgehalt Ihrer Annahme überzeugt?
- Finden Sie einen neuen, weniger belastenden Erinnerungssatz

Zwei-Stühle-Ansatz

Unangenehme Erinnerungen haben meist zwei Seiten. Die eine besteht in depressiogenen, den Selbstwert beeinträchtigenden Aspekten, die andere ist jedoch selten ausschließlich negativ besetzt, sondern bewegt sich in Richtung eines positiven Pols. Man ist schließlich über das Ereignis hinweggekommen, hat etwas daraus gelernt, kann von sich selbst sagen, eine schwierige Lebenssituation gemeistert zu haben, wird von anderen für seine psychische Widerstandsfähigkeit bewundert usw. Um sich mit diesen beiden Polen einer Erinnerung intensiv auseinanderzusetzen, eignet sich die Zwei-Stühle-Technik.

Man stellt zwei Stühle im Raum bereit, von denen der eine die negative Seite der Erinnerung repräsentiert, die man kontrollieren möchte, der andere aber für positive Facetten steht, die einem vielleicht noch nicht wirklich bewusst sind, sondern erst einmal herausgearbeitet werden müssen.

Vorgehen

Notieren Sie zunächst alle unangenehmen und angenehmen Begleiterscheinungen, die mit der Erinnerung zusammenhängen. Setzen Sie sich dann nacheinander auf den „Positiv-Stuhl“ und den „Negativ-Stuhl“. Stellen Sie sich dabei sämtliche, mit der Erinnerung verbundene Momente, seien sie positiv oder negativ, intensiv und so plastisch wie möglich vor. Lassen Sie sich bewusst auf die aufsteigenden Gefühle ein.

Konfrontieren Sie sich damit, dass das Leben immer zweiseitig ist, Freude und Kummer bereithält. Akzeptieren Sie diese Grundsituation der menschlichen Existenz als etwas Normales. Denken Sie an Ihre persönlichen Stärken. Sie haben viele leidvolle Ereignisse, Rückschläge und Misserfolge überlebt, sind durch sie vielleicht stärker geworden und können in Zukunft weiter an ihnen wachsen.

Klären und aktiv verändern

Eine weitere Möglichkeit, belastenden Erinnerungen ihre destruktive Stoßkraft zu nehmen, besteht darin, sie aktiv auf ihren Wahrheitsgehalt zu überprüfen bzw. sich mit dem Ort des Geschehens und den beteiligten Personen, vor allem ggf. mit dem Aggressor, zu konfrontieren. Dieses Vorgehen ist empfehlenswert, wenn man Zweifel hat, ob die jeweilige Erfahrung wirklich so bedrohlich bzw. die Haltung des/der Anderen gegenüber der eigenen Person tatsächlich eminent feindselig war. In vielen Fällen kann es hilfreich sein, nachträglich das Gespräch zu suchen.

Fallbeispiel

Marie war immer der Überzeugung gewesen, ihr Französischlehrer habe sie nicht leiden können. Sie berichtete, dass er sie auf dem „Kieker" hatte, im Unterricht oft aufrief, stets ihre Hausaufgaben kontrollierte usw. Das Gefühl, von diesem Lehrer abgelehnt zu werden, verdarb ihr die Freude an dem Fach und überschattete ein wenig ihre Schulzeit, zumal sie ansonsten mit Lehrern und Mitschülern kaum Probleme hatte. Als sie nach mehreren Jahren diesen Lehrer zufällig auf der Straße traf, fasste sie sich ein Herz und sprach ihn auf ihre Erfahrungen während der Schulzeit an. Zu ihrer Überraschung lachte der Lehrer und meinte, das Gegenteil sei der Fall gewesen. Er habe sie damals für eine ausgesprochen begabte und sympathische Schülerin gehalten, die er besonders fördern wollte und deshalb so oft aufgerufen habe. Diese Aussage rückte die Sicht von Marie auf sich selbst, den Lehrer und ihre Schulerfahrungen ein Stück weit gerade und veränderte sie zum Positiven.

Fallbeispiel

Bernd hatte äußerst negative Erfahrungen an einen Schulausflug, auf dem er sich ausgegrenzt und „gemobbt" fühlte, weil er etwas schüchtern war und nicht so über die Stränge schlug wie die anerkannten Führer und „Rowdys" der Klasse. Jahre später fuhr er noch einmal an den Ort, der damals Ziel des Ausflugs war. Neben all den negativen stiegen zu seiner Überraschung aber auch positive Erinnerungen auf, vor allem an das Museum, das die Klasse damals besuchte, und die Ausstellungsstücke, die die Lehrerin vorgestellt hatte. Bernd wurde klar, dass dieser Ausflug viel dazu beigetragen hatte, dass er auch als Erwachsener gerne ins Museum geht und diese Besuche immer als angenehme Auszeiten von seinem stressigen Job erlebt.

Indem man sich mit früheren Erfahrungen bewusst konfrontiert, kann man sie nachträglich verarbeiten und ihre negative Färbung bzw. ihr niederdrückendes Gewicht verändern. Das gilt grundsätzlich auch für extreme Erfahrungen und katastrophale Perioden innerhalb des eigenen Lebens. Man ist, wenn man die entsprechenden Orte noch einmal besucht und den Personen von einst wieder begegnet, hinterher meist nicht mehr derselbe

Mensch. Einzelne, schon verschüttete Erfahrungen werden dem Bewusstsein wieder zugänglich, zugleich wird einem aber auch nachdrücklich vermittelt, dass die frühere Zeit versunken und eine neue angebrochen ist.

Steigern Sie Ihren Selbstwert

Es gibt wirksame Strategien, um die eigene Selbstwertschätzung zu erhöhen. Diese Strategien sind insbesondere hilfreich, wenn bedrückende Erinnerungen zu einer Selbstwertlabilisierung oder gar zur Selbsterniedrigung geführt haben.

Strategien zur Selbstwertsteigerung

- Machen Sie sich Ihre eigenen Stärken bewusst!
  Nehmen Sie ein weißes Blatt und tragen Sie darauf alle Ihre Vorzüge, Fähigkeiten, Erfolge usw. ein. Die Aufgabe ist erst dann beendet, wenn das gesamte Blatt beschrieben ist. Bewahren Sie dieses Blatt gut auf.
- Visualisieren Sie Ihre Erfolge!
  Holen Sie Ihr letztes Zeugnis hervor und betrachten Sie es genau. Egal wie gut oder schlecht es war, es dokumentiert eine erbrachte Leistung und damit einen Erfolg! Sollten Sie besonders sportlich sein oder sich an Wettkämpfen anderer Art beteiligen, stellen Sie Ihre gewonnenen Pokale und Preise gut sichtbar auf.
- Legen Sie eine positive Grundmaxime fest!
  Hier eignen sich zum Beispiel Sätze wie „Ich kann was!“ oder „Ich bin wer!“ Man kann sie als Bildschirmschoner verwenden, auf einer kleinen Karteikarte im Portemonnaie mit sich führen oder in Großbuchstaben an die Wand hängen, so dass man sie jeden Tag liest und ihre Botschaft auch unbewusste Schichten der Persönlichkeit erreicht.
- Suchen Sie Herausforderungen!
  Planen Sie etwas Ungewöhnliches, das Sie schon immer gerne tun wollten, wovor Sie bisher aber zurückgeschreckt sind. Ziehen Sie im nächsten Urlaub mit Nomaden über den Ural oder nehmen Sie sich den Jakobsweg vor. Jede Challenge, der man sich gestellt hat, stärkt das Selbstbewusstsein.
- Lassen Sie Erfolge nicht verpuffen!
  Notieren Sie täglich alle Erfolge in einem Kalender oder legen Sie einen Koffer in Ihrem PC an. Sie werden womöglich die Erfahrung machen, dass Ihre Erfolge in einigen Jahren zu einem kleinen Berg angewachsen sind.

7.4 Sinnfindung

Um von belastenden Erinnerungen nicht beherrscht zu werden, stehen zwei mächtige Waffen zur Verfügung. Die eine besteht darin, Kontrolltechniken einzusetzen, die andere zielt darauf ab, einen Schutzwall aus Momenten der Freude, des Glücks und des Sinns zu errichten.

Sinnsuche

Glück ist ein zeitlich passagerer und zum Teil wenig steuerbarer Zustand. Zum Wesen des Glücks gehört, dass es vergänglich ist und das Leben nur phasenweise erhellt – zumindest, wenn man darunter euphorische Gefühlswallungen versteht. Für die kleinen Freuden des Alltags und für Lebenssinn kann man selbst jedoch aktiv und dauerhaft sorgen.

Glück und Sinn sind durchaus nicht dasselbe. Im Gegenteil: Jemand kann tief traurig sein und trotzdem weiterhin Sinn in seinem Leben sehen, der ihn vor der schwärzesten Verzweiflung schützt. Ein Beispiel wäre die Frau, welche bei einem Verkehrsunfall ihr Kind verliert, aber das Leben weiterhin als sinnvoll betrachtet, weil es noch zwei weitere Kinder gibt sowie einen Partner, die sie lieben und brauchen.

Sinnsuche knüpft sich an Fragen wie: Warum lebe ich überhaupt? Welchen Zweck hat mein Dasein? Zumindest die Nachdenklichen unter uns stellen sich irgendwann diese Fragen – oft in Zeiten, in denen es ihnen nicht sonderlich gut geht.

Dass wir uns überhaupt mit derartigen Fragen beschäftigen, könnte bedeuten, dass tatsächlich so etwas wie ein übergeordneter Sinn existiert, den Gläubige Gott nennen. Wie wir Menschen die Welt erfahren und zu welchen Lernprozessen wir befähigt sind, ist das Ergebnis einer Millionen Jahre umfassenden Evolution und bildet immer auch eine real existierende Wirklichkeit ab. Wir haben uns über einen unendlich langen Zeitraum durch Lernen und die Weitergabe entsprechender Gene immer besser an unsere Umwelt angepasst. So verfügen alle Menschen über räumliches Vorstellungsvermögen, weil es auf unserem Planeten das Phänomen Raum gibt und unsere Vorfahren gezwungen waren, sich räumlich zu orientieren, wenn sie überleben wollten.

Franz Kreuzer bemerkt in seinem Vorwort zu „Die Sinnfrage in der Psychotherapie“ (Frankl, 1992, S. 15): „So muß man also auch nach Einstein annehmen: Weil wir ein raum-zeithaftes Hirn haben, muß es so etwas wie Raum und Zeit geben, wenn auch anders, als der erste Eindruck, den wir im Überlebenskampf erworben haben, uns vermittelt. Durst, so zitiert Viktor Frankl gerne, ist der beste Beweis dafür, daß es so etwas gibt wie Wasser. Das Bedürfnis nach Sinn, das wir verspüren, ist der Beweis dafür, daß es »draußen« in der realen Welt so etwas gibt wie Sinn.“

Es gibt eine therapeutische, aber auch lebensphilosophische Richtung, nämlich die Logotherapie, deren oberstes Ziel es ist, Menschen zu helfen, Sinn in ihrem Leben zu suchen und zu finden. Logos leitet sich von griechisch „Wort" her, hat aber auch die Bedeutung „Sinn". Der Begründer dieser Richtung ist der Wiener Arzt Viktor E. Frankl, der trotz niederschmetternder persönlicher Erfahrungen – er war viele Jahre in einem Konzentrationslager interniert und verlor seine jüdische Familie durch den Rassenwahn der Nazis – stets daran festhielt, dass das Leben Sinn hat. Frankl wurde 1905 in Wien als Sohn einer jüdischen Beamtenfamilie geboren. Er studierte Medizin und war später Professor für Neurologie und Psychiatrie. Nach dem Anschluss Österreichs an Hitlerdeutschland deportierte man ihn 1942 mit seiner Frau und seinen Eltern in das Ghetto Theresienstadt, wo der Vater wenig später starb. Frankls Mutter ermordeten Hitlers Schergen in Auschwitz, seine junge Frau kam in Bergen-Belsen um. Er selbst wurde von Theresienstadt nach Auschwitz und von dort in verschiedene andere Konzentrationslager deportiert.

Frankl veröffentlichte viele Bücher, in denen er beschreibt, wie sehr der Glaube daran, dass noch eine Aufgabe oder eine geliebte Person auf einen warten, Menschen Kraft gibt, zu überleben und immer wieder neu aufzubrechen.

Nach Auffassung der Logotherapie besteht der Mensch aus drei Dimensionen:

- Körperliche Dimension
- Seelische Dimension
- Geistige Dimension

Eine Person kann hinsichtlich der beiden ersten Dimensionen erkranken, ohne dass die dritte Dimension davon beeinflusst sein muss. Andererseits ist es möglich, zwar innerhalb der Dimensionen Physis und Psyche gesund zu bleiben, aber hinsichtlich der Sinndimension eine Störung zu entwickeln. Frankl zufolge ist der prinzipielle Wille zum Sinn jedem Menschen angeboren. Mangelnder Lebenssinn kann nach Auffassung der Logotherapeuten sogar zu einer sogenannten „noogenen Neurose" mit den Begleiterscheinungen Depressivität und Suizidalität führen.

In seinem Buch „Die Sinnfrage in der Psychotherapie" erwähnt Frankl eine ihn bewegende Begegnung:

„Wenige Jahre nach dem Zweiten Weltkrieg begegnete der Arzt einer jüdischen Frau, die ein Armband mit den in Gold gefaßten Milchzähnchen ihrer Kinder trug. »Ein schönes Armband«, bemerkte der Arzt. »Ja«, antwortete die Frau; »dieses Zähnchen ist von Miriam und das von Esther und das von Samuel ...« Sie nannte dem Alter nach alle Namen ihrer Töchter und Söhne.

»Neun Kinder«, fügte sie hinzu, »und alle sind in die Gaskammern geschleppt worden.« Bestürzt fragte der Arzt. »Wie können Sie nur mit einem solchen Armband leben?« Verhalten erwiderte die Frau: »Ich habe in Israel die Leitung eines Waisenhauses übernommen«." (Frankl, 1992, S. 62)

Die Logotherapie ist zwar in Österreich, aber leider nicht in Deutschland als eigenständiger Therapieansatz anerkannt.

Glaube und Sinn sind nicht dasselbe

Der Glaube an eine göttliche Macht hat viele Gesichter. Er vermag im Rahmen einer etablierten Religionsrichtung wie Judentum, Christentum, Islam, im Glauben an Götter wie bspw. im Hinduismus oder auch in der Hinwendung zu Naturgottheiten und Geister Gestalt annehmen. Sogar in Europa gibt es wieder Menschen, die an Götter glauben. So hat eine Gruppe Isländer die altgermanischen Gottheiten Odin, Thor und Freya wiederentdeckt und zelebriert zu ihrer Verehrung Rituale aus weit zurückliegenden Zeiten. Alle diese, wenngleich sehr unterschiedlichen Glaubensrichtungen, können dem Leben Sinn geben.

Dabei ist aber zu beachten, dass Sinn und Glaube keineswegs identisch sind. Es trifft zu, dass religiöse Menschen in aller Regel Sinn in ihrem Leben sehen und von daher dem Glauben auch eine psychische und in manchen Fällen ganz reale Überlebensfunktion zukommt, indem Gläubige Schicksalsschläge und schwierige Lebensphasen eher meistern und leichter bewältigen. Andererseits gibt es jedoch auch überzeugte Atheisten, die ihr Leben als ausgesprochen sinnvoll begreifen und in dieser Überzeugung eine wichtige Stütze bei der Bewältigung von Krisen sehen.

Sinn ist immer individuell

Die Vorstellungen von Gott oder Göttern sind für die Angehörigen einer Glaubensgemeinschaft meist gleichermaßen verpflichtend. Mehr noch, mächtige Kirchen und einflussreiche Gruppierungen schreiben Glaubensinhalte und Verhaltensregularien oft detailliert vor und setzen deren Beachtung vereinzelt sogar mit Gewalt durch.

Hingegen betonen Frankl und seine Nachfolger, dass Sinn immer individuell ist und jeder Mensch seinen persönlichen Lebenssinn finden muss, der auch abseits von Kirchen und Gottesvorstellungen liegen kann.

Frankl unterscheidet drei prinzipielle Wertkategorien, aus denen Sinn abgeleitet werden kann:

- Schöpferische Werte (kreativ sein, z.B. ein künstlerisches Werk schaffen, produktiv sein, z.B. berufliche Leistung erbringen)
- Erlebniswerte (z.B. Liebe zu einem Menschen, Solidarität mit einer Gruppe, die Natur erleben)

- Einstellungswerte (z.B. ein unabwendbares Los akzeptieren, innere Stärke zeigen, eine Tragödie in einen persönlichen Triumph umwandeln)

Berühmte Beispiele für die Realisierung dieser Werte sind u.a. Karlheinz Böhm, der sich für Menschen in Äthiopien einsetzte, und Mutter Teresa (vgl. Kapitel 6), die sich um Sterbende in den Slums von Kalkutta kümmerte, sowie Künstler wie Picasso oder Gerhard Hauptmann, welche die Malerei bzw. die Literatur revolutionierten. Andere setzten einen Sinnakzent, indem sie ein unabänderliches Schicksal gefasst hinnahmen wie die zum Tode verurteilte französische Königin Marie Antoinette, die auf dem Weg zur Guillotine ungebeugt blieb und der Welt zeigen wollte, dass eine Tochter Maria Theresias aufrecht stirbt.

Innerhalb dieser Sinnrichtungen gilt es, den eigenen Weg zu finden. Sinn kann auch in ganz bescheidenen Aktivitäten und/oder Rollenübernahmen bestehen, zum Beispiel indem man Gassigeher für Tierheimhunde wird oder bei einer der zahlreichen „Tafeln“ in deutschen Großstädten aushilft, ein Erinnerungsbuch für seine Enkel verfasst oder als Pilger dem Jakobsweg folgt.

Gemeinsam ist all diesen Aktivitäten, dass sie einen über die Grenzen der eigenen Person hinweg auf ein übergeordnetes Ziel blicken lassen, auf andere Menschen, Tiere oder die Schöpfung generell. Sinnfindung setzt zwingend die Bedingung voraus, von sich selbst abstrahieren zu können. Wer nur um die eigene Person kreist, nur dem begrenzten Ich Genüge tun und seine sinnlichen Bedürfnisse befriedigen möchte, ist innerlich hohl und führt weder ein sinnvolles, noch ein glückliches Leben.

Gib deinem Leben Sinn!
Wer ein Leben rettet, rettet die ganze Welt! (Talmud)

Tipps für die Sinnsuche

- Es ist wichtig, dass Ihr Engagement nicht nur für Sie selbst, sondern auch für andere – seien es Menschen, Tiere, Natur – von Bedeutung ist.
- Es ist wichtig, dass Sie bei Ihrem Engagement gefühlsmäßig beteiligt sind. Es ist sinnlos, bspw. Kindern helfen zu wollen, wenn man Kinder eigentlich nicht besonders mag.
- Es ist wichtig, dass Ihr Engagement eine gewisse Nachhaltigkeit aufweist, dass es sich also nicht um eine einmalige Geste handelt.

Wenn diese drei Momente gegeben sind, kann sich Sinn als wichtige Stütze in Ihrem Leben manifestieren.

Um zu ergründen, was Sie persönlich in Ihrem Leben Sinnvolles tun können, denken Sie einmal über folgende Frage nach und lassen dabei Ihrer Phantasie freien Lauf:

- Wenn ich könnte, würde ich dafür sorgen, dass … ?

Definieren Sie mindestens drei sinnvolle Ziele, z. B. dass es keine Kriege mehr gibt, dass niemand mehr hungern muss, dass das große Artensterben aufhört usw.

Überlegen Sie dann, wie sich diese Ziele auf eine konkrete Ebene herunterbrechen lassen. Natürlich ist es Ihnen nicht möglich, den Hunger auf der Welt abzuschaffen, aber Sie können Sponsor für ein Patenkind bei einer anerkannten Organisation werden und für wenige Euro im Monat sicherstellen, dass dieses eine Kind eine bessere Zukunft hat. Sie können sich um „Ihr" Kind kümmern, ihm schreiben und kleine Geschenke senden und auf diese Weise sein und Ihr Leben bereichern.

Natürlich können Sie nicht verhindern, dass auf der Welt Krieg geführt wird und immer wieder neue Kriege ausbrechen. Aber Sie können sich bspw. an einer Initiative an Ihrem Wohnort beteiligen und aktiv dafür eintreten, dass wenigstens in Ihrem Umfeld Konflikte konstruktiv gelöst werden.

Es liegt zwar nicht in Ihrer Macht, das große Artensterben zu stoppen, aber Sie können sich an Projekten zum Schutz einzelner Arten beteiligen und damit zur Rettung von Tieren und zur Nachzucht bedrohter Arten in Zoos und Tierparks beitragen. Und seien Sie sicher, jede dieser Aktivitäten wird Ihr Leben inhaltsvoller und Sie selbst zufriedener machen.

Erstellen Sie einen Plan zur Realisierung Ihrer ganz persönlichen Sinnsuche! Legen Sie die nächsten Schritte fest, treffen Sie Entscheidungen und setzen Sie ein zeitliches Limit, bis zu dem Sie aktiv werden wollen!

Sagen Sie nicht: „Was kann ich schon ändern? Was bringt es, wenn ein Mensch oder ein einzelnes Tier durch mein Engagement überlebt, aber weiterhin Millionen sterben?" Wir antworten mit einer Gegenfrage: „Sind ein Mensch, ein Tier, eine Naturwiese denn nichts wert?" Die Antwort lautet: „Sie sind alles wert!"

Literatur

Ellis, Albert: Training der Gefühle: Wie Sie sich hartnäckig weigern, unglücklich zu sein. München 2006.

Frankl, Viktor E.: Die Sinnfrage in der Psychotherapie. 4. erweiterte Neuausgabe München & Zürich 1992.

Gillihan, Seth J.: Sei dein eigener Therapeut: Kognitive Verhaltenstherapie in 7 Wochen. Kulmbach 2018.

Greenberger, Dennis & Padesky, Christine A.: Gedanken verändern Gefühle: Fertigkeiten, um Stimmungen, Verhalten und Beziehungen grundlegend zu verbessern. Mit CD. Paderborn 2017.

Kast, Verena: Was wirklich zählt, ist das gelebte Leben. Die Kraft des Lebensrückblicks. Freiburg i. Breisgau 2010.

Klüger, Ruth: Weiter leben. Eine Jugend. München 1997.

Maercker, Andreas & Forstmeier, Simon (Hrsg.): Der Lebensrückblick in Therapie und Beratung. Berlin 2013.

Vogel, Ralf T.: C. G. Jung für die Praxis: Zur Integration jungianischer Methoden in psychotherapeutische Behandlungen. Stuttgart 2016.

Wills, Frank: Kognitive Therapie nach Aaron T. Beck. Aus dem Englischen übersetzt von Guido Plata. Paderborn 2014.

Kapitel 8
Erinnerungen, die Leben retten

Monde und Jahre vergehen,
aber ein schöner Moment leuchtet das Leben hindurch.
(Franz Grillparzer)

8.1 Die Psyche trägt zum Überleben bei

Der Wille zum Leben spielt eine große Rolle, wenn es darum geht, Krankheiten die Stirn zu bieten oder potentiell tödliche Bedrohungssituationen zu überstehen. Die Erfahrung tiefen Unglücks, Gefühle von Verzweiflung und Aussichtslosigkeit mit einem am Ende stehenden Giving-up-Syndrom können das Immunsystem schwächen und einen schnellen Verfall einleiten. Andererseits ist bekannt, dass ein starker Lebenswille zum Überleben und zur Gesundung entscheidend beitragen kann.

Nahtoderlebnisse
Die Forschung beschäftigt sich schon seit geraumer Zeit mit Nahtoderfahrungen von Personen, die in extreme Lebensgefahr gerieten, im Sterben lagen oder bereits für klinisch tot erklärt wurden.

Die vorhandenen Berichte ähneln sich dabei in auffallender Weise, obgleich die physische Ausgangssituation bei Menschen, die sich in einer lebensbedrohlichen Situation befinden, ohne krank oder verletzt zu sein, eine ganz andere ist als bei Schwerkranken oder vermeintlich Sterbenden.

- Schwebezustand
  Viele Befragte berichten, sie hätten ihren Körper verlassen und erhöht im Raum geschwebt. Dabei sei es ihnen möglich gewesen, alle Vorgänge an dem Ort, an dem sie sich zuletzt befanden, deutlich wahrzunehmen. So hätten sie sich selbst im Krankenbett liegen sehen und die Aktivitäten der Ärzte und des Pflegepersonals genau beobachten können.

- Tunnel
  Übereinstimmend wird berichtet, man sei durch eine Art Tunnel gegangen, an dessen Ende ein helles Licht zu sehen war. In vielen Berichten tauchen zudem Mauern oder eine andere Art von Grenze auf. Den Betroffenen war klar, dass sie diese Grenze nicht überschreiten durften, wenn sie nicht endgültig sterben wollten. Zwei Drittel der Menschen mit Nahtoderfahrung geben an, sie hätten bewusst die Entscheidung getroffen, in ihr Leben zurückzukehren

Begleiter
In den Nahtodschilderungen treten oft Gestalten auf, die den Sterbenden abholen oder begleiten wollen. Dabei handelt es sich meist um schon verstorbene, nahestehende Personen, aber auch um übernatürliche Wesen wie Götter oder Engel. Auch Lebende werden zum Teil gesehen, die dann die Aufgabe übernehmen, den Sterbenden ins Leben zurückzurufen.

- Lebensverdichtung
Für viele Menschen, die den eigenen Tod herannahen sahen, rollte in diesen Momenten das eigene Leben noch einmal szenisch vor ihnen ab, ganz so als werde ein Film beschleunigt abgespielt. Das ist in etwa einem Drittel der Berichte der Fall. Auch in der Literatur taucht dieses Phänomen auf, bspw. in dem berühmten Roman „Anna Karenina" von Leo Tolstoi. Die Protagonistin suizidiert sich, indem sie sich vor einen Zugwaggon wirft:

> Zugleich entsetzte sie sich vor dem, was sie getan hatte.
> „Wo bin ich? Was tue ich? Warum?" dachte sie.
> Sie wollte sich erheben, zurückwerfen, aber etwas Ungeheures, Unwiderstehliches stieß sie an den Kopf und riß sie am Rücken mit fort.
> „Herr, vergib mir alles", sagte sie im Gefühl der Unmöglichkeit des Widerstandes.
> Und das Licht, bei dem sie das Buch des Lebens voll Sorgen, Täuschungen, Kummer und Bosheit gelesen hatte, flammte noch einmal ganz hell auf. Und nachdem es ihr alles das hell, hell beleuchtete, was früher im Dunkel gelegen hatte, begann es zu zucken, zu flackern und erlosch dann auf immer. (Tolstoi, 1950, S. 405-406)

- Frieden
Die meisten Personen mit einer Nahtoderfahrung berichten außerdem von Gefühlen tiefen Friedens und unermesslicher Glückseligkeit, die es ihnen schwer machten, in das irdische Leben zurückzukehren. Negative Erfahrungen, Begegnungen mit Höllengestalten und das Erleben von Angst, sind hingegen sehr selten.

- Veränderung
Menschen, die eine solche Extremsituation überlebt haben, fühlen sich im Nachhinein meist verändert. Viele von ihnen finden zum Glauben an eine höhere Macht, bei den meisten schwindet die Angst vor dem Tod, und bei Sterbefällen von engen Bezugspersonen treten weniger extreme Trauerreaktionen auf, weil darauf vertraut wird, den geliebten Menschen im Jenseits wiederzusehen. Personen

mit Nahtoderfahrungen leben bewusster und empfinden ihr Leben als kostbarer im Vergleich zu der Zeit vor diesem einschneidenden Erlebnis.

Ursachenforschung

Vor allem in der Medizin, aber auch in der Psychologie wird nach den Ursachen für diese Phänomene geforscht. Bislang wurden einige Erklärungsansätze formuliert, die zum Teil empirisch bestätigt werden konnten. So sollen in streng wissenschaftlicher Sicht alle zuvor genannten Erscheinungen letztlich auf eine Hirnfunktionsstörung zurückzuführen sein, die mit einer Mangelversorgung des Gehirns zusammenhängt.

- Sauerstoffmangel
  Vor allem die Hypothese eines für die Erlebnisse verantwortlichen Sauerstoffmangels konnte in Experimenten nachgewiesen werden. Man kann einige der Erscheinungen, von denen Menschen mit Nahtoderfahrung berichten, tatsächlich simulieren, indem man dem Gehirn experimentell Sauerstoff entzieht.
  Im Blut von Sterbenden und bei Menschen mit einem Herzstillstand ist eine unzureichende Versorgung des Gehirns mit Sauerstoff in Verbindung mit erhöhten Kohlendioxidkonzentrationen nachweisbar. Die Hemmung der Sehrinde verliert dadurch an Kraft oder verschwindet ganz. Die Sehrinde ist beim Menschen so beschaffen, dass sich nur wenige Zellen an den Rändern, die meisten Zellen aber in der Mitte des Gesichtsfeldes befinden. Daher können Enervationen des Schläfenlappens die Empfindung vermitteln, im Zentrum des Gesichtsfeldes sei es hell und an den Rändern dunkel, das typische Tunnelbild, das bei Nahtoderfahrungen auftritt. Hinzu kommt, dass die Ränder der Netzhaut nicht mehr versorgt werden und auch die reduzierte Durchblutung der Retina das Tunnelbild erzeugen kann.

- Botenstoffe
  Auch Drogen wie zum Beispiel LSD können Nahtoderfahrungen hervorrufen, die man ebenfalls experimentell erzeugen kann. Deshalb besteht ein weiterer Erklärungsansatz der Medizin darin, dass körpereigene Botenstoffe, die den künstlichen Substanzen von chemischen Drogen entsprechen und für die es passende Rezeptoren im Gehirn gibt, die Erfahrungen von Sterbenden oder klinisch toten Personen erklären. Hier kommt wahrscheinlich vor allem dem Serotonin eine große Bedeutung zu.

- Biographie
  In der Biographie bzw. im gesellschaftlichen Umfeld des Einzelnen tradierte Glaubensinhalte scheinen in der Situation des Sterbens aktua-

lisiert zu werden. So erblicken Menschen aus einem christlichen Milieu eher Engel, die sie begleiten, Personen aus einem hinduistischen Umfeld häufiger Götter, die den Sterbenden abholen möchten.

- Eindeutige Erklärungen fehlen

Viele Erscheinungen lassen sich jedoch noch nicht erklären und bleiben geheimnisvoll, so die vielen Details, von denen Personen mit Nahtoderfahrungen auf ihrer Reise in das Jenseits berichten. Außerdem können, wie bereits erwähnt, Nahtoderfahrungen mit ihren typischen Erlebensfacetten auch in Situationen extremer Lebensgefahr auftreten. Bei extremer Lebensgefahr liegt aber keine Minderversorgung des Gehirns mit Sauerstoff vor, sondern der Organismus wird im Gegenteil aktiviert, um ihn auf eine überlebenswichtige Kampf- oder Fluchtreaktion vorzubereiten.

Bis heute kann man außerdem nicht erklären, wie es möglich ist, dass Menschen, die klinisch tot sind, noch Minuten nach einem Herzstillstand genau wahrnehmen, was um sie herum vor sich geht und dann ins Leben zurückkehren. Normalerweise stellt das Gehirn nämlich schon wenige Sekunden nach einem Herzstillstand seine Aktivitäten ein.

Der Ruf des Todes

Große Literaten sind in der Regel auch sehr gute Psychologen, die um die Beeinflussbarkeit des Ausgangs einer potentiell tödlichen Erkrankung durch die Kräfte der Psyche bzw. des Willens wissen. Ein Beispiel ist die Schilderung der Todesstunde des kleinen Hanno in dem Roman „Buddenbrooks“, für den Thomas Mann 1929 den Literaturnobelpreis erhielt und der schon mehrfach verfilmt wurde. 2008 kam er erneut in die Kinos, u.a. mit Armin Mueller-Stahl und Iris Berben in den Hauptrollen.

Hanno, der lebensschwache, feinsinnige Künstlersohn der Kaufmannsfamilie Buddenbrook, fühlt sich den Anforderungen der profanen Welt nicht gewachsen und ergreift daher beinahe dankbar die ausgestreckte Hand des Todes:

> Mit dem Typhus ist es folgendermaßen bestellt:
> In die fernen Fieberträume, in die glühende Verlorenheit des Kranken wird das Leben hineinrufen mit unverkennbarer, ermunternder Stimme. Hart und frisch wird diese Stimme den Geist auf dem fremden, heißen Wege erreichen, auf dem er vorwärts wandelt, und der in den Schatten, die Kühle, den Frieden führt. Aufhorchend wird der Mensch diese helle, muntere, ein wenig höhnische Mahnung zur Umkehr und Rückkehr vernehmen, die aus jener Gegend zu ihm dringt, die er so weit zurückgelassen und schon vergessen hatte. Wallt es dann auf in ihm, wie ein Gefühl der feigen Pflichtversäumnis, der Scham,

der erneuten Energie, des Mutes und der Freude, der Liebe und Zugehörigkeit zu dem spöttischen, bunten und brutalen Getriebe, das er im Rücken gelassen: wie weit er auch dem fremden, heißen Pfade fortgeirrt sein mag, er wird umkehren und leben. Aber zuckt er zusammen vor Furcht und Abneigung bei der Stimme des Lebens, die er vernimmt, bewirkt diese Erinnerung, dieser lustige, herausfordernde Laut, daß er den Kopf schüttelt und in Abwehr die Hand hinter sich streckt und sich vorwärts flüchtet auf dem Wege, der sich ihm zum Entrinnen eröffnet hat … nein, es ist klar, dann wird er sterben. (Thomas Mann, 2002, S. 754)

Der Ruf des Lebens

In Situationen, in denen das eigene Leben durch eine schwere Krankheit oder eine Operation mit ungewissem Ausgang bedroht ist, berichten einige Menschen, ihnen sei kurz bevor die Narkose alles ins Nichts versinken ließ oder sie krankheitsbedingt nicht mehr ansprechbar waren, ein noch lebender oder schon verstorbener Mensch begegnet, der sie aufforderte zu überleben. Es sind in der Regel sehr nahestehende Personen, von denen diese Botschaft ausgeht.

Fallbeispiel

Die 40-jährige Rosa musste sich einer schweren Herz-OP unterziehen, deren Ausgang ungewiss war. Man hatte sie für die OP vorbereitet und in ihrem Bett vor den Operationssaal geschoben. Die Narkoseärztin kam und beugte sich über ihren Arm, um das Narkosemittel zu spritzen. Als es vor Rosas Augen grau und flimmrig wurde, dachte sie: „Ich kann nicht mehr, ich ertrage all das nicht länger, die vielen Behandlungen, die ständige Angst, ich will sterben, ich will zu meiner Oma." Sie hatte eine sehr innige Beziehung zu ihrer Großmutter gehabt, die zu diesem Zeitpunkt schon lange verstorben war. Aber in diesem Moment sah sie ihre Gestalt deutlich über sich schweben. Die Großmutter lächelte ihr zu, hob zugleich aber abwehrend die Hände. Und Rosa hörte deutlich, wie sie zu ihr sagte: „Meine geliebte Enkelin, ich warte auf dich. Aber deine Zeit zu sterben, ist noch lange nicht gekommen. Du hast die Hälfte deines Lebens noch vor dir. Lebe sie und mache das Beste daraus." Rosa überstand die OP, erholte sich und ist mittlerweile bei guter Gesundheit 60 Jahre alt geworden.

Erinnerungen, die in lebensbedrohlichen Situationen oder Phasen des Lebens, in denen es anscheinend keine Hoffnung mehr gibt, sondern man in Verzweiflung zu versinken droht, als richtungweisendes Licht auf dunklem Weg erscheinen, können unterschiedlichen Inhalts sein. Wichtig ist dabei, dass es sich um sehr individuelle Botschaften handeln. Sind diese Botschaften mit Personen verknüpft, so handelt es sich meist um solche, zu denen eine exklusive Nähe besteht.

8.2 Der Auftrag

Aufträge, die Todgeweihten erteilt werden, um sie dem Leben zu verpflichten, sind oft sehr verschieden. Eltern können an ihre Kinder den dringlichen Appell richten, alles zu versuchen um zu überleben, da ihr eigenes Leben umsonst gewesen sei, wenn nicht wenigstens der Sohn oder die Tochter am Leben bleibe. Andere Aufträge beinhalten, für einen bestimmten Menschen zu sorgen, der einem auf diese Weise anvertraut wird. Das müssen keine Verwandten sein, sondern es kann sich bspw. auch um ein fremdes Kind handeln, das einem von seiner sterbende Mutter in den Arm gelegt wird. Und schließlich können Aufträge auch außerhalb des menschlichen Beziehungsnetzes wirksam werden, indem sie sich auf eine noch zu erbringende Leistung beziehen, zum Bespiel ein Buch zu schreiben, ein Kunstwerk zu vollenden usw.

… du musst darüber schreiben!

Gertrude Schneider geb. Hirschhorn wurde 1928 in Wien in eine gutbürgerliche jüdische Kaufmannsfamilie hineingeboren. Nach dem Anschluss Österreichs an Nazideutschland deportierte man sie gemeinsam mit ihrer Mutter und der jüngeren Schwester in das Ghetto von Riga und von dort aus in die Lager Kaiserwald und Stutthoff. Mutter und Töchter überlebten, während der Vater im KZ Buchenwald ermordet wurde. Da sie nach dem Krieg in Wien auf immer noch bestehende antisemitische Vorurteile stieß, verließ Gertrude Österreich und wanderte nach Amerika aus. Sie heiratete, studierte Geschichte und wurde Professorin. Im Zentrum ihrer historischen Forschungen und Veröffentlichungen steht die Verfolgung der deutschen, österreichischen und tschechischen Juden. Auf Vortragsreisen hat sie wiederholt auch Deutschland besucht.

Die kleine Gertrude hatte ein sehr enges Verhältnis zu ihrem Vater, der ihr den Auftrag erteilte, alles, was sie in den Jahren der Not erlebte, die Verfolgung und Vernichtung der Juden, festzuhalten, denn gerade sie könne so besonders gut schreiben. Gertrude tat, wie ihr geheißen, und führte schon mit 10 Jahren regelmäßig Tagebuch, um Ereignisse, Namen und Daten schriftlich zu fixieren. Ihre Aufzeichnungen gelten heute als eine wichtige historische Quelle. Die Darstellung des Lebens im Ghetto von Riga ist in Deutschland unter dem Titel „Reise in den Tod“ erschienen.

Bevor ihr Vater verschleppt wurde, notierte er auf einem Zettel die Worte: „Kopf hoch, durchhalten. Behütet Euch. Wir sehen uns in Wien.“ Der Vater kehrte nicht zurück. Aber sein Appell an die Tochter, eine wichtige Zeitzeugin zu werden, hat den Überlebenswillen von Gertrude mit Sicherheit außerordentlich gestärkt.

… versprich mir zu überleben!

Um die Zusammenhänge zwischen Lebenswille und Überleben haben Menschen schon immer gewusst. Sie werden daher auch in erfolgreichen Filmen thematisiert, u.a. in „Titanic“. Dieser Film mit Kate Winslet und Leonardo DiCaprio in den Hauptrollen kam 1997 erstmals in die Kinos und wurde mit insgesamt 11 Oscars ausgezeichnet.

Die Handlung sei kurz zusammengefasst. Die 17-jährige Rose DeWitt Dukater, aus vornehmer Familie stammend, befindet sich zusammen mit ihrer Mutter und ihrem Verlobten auf der Titanic, als diese zu ihrer Jungfernfahrt nach Amerika ausläuft. Da ihr verstorbener Vater hoch verschuldet war und kein Geld mehr da ist, sieht sich Rose gezwungen, den arroganten, aber reichen Cal zu heiraten, obwohl sie ihn nicht liebt. An Bord der Titanic trifft das junge Mädchen auf den mittellosen Maler Jack Dawson, der Rose das Leben rettet, als sie sich aus Verzweiflung über die vor ihr liegenden freudlosen Jahre über Bord stürzen will. Die beiden verlieben sich ineinander und Rose beschließt, nach der Ankunft in Amerika mit Jack zusammenzuleben. Die Beziehung wird jedoch entdeckt, und Mutter Ruth verbietet ihrer Tochter, Jack weiterhin zu treffen. Cal macht seiner Verlobten eine heftige Szene und versucht mit Hilfe eines wertvollen Colliers ihre Zuneigung zu gewinnen. Um Jack als Rivalen auszuschalten, inszeniert er eine Intrige und lässt den jungen Maler als angeblichen Dieb in Handschellen arretieren. Rose aber findet ihn und kann den Geliebten befreien.

Es ist die Nacht, in der die Titanic untergeht. Obwohl Rose die Möglichkeit hat, sich auf ein Boot zu retten, kehrt sie auf das Schiff zurück, um Jack nicht zu verlassen. Die beiden springen schließlich in das eiskalte Wasser des Nordatlantiks, als die Titanic auseinanderbricht und in den Wogen versinkt. Jack hilft Rose, sich auf eine im Wasser treibende, hölzerne Wandverkleidung zu retten und sie versichern einander noch einmal ihre gegenseitige Liebe. Jack appelliert eindringlich an die Geliebte, alle Kraft zusammenzunehmen, um zu überleben.

„Hör zu, Rose, du wirst gerettet, du wirst weiterleben, du wirst später einen Haufen Babys kriegen und wirst sie aufwachsen sehen. Du wirst als alte, als alte Frau friedlich … sterben. … Nicht hier, nicht heute Nacht, nicht so, hast du mich verstanden?

Du musst mir diese Ehre erweisen. Du musst mir versprechen, dass du überleben wirst, dass du nicht aufgeben wirst ganz gleich, was passiert, … Versprich es mir, Rose. Vergiss dieses Versprechen niemals! …“ „Ich verspreche es!“ „Vergiss es niemals.“ „Ich werde es nie vergessen, Jack! Ich werde es nie vergessen.“

Es ist dieser eindringliche Appell und ihr Versprechen, das Rose nach Jacks Tod die Kraft gibt, um ihr Leben zu kämpfen. Sie schwimmt durch das eisige Wasser auf einen im Ozean treibenden Leichnam zu, nimmt ihm die

Trillerpfeife ab und macht durch Pfeifen ein zurückkehrendes Rettungsboot auf sich aufmerksam, das sie aufnimmt. Nach ihrer Rettung bricht sie völlig mit ihrem früheren Leben, nennt sich Rose Dawson und arbeitet als Schauspielern. Ihren Verlobten Cal sieht sie nie wieder.

Die Prophezeiungen von Jack treffen ein. Rose heiratet, wird Mutter, Großmutter und Urgroßmutter und über 100 Jahre alt. Die Erinnerung an Jack aber bleibt in ihr für immer lebendig.

8.3 Das Werk

Ein Werk, dem man sich verbunden fühlt, kann ebenso lebenserhaltende Auswirkungen haben wie ein Auftrag, der einem persönlich erteilt wird. Mit einem solchen Werk hat man sich meist schon lange beschäftigt, es ist Teil der eigenen Person geworden und – ein weiterer bedeutsamer Aspekt – es weist über einen selbst hinaus. Bei Werken dieser Art kann es sich um eine Buchreihe handeln, die man herausgegeben hat, ohne sie abschließen zu können, um eine Erfindung, die noch nicht vollendet ist, um Bilder, die noch gemalt werden sollen usw.

Der Zeigarnik-Effekt

Wenn Menschen eine bestimmte Tätigkeit unterbrechen müssen, tritt oft ein interessanter Effekt ein, der nach seiner Entdeckerin, der russischen Wissenschaftlerin Bljuma W. Seigarnik, als Zeigarnik-Effekt bezeichnet wird. Darunter versteht man das Phänomen, sich an unerledigte, abgebrochene Arbeiten besser zu erinnern als an vollendete Aufgaben, gleichgültig wie viel oder wie wenig Zeit jeweils investiert wurde.

Welche Erklärung gibt es hierfür? Hat man eine bestimmte Aufgabe übernommen, wird der Organismus aktiviert, und es baut sich eine gewisse Spannung auf, die erst nach der Erledigung der Arbeit wieder abgebaut wird. Diese Aktivierung erklärt u.a. die gesteigerte Erinnerungsfähigkeit. Der Effekt ist dabei umso höher, je stärker das Leistungsmotiv aktiviert wurde.

Allerdings tritt der Zeigarnik-Effekt nicht in jedem Fall auf, sondern hängt auch davon ab, ob die Aufgabe lösbar und interessant erscheint. Trotzdem kann geschlussfolgert werden, dass selbst bedeutungslose, aber unerledigte Aufgaben Menschen meist innerlich beschäftigen und in einem wenig befriedigten Zustand zurücklassen.

Große, noch nicht erfüllte Aufgaben, die eng mit dem jeweiligen Individuum verbunden und als eine Art Lebenswerk hochbedeutsam sind, können sogar zu einem lebensrettenden Schutzschirm werden.

Viktor E. Frankl

Ein berühmtes Beispiel für die Kräfte, die ein Werk, dem man sich verschrieben hat, mobilisieren kann, ist das Leben von Viktor E. Frankl, dem Begründer der Logotherapie und Existenzanalyse. Die erste Fassung seines bekannten Werks „Ärztliche Seelsorge", in dem er die von ihm begründete sogenannte dritte Wiener Schule, die Logotherapie, vorstellt, verfasste er noch in Wien und konnte seine Aufzeichnungen nach Theresienstadt mitnehmen. 1944 musste er sich in Ausschwitz-Birkenau jedoch von seinem Manuskript trennen. In dem KZ Türkheim, wo er bis zur Befreiung durch die Alliierten gefangen gehalten wurde und an Fleckfieber erkrankte, begann er das Buch aus der Erinnerung heraus auf Zetteln in schlimmen Fiebernächten neu zu konzipieren und niederzuschreiben. Dies war auch ein Akt der Selbstrettung, denn er lenkte sich auf diese Weise von den lebensbedrohlichen, für die Erkrankung typischen Delirien ab.

In einem weiteren Werk „… trotzdem Ja zum Leben sagen" berichtet Frankl von Mitgefangenen, die dabei waren aufzugeben. Mit ihnen suchte er gezielt das Gespräch, um diesen Kameraden seine Ideen vom Aufgabencharakter des Lebens und seiner Sinndimension nahezubringen:

> Beiden gegenüber galt es jedoch, ihnen zu zeigen, daß das Leben von ihnen etwas erwarte, daß etwas im Leben, in der Zukunft, auf sie warte. Tatsächlich ergab sich auch, daß auf den einen ein Mensch wartete. Sein Kind, an dem er mit abgöttischer Liebe hing, »wartete« im Ausland auf den Vater. Auf den andern »wartete« jedoch nicht eine Person, sondern eine Sache: sein Werk! Dieser Mann war nämlich Wissenschaftler und hatte über ein bestimmtes Thema eine Bücherserie erscheinen lassen, die noch nicht abgeschlossen war und ihrer Vollendung harrte.
> (Frankl, 2012, S. 121)

Das Heiligenstädter Testament

Ludwig van Beethoven, einer der größten deutschen Komponisten und Musiker, wurde 1770 in Bonn geboren. Er war u.a. Schüler von Mozart und Haydn und genoss schon zu Lebzeiten durch seine Kunst hohes Ansehen. Beethoven gilt als Wegbereiter der Romantik und brachte die Musik der Wiener Klassik zur höchsten Blüte.

Ein Gehörleiden, das bereits in jungen Jahren begann, lag jedoch wie ein dunkler Schatten über seinem Leben. Dieses Leiden, das sich 1819 bis zur völligen Taubheit verschlimmerte, löste zeitweise schwere Depressionen bis hin zur Suizidalität aus, wie ein Schreiben aus dem Jahr 1802 zeigt, das er für seine Brüder verfasste, aber nicht abschickte.

Das so benannte Heiligenstädter Testament wurde erst nach Beethovens Tod unter seinem Nachlass gefunden. Aus den Zeilen spricht die tiefe Verzweiflung des Künstlers über seinen schlechten Gesundheitszustand und vor allem über seine beginnende Taubheit. Das Testament legt aber auch Zeugnis ab für die innere Verpflichtung, die Beethoven gegenüber seinem Werk empfand:

> Welche Demütigung wenn jemand neben mir stund und von weitem eine Flöte hörte und ich nichts hörte oder jemand den Hirten singen hörte, und ich auch nichts hörte: solche Ereignisse brachten mich nahe an Verzweiflung, es fehlte wenig, und ich endigte selbst mein Leben – nur sie die Kunst, sie hielt mich zurück. Ach es dünkte mir unmöglich, die Welt eher zu verlassen, bis ich das alles hervorgebracht wozu ich mich aufgelegt fühlte, und so fristete ich dieses elende Leben – wahrhaft elend, einen so reizbaren Körper, daß eine etwas schnelle Veränderung mich aus dem besten Zustande in den schlechtesten versetzen kann – Geduld – so heißt es, sie muß ich nun zur Führerin wählen, ich habe es – dauernd hoffe ich soll mein Entschluß sein auszuharren, bis es den unerbittlichen Parzen gefällt, den Faden zu brechen […].
>
> Mein Wunsch ist, daß Euch ein besseres sorgenloseres Leben als mir werde, empfehlt euren Kindern Tugend, sie nur allein kann glücklich machen, nicht Geld, ich spreche aus Erfahrung, sie war es, die mich selbst im Elende gehoben, ihr danke ich nebst meiner Kunst, daß ich durch keinen Selbstmord mein Leben endigte – Lebt wohl und liebt euch […].
>
> Mit Freude eil ich dem Tode entgegen – kommt er früher als ich Gelegenheit gehabt habe, noch alle meine Kunst-Fähigkeiten zu entfalten, so wird er mir trotz meinem harten Schicksal doch noch zu frühe kommen, und ich würde ihn wohl später wünschen – doch auch dann bin ich zufrieden, befreit er mich nicht von einem endlosen leidenden Zustande? – komm wann du willst, ich gehe dir mutig entgegen – Lebt wohl und vergeßt mich nicht ganz im Tode, ich habe es um euch verdient, indem ich in meinem Leben oft an euch gedacht, euch glücklich zu machen, seid es“ – (BR-Klassik, 2015).

Hier endet das am 6. Oktober 1802 in Heiligenstadt abgefasste Testament. Wenige Tage später fügte Beethoven aber noch eine Nachschrift hinzu.

Seinem körperlichen und seelischen Leiden und der schließlich eintretenden Taubheit zum Trotz wurde die erste Dekade des 19. Jahrhunderts zur produktivsten in der Laufbahn des Künstlers. In dieser Zeit entstanden zahlreiche Sinfonien und Klavierkonzerte sowie seine einzige Oper „Fidelio". Man vermag kaum zu ermessen, welch eine fast schon übermenschliche Anstrengung es kostet, als Musiker ohne Gehör unsterbliche Werke zu komponieren. Beethoven bot seiner Krankheit erfolgreich die Stirn und entwickelte in jenen Jahren seinen unverwechselbaren Musikstil.

8.4 Die Liebe

Außerhalb von persönlichen Aufträgen und Werken hat auch die Liebe zu einem anderen Menschen eine das Überleben fördernde Kraft. Von solchen Beispielen wissen Literatur und Realität ebenfalls zu berichten.

Jugendliebe

Die autobiographische Erzählung „Lo" von Willi Trump handelt von einer Jugendliebe, die der Ausbruch des Zweiten Weltkriegs jäh beendet, bevor sie sich erfüllen kann. Der 18-jährige Fred wird eingezogen, gerät in französische Gefangenschaft und sieht seine geliebte Lo, die beim Abschied gerade einmal 14 Jahre alt ist, erst zehn Jahre später wieder. Die beiden Liebenden aber halten über diesen langen Zeitraum mit unverbrüchlicher Treue aneinander fest. Lo besucht regelmäßig Freds Eltern und schreibt dem Geliebten lange Briefe, die ihm helfen, die Hölle des Krieges zu ertragen:

> Und plötzlich beginnen wieder die Irrlichter des englischen Trommelfeuers zu tanzen und zerhacken die Gräben vor El Alamein. Der Feuerschein der brüllenden Abschüsse vermischt sich mit dem sprühenden Funkenregen der berstenden Einschläge zu einem schaurigen Inferno. Seine Finger krallen sich in den heißen Sand der nordafrikanischen Wüste. »Ich will nicht verrecken«, schreit er in ohnmächtiger Todesangst, als ein Volltreffer auf den Grabenrand schlägt und ihn zuschüttet. Und Sekunden bevor es Nacht wird, zwängt sich noch eine leise Mädchenstimme in sein schwindendes Bewußtsein: »Du wirst wiederkommen, Traumulus, denn ich warte auf dich«.
> (Trump, 1961, S. 706)

Der Zwilling, der nicht sterben durfte

Das Wissen, ein geliebter Mensch kann ohne einen selbst nicht überleben, vermag ebenfalls beeindruckende Kräfte freizusetzen. Ein Beispiel hierfür ist die Geschichte der Eva Mozes Kor, die aus einer jüdischen, in Rumänien ansässigen Familie stammte und zusammen mit ihrer Schwester in Ausschwitz dem entmenschten Arzt Dr. Josef Mengele in die Hände fiel, der vor allem an Zwillingen grausame medizinische Experimente durchführte.

Eva und ihre eineiige Zwillingsschwester Miriam trennte man gleich nach der Ankunft in Auschwitz von der restlichen Familie. Bis zur Befreiung des Lagers durch die rote Armee wurden die beiden Mädchen von Mengele als menschliche Versuchskaninchen missbraucht.

Nachdem Eva nach der Verabreichung eines Bakteriencocktails schwer erkrankte, tat ihr Peiniger kund, sie habe nur noch wenige Wochen zu leben. In diesem Fall wäre auch ihre Zwillingsschwester durch eine Injektion ins Herz getötet worden, um beide Mädchen anschließend obduzieren zu können. Eva war immer bewusst, dass sie und ihre Schwester für Mengele nur als Zwillinge von Interesse waren und Miriam sterben würde, wenn sie selbst starb. Daher mobilisierte sie erfolgreich alle inneren Kräfte, um am Leben zu bleiben:

„Ich legte ein stummes Gelübde ab, alles in meiner Macht Stehende zu tun, damit Miriam und ich nicht wie diese Kinder umkommen würden. Wir würden stärker sein, schlauer sein, was auch immer notwendig war, damit wir nicht so endeten.

Von jenem Moment an hielt ich eisern an der Vorstellung fest, dass wir das Lager lebend verlassen würden. Niemals erlaubte ich Ängsten oder Zweifeln, meine Gedanken zu beherrschen. Sobald sie auftauchten, verdrängte ich sie gewaltsam. Und kaum hatte ich die Latrine verlassen, konzentrierte ich mein ganzes Sein auf eines: einen weiteren Tag an diesem schrecklichen Ort zu überleben“ (Mozes Cor & Buccieri, 2012, S. 60-61).

Nach dem Krieg wanderten die beiden Schwestern nach Israel aus. Dort lernte Eva einen Amerikaner kennen, den sie 1960 heiratete. Sie folgte ihm in die USA, wo sie heute noch lebt. Später schrieb sie ein Buch über ihre Erfahrungen in Auschwitz, das auch ins Deutsche übersetzt wurde.

8.5 Wie kommt diese Wirkung zustande?

Bei Menschen, die aufgeben oder den eigenen Tod herbeiwünschen, können biochemische Veränderungen der Hirnaktivitäten festgestellt werden. Das heißt, der mangelnde Lebenswille hinterlässt auf somatischer Ebene nachweisbare Spuren.

Bei Personen hingegen, die in einer lebensbedrohlichen Situation überleben wollen, schaltet der Organismus auf eine ebenfalls körperlich nachweisbare sog. Fight-or-flight-Reaktion um. Das autonome Nervensystem wird übermäßig aktiviert und schüttet vermehrt Stresshormone wie Adrenalin und Noradrenalin aus. Diese Hormone erhöhen die Atemfrequenz und sorgen für einen schnelleren Puls. Die Aktivität des Darms wird gehemmt und der Blutdruck steigt an. Das Blut wird bestimmten Körperteilen wie Großhirnrinde und Haut entzogen und anderen, nämlich den Muskeln und endokrinen Drüsen zugeführt. Der Muskeltonus erhöht sich. Dies ist eine uralte, sinnvolle somatische Reaktion, die den Körper des Urmenschen einst für meist tödliche Bedrohungen, zum Beispiel Angriffe durch Säbelzahntiger oder Höhlenbären, „fit" machte.

Vereinzelt gibt es medizinische Studien, die den Einfluss des Lebenswillens auf das Todesdatum bezeugen, indem ein tödlich erkrankter Mensch vor einem bestimmten Datum, z.B. seinem Geburtstag, den er unbedingt noch erleben möchte, nicht stirbt. Auch in diesen Fällen wurden hirnorganische Veränderungen festgestellt.

Immunsystem

Der menschliche Körper wird jeden Tag von Viren, Bakterien, Pilzen und Parasiten attackiert. Unser Immunsystem, das heißt die körpereigene Abwehr, sorgt aber in der Regel dafür, dass wir gesund bleiben, indem es die Eindringlinge unschädlich macht. Diese mächtige innerorganismische Gesundheitspolizei hält auch die körpereigenen Krebszellen in Schach. Erst wenn unsere Abwehr versagt oder Lücken aufweist, erkranken wir.

Diese Schutzfunktion des Immunsystems ist bei den Leukozyten, also den weißen Blutkörperchen lokalisiert. Zu ihnen gehören sog. Fresszellen, Makrophagen genannt, als Bestandteil des zellulären Immunsystems. Fresszellen spüren potenziell bedrohliche Eindringliche auf und verschlingen sie. Sie befinden sich auf der primitivsten Stufe innerhalb der Immunabwehr.

Auf einer höheren Stufe werden aus dem Knochenmark stammende B-Lymphozyten und in der Thymusdrüse gebildete T-Lymphozyten aktiv. Sie identifizieren spezifische Erreger, machen sie unschädlich und speichern die entsprechenden Informationen im sogenannten immunologischen Gedächtnis. Mit diesen „intelligenten" Abwehrzellen hängt zusammen, dass man nach dem Überstehen bestimmter Infektionen eine lebenslange Immunität erwerben kann.

Ein weiterer wichtiger Bestandteil unserer Abwehr sind Immunglobuline G (IgG), sogenannte Gammaglobuline. Sie können Viren oder Bakterien fixieren und verklumpen lassen. Durch diesen Vorgang werden weitere Abwehrprozesse in Gang gesetzt, indem Killerzellen herbeieilen, um die Erreger endgültig zu zerstören. Die hilfreichen Immunglobuline können sogar die Wirkung von Bakteriengiften aushebeln.

Psychologie

Studien haben gezeigt, dass es möglich ist, das Immunsystem durch entsprechende Vorstellungsübungen zu aktivieren. Die bewusst eingesetzte bildliche

Vorstellung, weiße Blutkörperchen eilen herbei und stürzen sich auf eindringende Erreger oder anormale Zellen, um sie zu vernichten, lässt nachweisbar die Anzahl der Leukozyten ansteigen.

Laboruntersuchungen ergaben, dass sich die IgG-Werte bei Studierenden in Prüfungszeiten verändern. Bei den „Kämpfern", Studierende mit ausgeprägtem Selbstvertrauen und hoher Aktivitätsrate, stiegen sie an, bei den „Jammerern", die eher resignativ und ängstlich waren, sanken sie hingegen ab. Diese unterschiedlichen Reaktionen erklären mit, warum es Menschen gibt, die in Belastungszeiten niemals erkranken, während andere gerade in diesen Perioden ihres Lebens sehr anfällig für Infekte sind.

Der feste Wille zu überleben führt auch zu einer kognitiven Aktivierung, indem ein solcher Mensch ständig darüber nachdenkt, wie seine Rettung zu bewerkstelligen sei, welche Strategien zu seinem Überleben beitragen können usw. Je mehr man sich aber innerlich mit derartigen Überlegungen beschäftigt, desto wahrscheinlicher ist es, sich tatsächlich reale Überlebenswege zu erschließen.

Hätte Rose DeWitt Dukater nicht überleben wollen, wäre sie auf dem treibenden Holzteil liegengeblieben und gestorben. Da sie aber leben wollte, war ihr Geist wach und sie entdeckte die Pfeife am Hals eines, wenige Meter neben ihr im Meer treibenden Toten. Aufgrund ihres Lebenswillens brachte sie die Kraft auf, zu ihm zu schwimmen, ihm die Trillerpfeife abzunehmen und durch unaufhörliches Pfeifen auf sich aufmerksam zu machen.

8.6 Ihre persönlichen „Schutzengel"

Welche Erinnerungen an Menschen, Aufträge usw. machen Sie persönlich stark? Welche können Ihnen helfen zu überleben, sollten Sie einmal in eine bedrohliche Situation geraten, zum Beispiel schwer erkranken?

Aufträge

- Gibt es bestimmte Aufträge, die Ihnen von einer nahestehenden Person erteilt wurden und die Sie noch erfüllen müssen? Der Begriff Auftrag ist dabei weit zu fassen.

Werke

- Gibt es ein Werk, das Ihnen am Herzen liegt und das Sie auf jeden Fall vollenden möchten? Der Begriff Werk ist ebenfalls breit zu fassen. Es kann sich um ein Buchprojekt handeln, den Aufbau einer Organisation oder die Umsetzung einer Idee, die Sie realisieren möchten usw.

Beziehungen

- Gibt es Menschen, denen Sie sich so innig verbunden fühlen, dass Sie sie auf gar keinen Fall verlassen möchten? Welche Menschen sind das?
- Gibt es Menschen, für die Sie sich verantwortlich fühlen und die Sie noch nötig brauchen, zum Beispiel Ihr Kind?

Indem Sie versuchen, die eben gestellten Fragen zu beantworten, befassen Sie sich konkret mit Schutzschirmen, die sich in Notsituationen aufspannen lassen. Dabei kann fast Vergessenes wieder erinnert werden, und Sie sind unter Umständen sogar zu neuen Erkenntnissen über Ihr Leben gelangt.

Nehmen Sie sich vor, Ihre Antworten auf die Fragen nicht mehr zu vergessen! Schon der Vorsatz, diese Botschaften in Ihr Leben einzubinden, trägt dazu bei, sie tiefer im Gedächtnis zu verankern.

Schreiben Sie Ihre Antworten nieder, um die Inhalte in die Zukunft hineinzutragen! Tun Sie ein Übriges, indem Sie sich selbst versprechen, Ihre Notizen mehrmals im Jahr zu lesen, darüber nachzudenken und eventuell Korrekturen oder Ergänzungen vorzunehmen.

Literatur

BR-Klassik: Heiligenstädter Testament. 14.11.2015. Aus: Thayer, Alexander Wheelock: Ludwig van Beethovens Leben. Nach dem Original-Manuskript deutsch bearbeitet von Hermann Deiters. Bd. 2. Leipzig 1910. (https://www.br-klassik.de/aktuell/dossier/beethoven/beethoven-brief-3-heiligenstaedter-testament-100.html, letzter Abruf: 20.6.2020)

Frankl, Viktor E.: … trotzdem Ja zum Leben sagen. Ein Psychologe erlebt das Konzentrationslager. 4. Aufl. der Neuausgabe von 2005. München 2012.

Ders.: Ärztliche Seelsorge. Grundlagen der Logotherapie und Existenzanalyse. 8. Aufl. Wien 1971.

Lommel, Pim van: Endloses Bewusstsein: Neue medizinische Fakten zur Nahtoderfahrung. 6. Aufl. München 2014.

Mann, Thomas: Buddenbrooks. Limitierte Jubiläumsedition. Frankfurt/Main 2002.

Mozes Cor, Eva & Buccieri, Lisa Rojany: Ich habe den Todesengel überlebt. Ein Mengele-Opfer erzählt. 8. Aufl. München 2012.

Parti, Rajiv & Perry, Paul: Erwachen im Licht. Die lebensverändernde Nahtoderfahrung eines Arztes. München 2020.

Schneider, Gertrude: Reise in den Tod. Deutsche Juden in Riga 1941-1944. 2. Aufl. Dülmen 2008.

Tolstoi, Leo: Anna Karenina. München 1950.

Trump, Willi: Lo. In: Rolf Hochhuth (Hrsg.): Liebe in unserer Zeit. 2. Bde. Gütersloh 1961. 2. Bd., S. 675-708.

Kapitel 9
Erinnerungen, die stark machen

Die Erinnerung ist das einzige Paradies,
aus dem wir nicht vertrieben werden können!
(Jean Paul, 1763 - 1825)

9.1 Botschaften im Jahreskalender

Jeder von uns erinnert sich an Botschaften, die wir einmal von wichtigen Bezugspersonen erhalten haben. Diese Botschaften können Kommentare zu unserer Person oder in die Zukunft gerichtete Wünsche beinhalten, es können aber auch allgemeine Lebensweisheiten übermittelt werden. Bei den Lebensweisheiten handelt es sich meist um bekannte Sprichwörter, überlieferte Zitate oder auch Erkenntnisse, zu denen man in Laufe seines Lebens gelangt ist. In die Zukunft weisende Botschaften umschließen Prophezeiungen hinsichtlich des Lebenswegs einer Person oder aber Aufträge seitens des Senders. Individuelle Botschaften sind meist eng mit den Erfahrungen eines Individuums bzw. dem Schicksal einer Familie verknüpft.

Allgemeine Lebensweisheiten

- „Kind, schick dich in die Welt hinein, denn dein Kopf ist viel zu klein, als dass sich schickt die Welt hinein!"
- „Jedes Töpfchen findet sein Deckelchen!"
- „Nicht für die Schule, für das Leben lernen wir!"
- „Per aspera ad astra!" Frei übersetzt: „Durch Sch… zum Preise!" Lateinisches Sprichwort.
- „Hast du keine Feinde, dann hast du keinen Charakter!" (Paul Newman)

Zukunftswünsche

- „Du sollst einmal Arzt werden wie dein Vater und seine Praxis übernehmen!"
- „Ich sehe dich schon als Solotänzerin auf der Bühne stehen, und die Menschen applaudieren wie wild, und es hält sie vor Begeisterung nicht auf den Plätzen!"
- „Es ist mein größter Wunsch noch zu erleben, dass du Abitur machst!"

Solche, in die Zukunft gerichteten Botschaften sind nicht immer positiv zu werten, da sie den Empfänger auch einengen und auf eine bestimmte Rolle festlegen, die er oder sie in dem einen Fall vielleicht gerne übernimmt, in dem anderen Fall aber als ich-fremd und aufgezwungen erlebt. Viele dieser Botschaften sind jedoch positiv, geben Kraft und Lebensmut, gerade in schweren Zeiten.

Positive Botschaften

- Die Botschaft eines Urgroßvaters an seinen fünfjährigen Urenkel:
  „Du bist der intelligenteste von meinen Urenkeln. Du kannst es weit bringen!"
- Die Botschaft eines Großvaters an seine fünfzehnjährige Enkelin:
  „Du siehst genauso aus wie deine Großmutter, hast ihr Gesicht, und deine Stimme klingt genau wie ihre. Ich freue mich, dass es dich gibt." Mit diesen Worten überreichte er der Enkelin, innerlich sehr bewegt, ein Foto der Großmutter, das diese ihm zur Verlobung geschenkt hatte und bat sie, gut darauf aufzupassen.
- Die Botschaft einer Mutter an ihre zehnjährige Tochter:
  „Kind, wenn es dir schlecht geht, dann suche Kraft in der Natur. Ein Spaziergang im Wald tröstet und beruhigt. Liebe Pflanzen und die Tiere!"

Solche Botschaften wirken, wenn sie von einem tiefen Wissen um den Anderen zeugen und das Herz des Empfängers erreichen, wie ein verlässlicher Kompass auf dem Lebensweg. Sie sind wie kostbare Kleinode, die man unsichtbar bei sich führt, und können in krisenhaften Phasen Kampfgeist und Lebensmut stärken.

Ihre Aufgabe

- Erinnern Sie sich an positive Botschaften, die Sie in der Vergangenheit erhalten haben. Halten Sie diese schriftlich fest. Nehmen Sie sich dafür Zeit, denn einige Botschaften sind wahrscheinlich nicht mehr präsent und können daher nicht unmittelbar abgerufen werden.
- Entscheiden Sie, welche Botschaften besonders hilfreich sind und notieren Sie diese gesondert

Nehmen Sie Ihren Kalender zur Hand und ordnen Sie jedem Monat eine Ihnen wichtige Botschaft zu. Es schadet nicht, wenn Sie noch nicht genügend Botschaften gesammelt haben, um alle Monate des Jahres unter einen bestimmten Leitspruch zu stellen. Es werden Ihnen mit der Zeit wahrscheinlich weitere, scheinbar vergessene Botschaften einfallen.

Wenn Sie sich tatsächlich nicht an genügend Botschaften aus Ihrem eigenen Leben erinnern, können Sie auch allgemeine Sprüche und Lebensweisheiten, die Ihnen persönlich bedeutsam erscheinen, den verbleibenden Monaten zuordnen.

9.2 Die Macht der Symbole

Im Verlauf der Millionen Jahre dauernden Evolution von den Urformen des Menschen zum Homo sapiens ist die Sprache eine ganz junge Entwicklung. Über unzählige Generationen hinweg verständigten sich die Vorfahren des heutigen Menschen nicht durch Wörter und komplexe Sätze, sondern mit Zeichen, Gesten und Lauten, und dieses Erbe tragen wir alle in unseren Genen. Diesem Umstand ist es auch zu verdanken, dass Bilder und Symbole selbst im Computerzeitalter noch eine hohe Wirkkraft haben. Sie kennen wahrscheinlich den Satz: Ein Bild sagt mehr als tausend Worte. Diesen Satz würden die meisten Menschen sofort unterschreiben.

Unser Gedächtnis

Auch das menschliche Gedächtnis arbeitet sehr viel mit Bildern. Sie haben wahrscheinlich selbst schon die Erfahrung gemacht, dass Sie das Gesicht einer bestimmten Person deutlich vor Augen hatten, aber sich nicht mehr an ihren Namen erinnern konnten.

Was aber ist ein Symbol? Das Wort kommt aus dem Griechischen und bedeutet ursprünglich „etwas Zusammengefügtes“. In der Antike war es bei den Griechen Sitte, dass man einem Freund beim Abschied die eine Hälfte eines in zwei Teile zerbrochenen Gegenstandes (z.B. ein Ring, eine Tontafel usw.) schenkte. Auf diese Weise blieb man einander verbunden, und auch die Nachkommen, welche die beiden Teile erbten, konnten sich gegenseitig noch als Freunde erkennen. Ein Symbol war ursprünglich also ein Freundschaftszeichen.

Heute dienen Symbole als Sinnbilder für Informationen, Wünsche, Ziele und Gefühlszustände. Symbole fassen eine Welt von Gedanken, Emotionen und Bewertungen in einem einfachen Zeichen oder Bild zusammen. Das Symbol steht für alles, was man nicht in Worte kleiden kann oder will.

Kulturelle Symbole

Viele Menschen verwenden im Alltag kleine Symbole, die sie als Schutzzeichen und Glücksbringer einsetzen. Sie werden am Innenspiegel des Autos befestigt, als Anhänger an einer Kette getragen oder als Schlüsselhalter genutzt, um nur einige typische Verwendungen zu nennen.

Wir alle sind von Geburt an von Symbolen umgeben, doch sie sind für uns so selbstverständlich geworden, dass wir uns kaum mit ihnen beschäftigen. Der Ehering beispielsweise ist ein Symbol für Bindung und Ewigkeit, die rote Rose für Liebe usw. Es ließen sich unzählige weitere Beispiele finden.

Symbole sind kulturell und religiös stark beeinflusst, so dass Angehörige einer Kultur meist ganz ähnliche Symbole verwenden. Im islamisch-arabischen Kulturkreis gilt die Hand der Fatima als Schutzsymbol. Die sog. Chamsa wird aber auch in Israel getragen und ist dort ebenfalls ein Schutzzeichen. Sie erinnert an die fünf Bücher der Thora und symbolisiert die Hand Gottes, die vor Neid und dem bösen Blick schützt. Im christlichen Kulturkreis trifft man selbst in unserer wenig religiösen Zeit noch sehr häufig auf das Kreuz als Schutzsymbol. Beliebt sind in der Gegenwart auch Edelsteine mit angeblich heilkräftiger Wirkung. Es gibt für jedes Tierkreiszeichen einen ihm zugeordneten Edelstein, der die Kraft haben soll, die positiven Eigenschaften des jeweiligen Sternzeichens zu verstärken und die negativen abzumildern.

Persönliche Symbole

Von diesen, innerhalb eines Kulturkreises verbreiteten Symbolen lassen sich jene unterscheiden, die nur mit der Familien- bzw. individuellen Lebensgeschichte verbunden sind und oft an einen Toten erinnern.

Bei den einen kann ein Ring, der schon lange im Familienbesitz ist und stets von der Mutter auf die Tochter oder Schwiegertochter übergeht, diese symbolträchtige Bedeutung haben. Bei anderen ist es vielleicht das Taufkleidchen, in dem traditionsgemäß jedes in die Familie hineingeborene Kind in die Kirche getragen wird. Es kann der Freundschaftsring sein, den man als Kind einmal von der besten Freundin geschenkt bekam, die Muschel von dem Strand, an dem man seine erste Liebesnacht erlebt hat, ein Haarbüschel von einem Verstorbenen usw.

Dabei muss es sich nicht immer um Erinnerungen an jemanden handeln, der einem sehr nahe stand oder der eigenen Familie angehörte, nein, man kann sich auch mit Symbolen umgeben, die für Feinde stehen, die man besiegt oder denen man zumindest getrotzt hat.

Christine Brückner erzählt in ihrem Roman „Nirgendwo ist Poenichen“ von einem jüdischen Psychoanalytiker, der vor den Nationalsozialisten in die USA flüchtete: „In seinem Behandlungszimmer fielen zwei Bilder auf. Das eine stellte seinen jüdischen Vater dar, der im Alter von 87 Jahren im Konzentrationslager Auschwitz umgekommen war, das andere Adolf Hitler in Uniform. Dr. Green umgab sich nicht mit seinen Freunden oder Vorbildern, sondern mit seinen Gegnern, jenen, an denen er gewachsen war und die er nicht zu vergessen wünschte“ (Brückner, 1982, S. 141).

Wirkung
Symbolhafte Gegenstände haben die Macht, uns seelisch zu stärken. Sie können verhindern, dass wir in konfliktreichen Phasen unseres Lebens aufgeben. Und allein die Tatsache, diese Gegenstände zu besitzen, sie ab und an zu berühren oder auch nur an sie zu denken, macht unser Leben reicher und uns selbst ein Stück weit widerstandsfähiger. Dieser Effekt ist umso intensiver, je bewusster wir mit diesen Symbolen umgehen, je mehr wir sie zu schätzen wissen und sorgfältig hüten. Sie vermitteln uns, einer bestimmten Familie oder Gemeinschaft anzugehören, das heißt Wurzeln zu haben, und sie schenken uns das Glücksgefühl, dass da jemand ist oder war, dem wir viel bedeuten, der uns liebt oder geliebt hat.

Diese Erinnerungen können auch das Leben im Alters- und Pflegeheim noch durchglänzen, denn sie transportieren das Wissen: Es gab einmal Freude, Freundschaft, Liebe, familiären Zusammenhalt usw. Symbole aktivieren diese Erinnerungen und lassen sie wieder konkret und erlebbar werden.

Ihre persönliche Aufgabe

- Welche Gegenstände mit Symbolcharakter besitzen Sie selbst?

Versuchen Sie, diese Gegenstände in Ihr Leben zu integrieren, indem Sie zum Beispiel den Ring der Großmutter oder die Uhr des Großvaters öfters tragen und der Muschel vom Strand, an dem Sie händchenhaltend mit Ihrer großen Liebe entlang schlenderten, einen sichtbaren Platz in Ihrer Wohnung einräumen!

9.3 Visualisieren von Erfolgen

Es gibt keinen Menschen, der keine Erfolge in seinem Leben zu verzeichnen hat. Erfolge können dabei ganz unterschiedlichen Bereichen angehören. In unserer Kultur werden vor allem Erfolge im Leistungsbereich hochgeschätzt, daneben gibt es aber auch Erfolge in zwischenmenschlichen Beziehungen und Erfolge, die man im Umgang mit sich selbst verbuchen kann.

Erfolge im Leistungsbereich
Erfolge im Leistungsbereich sind zum Beispiel gute Schulnoten, der erfolgreiche Abschluss einer Ausbildung oder eines Studiums, ein Jobangebot, Beförderungen usw. Aber auch Erfolge in den Bereichen Sport und Kunst, bei denen man Siegerurkunden und Medaillen erhält, zur Teilnahme an Ausstellungen eingeladen wird usw., gehören dazu. Für derartige Erfolge gibt es meist schriftliche oder gegenständliche Belege.

Erfolge im zwischenmenschlichen Bereich
Daneben gibt es Erfolge, die den zwischenmenschlichen Bereich betreffen. Vielleicht gehörten Sie während Ihrer Schulzeit zu den Mutigen, die sich am Mobbing eines unbeliebten Mitschülers nicht beteiligt haben. Vielleicht standen Sie einer guten Freundin in einer krisenhaften Zeit mit Zuhören und konkreten Hilfsangeboten zur Seite. Vielleicht haben Sie Ihren Mann oder Ihre Frau bis zu seinem/ihrem Tod gepflegt und sich selbst in dieser Zeit weitgehend zurückgenommen. Auch solche Erfolge lassen sich materialisieren. Die Freundin hat Ihnen per WhatsApp vielleicht einmal ein großes Herz geschickt. Ihr Mann oder Ihre Frau hinterließen Ihnen einen liebevollen Abschiedsbrief.

Erfolge im Umgang mit sich selbst
Außerdem gibt es noch eine dritte Form von Erfolgen, die nur mit einem selbst zu tun haben. Sie können darin bestehen, dass man schwierige Lebensphasen, in denen man ganz auf sich gestellt war, in bewunderungswürdiger Weise gemeistert hat. Auch gelebte Selbstdisziplin, die zum Beispiel im Umgang mit einer chronischen Krankheit oder in Prüfungszeiten von zentraler Bedeutung ist, sowie unter Beweis gestellte Selbstüberwindung, die einem ermöglichte, etwas zu tun, wovor man große Angst hatte, gehören zu diesen Erfolgen. Es heißt nicht umsonst: „Sich selbst bekriegen ist der schwerste Krieg, sich selbst besiegen ist der schönste Sieg“ (Freiherr Friedrich von Logau).

Machen Sie Ihre Erfolge sichtbar, räumen Sie ihnen einen Platz in Ihrem Leben ein. Jeder einzelne Erfolg erinnert Sie an Ihre Stärken und an die positiven Seiten Ihrer Person.

Aufgabe

- Welche Gegenstände oder Schriftstücke bezeugen Ihre persönlichen Erfolge?
- Wie können Sie diese Gegenstände oder Schriftstücke in Zukunft mehr wertschätzen?

9.4 Magische Orte

Jeder hat Erinnerungen an Orte, die mit starken Gefühlen verbunden sind. Diese Gefühle können positiv, negativ oder auch ambivalent sein. Es lassen sich daher Sehnsuchtsorte, Verzweiflungsorte und Orte, die zwiespältige Gefühle auslösen, unterscheiden.

Sehnsuchtsorte

Sehnsuchtsorte sind Räume, in denen wir einmal sehr glücklich waren. Dort fühlten wir uns geborgen und geliebt, dort schlugen wir Wurzeln und haben Erfahrungen gemacht, die hochbedeutsam für unser Leben waren.

Für viele ist ein solcher Raum das Elternhaus, vor allem wenn es sich tatsächlich um ein Haus mit Garten, das heißt ein geschütztes Terrain gehandelt hat, das einer Familie gehörte. Die wenigsten Menschen entwickeln derartige Gefühle für eine Mietwohnung.

Ein Sehnsuchtsort kann auch gleichbedeutend mit Heimat sein. Heimat ist für viele der Ort oder der Stadtteil, in dem man aufgewachsen ist, wo vielleicht schon die Vorfahren gelebt haben, wo man jeden Stein kennt und alle Veränderungen miterlebt hat.

Es kann sich aber auch um Orte handeln, die man zwar nur sporadisch besucht hat, etwa eine Ferieninsel, an denen aber dennoch entscheidende Weichen für das eigene Leben gestellt wurden, indem man zum Beispiel dort seine/n Partner/in kennengelernt hat. Ein Sehnsuchtsort kann auch ein Stück Natur sein, etwa der Baum, dem man seine Geheimnisse anvertraut hat, oder der Park, in dem man sich in jungen Jahren mit seiner Clique traf.

Verzweiflungsorte

Verzweiflungsorte sind Räume, die man mit den dunkelsten Stunden seines Lebens in Verbindung bringt, Räume, in denen man extreme Angst bis hin zur Todesangst hatte, in denen man unglücklich war, womöglich Suizidgedanken hatte, sich ausgestoßen und ungeliebt fühlte.

Ein solcher Raum ist für einige die Schule, weil sie dort die Erfahrung gemacht haben, von Mitschülern verspottet und gemobbt zu werden. Es kann die Klinik sein, in die man sich für eine schwere Operation mit ungewissem Ausgang begeben musste. Es kann aber auch das Elternhaus sein, weil man dort erleben musste, dass die jüngere Schwester oder der ältere Bruder vorgezogen wurde und man selbst den Ansprüchen der Eltern nie genügen konnte.

Ambivalente Orte

Neben den Sehnsuchts- und Verzweiflungsorten existieren Räume, die sowohl positive als auch negative Erinnerungen hervorrufen, die also gefühlsmäßig nicht eindeutig zuzuordnen sind, sondern Wechselbäder der Gefühle auslösen.

Als einen solchen Ort beschreibt Ruth Klüger, eine amerikanische Literaturprofessorin, die 1931 in Wien als Kind einer jüdischen Arztfamilie geboren wurde und Auschwitz-Birkenau überlebte, ihre Erfahrungen in Theresienstadt, wo sie mit ihrer Mutter auf der ersten Station der geplanten Vernichtung durch die Nationalsozialisten interniert war.

Dort lebte sie mit anderen Jugendlichen auf engstem Raum in einer Art Kinderheim. Die jungen Menschen waren Zionisten und wollten nach Israel emigrieren. Klüger schreibt, dass sie Theresienstadt irgendwie geliebt habe, da es „ein soziales Wesen" aus ihr gemacht hätte, dass sie es aber auch gehasst habe, da es „eine Jauche" gewesen sei, „wo man die Arme nicht ausstrecken konnte, ohne auf andere Menschen zu stoßen" (S. 103-104).

Viele Jahre nach dem Krieg zieht es sie zurück nach Theresienstadt. Sie besucht dort das ehemalige Kinderheim, und eine in dem Haus wohnende Frau zeigt ihr das Zimmer, in dem sie zusammen mit 30 anderen Mädchen untergebracht war:

„Unser altes Zimmer war ihr Wohnzimmer, und es war nicht größer, eher kleiner als mein amerikanisches Wohnzimmer. Auch auf den Dachboden ging ich, wo ich die jungen Zionisten und Leo Baeck gehört hatte, und ich dachte mir, es muß Rosch Haschana gewesen sein, denn er hat ja von der Erschaffung der Welt gesprochen. Dann schlenderte ich durch die Straßen, wo Kinder spielten, ich sah meine Gespenster unter ihnen, sehr deutlich und klar umrissen, aber durchsichtig, wie Geister sind und sein sollen, und die lebenden Kinder waren fest, laut und stämmig. Da ging ich beruhigt fort" (Klüger, 1997, S. 105).

Besuchen Sie Ihre Orte!

Sie sollten alle Orte besuchen, die für Sie selbst eine Bedeutung haben. Jeder dieser Besuche kann Sie innerlich stärken.

Wenn Sie einen Verzweiflungsort aufsuchen, heißt das ja auch, Sie haben überlebt. Sie sind stark und können stolz auf sich sein. An einem ambivalenten Ort können Sie Ihre widersprüchlichen Gefühle ordnen und mehr Klarheit in das eigene Denken und Fühlen bringen. An einem Sehnsuchtsort ist es Ihnen möglich, das Glück, das Sie dort erlebt haben, wieder zu fühlen und sich gleichzeitig zu überlegen, welche Glücksquellen es in Ihrem jetzigen Leben gibt, die Sie in Zukunft vielleicht mehr wertschätzen wollen.

Aufgabe

- Welche in der Vergangenheit liegende Orte rufen bei Ihnen intensive Gefühle hervor?
- Welche Gefühle sind das?
- Erstellen Sie einen Zeitplan, wann Sie diese Orte besuchen wollen!

9.5 Im Kontakt bleiben mit Toten

„Den heute Dreißig- bis Vierzigjährigen sind Gräber verhaßt oder gleichgültig. An Todestage können sie sich nicht erinnern, der Gedanke an einen solchen Tag, möge er nun zwei Jahre oder zehn Jahre zurückliegen, kommt ihnen absurd und lächerlich vor“ (Kaschnitz,1971, S. 58).

Der Umgang mit dem Tod
Es gibt viele Kulturen, in denen die Grenzen zwischen Leben und Tod nicht so eng gezogen werden wie bei uns. Die Toten sind im Verständnis dieser Kulturen nicht wirklich tot, sondern leben in einem eigenen Zwischenreich. Sie nehmen weiterhin am Familienleben oder den Geschicken des Stammes teil und können eine schützende oder unheilvolle Einflussnahme auf das Los des Einzelnen und der Gemeinschaft ausüben. Es gibt daher in einigen Regionen der Erde immer noch die Sitte, den toten Vorfahren Opfer zu bringen und ihren Rat einholen.

Kult versus Vermeidung
Viele Menschen vermeiden den Gedanken an den Tod. Eine derartige Beschäftigung erscheint ihnen bedrohlich, da sie auf diese Weise mit der Endlichkeit ihrer eigenen Existenz konfrontiert werden oder den schmerzhaften Verlust eines geliebten Toten, den man vielleicht viel zu früh der Erde übergeben musste, emotional neu erleben. Dann gerät man, so die Befürchtung, in eine niedergedrückte Stimmung und vermeidet es daher lieber, sich gedanklich mit bereits Verstorbenen zu beschäftigen.

Es gibt natürlich auch die Gegenseite. Das sind jene Menschen, die einen regelrechten Totenkult betreiben. Jeder kennt ältere Witwen, die Tag für Tag zum Friedhof pilgern, um das Grab ihres verstorbenen Mannes zu pflegen und stumme Zwiesprache mit ihm zu halten. Ein anderes Beispiel sind Eltern, besonders Mütter von früh verstorbenen Kindern, die das Kinderzimmer so belassen, wie es zu Lebzeiten des Sohnes oder der Tochter war und kein Kleidungsstück und kein Spielzeug je weggeben. Diese Eltern sitzen oft in dem ehemaligen Kinderzimmer, um sich ihrem Kind nahe zu fühlen und wenigstens für einen Moment die Illusion zu nähren, es sei noch am Leben und werde gleich ins Zimmer stürmen.

Eine Patientin trieb diesen Totenkult so weit, dass sie für die verstorbene Tochter über viele Jahre hinweg bei den gemeinsamen Familienmahlzeiten ein Gedeck auflegte und einen Stuhl bereitstellte. Dass die Mahlzeiten dann in einer bedrückenden, gespenstigen Atmosphäre stattfanden, muss nicht besonders erwähnt werden.

Übertreibung tut selten gut und ist dem Menschen und seinem Wohlbefinden sowie der Bewältigung von Lebensaufgaben eher abträglich.

Der psychischen Gesundheit zuträglich ist hingegen, den Tod als Teil des Lebens zu akzeptieren und verstorbenen Verwandten und Freunden bzw. Menschen, die für uns wichtig waren, weiterhin einen Platz in unserem Leben einzuräumen und damit die Vergangenheit mit all ihren Erinnerungen wertzuschätzen. Die Vergangenheit hat uns Freuden und wichtige Erfahrungen beschert, ohne die niemand von uns wäre, der er ist.

Die Brücke zu den Toten schlagen

Es gibt verschiedene Möglichkeiten, um eine Brücke zu den Toten zu schlagen. Wir haben einige Anregungen zusammengestellt.

Vorname

Woher kommt Ihr Vorname? Warum haben Ihre Eltern gerade diesen Namen für Sie ausgesucht? War es ein Modename, oder verbindet Sie Ihr Name mit einem Vorfahren/einer Vorfahrin? Die Tochter einer Klientin erhielt zum Beispiel den Namen der Großmutter väterlicherseits, an der ihr Vater sehr hing. Er wünschte sich, seine Tochter möge dieser Frau in jeder Weise ähnlich werden. Falls es auch in Ihrem Fall solche Verbindungen gibt, stellt sich die Frage, ob ein bestimmter Auftrag damit verbunden ist und ob es sich lohnt, dem Leben dieser Person, die den eigenen Vornamen trägt, etwas nachzuspüren.

Es müssen aber nicht unbedingt Verwandte sein, die bei unserem Vornamen Pate standen. Es kann sich auch um den Namen einer fremden Person handeln, die von den Eltern bewundert wurde. So erhielten viele Mädchen in den Siebziger Jahren des vorangegangenen Jahrhunderts den Namen „Anaïs", weil ihre Mütter die Tagebücher der Anaïs Nin gelesen hatten und sich mit der Autorin identifizierten.

Todestag und Grab

Um in Verbindung mit Toten zu bleiben, die einem sehr nahe waren, kann man den Todestag in besonderer, dem Gedenken dienender Weise begehen, indem man vielleicht eine Kerze auf die Fensterbank oder in den Garten stellt, alte Fotos anschaut und sich an diesem Tag an alle Erlebnisse mit dem Toten erinnert.

Wenn das Grab bekannt ist und sich in der Nähe befindet, kann man es besuchen und die Nähe des Toten fühlen, aber auch erfahren, dass er sich jetzt in einer anderen Welt befindet und es keinen gemeinsamen Weg mehr gibt.

Die zu ihren Lebzeiten sehr bekannte Schriftstellerin Helene Christaller, deren Lieblingstochter mit 28 Jahren an Typhus starb, ließ die Tote im Garten ihres Hauses, in dem ihre Kinder aufgewachsen waren, beisetzen. In der Weihnachtsnacht besucht sie allein das Grab der Tochter und hält stumme Zwiesprache mit ihr:

„Mein Kind“, sagte das Mutterherz, „ich gedenke des Abends, da du getauft wurdest unter den Lichtern des Christbaums. Du schautest mit großen offenen Augen in den Glanz und ich betete, dass das himmlische Licht dir nie verlösche.“
„Ich lebe im Licht“, klang es wie ein leiser Akkord aus den Zweigen. „Ich weiß es, und ich verbiete meinem Herzen zu trauern.“ Ohne dass sie es merkte, hatten sich Tränen in ihrem Auge gesammelt und waren bereit zu fallen. „Nein, ich trauere nicht, wenn auch mit dir viel Freude und Wärme aus meinem Leben gegangen ist.“ […]. Am Heiligenberg standen Männer mit Posaunen. Als die Glocken schwiegen, sangen sie Weihnachtslieder, von der Rose, die entsprungen ist, mitten im kalten Winter.
„So warst auch du“, flüsterte die Mutter, »eine Rose mitten im kalten Winter. Segne dich Gott, du Rose! Blühe weiter und erquicke, die um dich sind“ (Christaller, 2002, S. 53-54).

Tote als unsichtbare Helfer

Es kann außerordentlich hilfreich sein, sich in angsterregenden, belastenden Situationen vorzustellen, dass jene Toten, zu denen man ein sehr herzliches Verhältnis hatte, unsichtbar anwesend sind, einem zulächeln, zunicken und Mut zusprechen.
Eine solche Vorstellung lässt sich zum Beispiel gezielt einsetzen, wenn eine ärztliche Untersuchung notwendig ist, bei der eine lebensbedrohliche Diagnose befürchtet wird oder wenn eine schwierige berufliche Aufgabe ansteht, von deren Erfolg bspw. abhängt, ob der eigene Betrieb einen Großauftrag erhält.

Ergänzend kann man sich in derartigen Situationen fragen: Was hätte der Tote jetzt zu mir gesagt? Wie hätte er mir Mut gemacht, welche Entscheidung wäre in seinem Sinn gewesen, und welche von mir gezeigte Haltung hätte ihn mit Stolz erfüllt? Da wir viele Botschaften von Verstorbenen in uns tragen, die zu Lebzeiten an uns gerichtet wurden, ist es meist gar nicht schwer, sich diese Fragen zu beantworten.

9.6 Nostalgieabend

Ein Nostalgieabend ermöglicht, in die eigene Vergangenheit zurückzukehren und sich an glückliche Stunden, erfüllte Beziehungen und bedeutsame Erfahrungen bewusst zu erinnern, um aus alldem Lebensfreude und Lebenskraft zu schöpfen.

Warum ein Nostalgieabend?
Trotz allen Bemühens ist es nicht immer möglich, den Kontakt zu früheren Freunden, Nachbarn und Wohnorten aufrechtzuhalten. Das hängt damit zusammen, dass Menschen Ortswechsel vornehmen, sterben oder den Kontakt von sich aus abbrechen. So kann es sein, dass das Interesse an der Aufrechterhaltung einer früheren Beziehung zwischen den Beteiligten auseinanderklafft. Während man selbst die Beziehung weiterhin als wertvoll empfindet, ist sie für den anderen unter Umständen kaum noch von Bedeutung, und er zieht sich zurück. Manche Orte können aus Zeit- oder Geldgründen, vielleicht auch aufgrund von Kriegshandlungen nicht mehr besucht werden, auch wenn wir uns noch so sehr nach ihnen sehnen. In diesen Fällen kann es helfen, von Zeit zu Zeit einen Nostalgieabend zu zelebrieren. Dabei sollte man allein und ungestört sein und sich in einen abschließbaren Raum zurückziehen können.

Tipps zur Durchführung
Entscheiden Sie, welche Zeitperiode, welches Erlebnis, welche Szene usw. Sie wieder aufleben lassen möchten. Überlegen Sie als nächstes, was Ihnen helfen kann, die Stimmung und die Gefühle von einst hervorzurufen und nachzuempfinden. Hier gibt es einige Hilfsmittel:

- Hören Sie an Ihrem Nostalgieabend die Musik aus dem Jahr, in das Sie zurückgehen möchten, und zwar jene Songs und Kompositionen, die damals in aller Ohren waren und die Sie selbst geliebt haben.
- Es ist außerdem hilfreich, Fotos zu betrachten oder Videos abzuspielen, die aus jenem Zeitfenster stammen und Sie vielleicht im Kreis von damals wichtigen Menschen zeigen.
- Auch Düfte können die Rückkehr in die Vergangenheit erleichtern. Wenn Sie in dem besagten Jahr oder an dem von Ihnen gewählten Tag ein bestimmtes Parfüm oder Rasierwasser benutzt haben, dann sollten Sie es erneut kaufen und seinen Duft einatmen.
- Außerdem kann hilfreich sein, ein altes Kleidungsstück, das man nie hergegeben hat, weil zu viele Erinnerungen daran hängen, oder ein Buch, das man damals gekauft bzw. eine Ansichtskarte, die man erhalten hat, wieder hervorzuholen.

- Auch bestimmte Gerichte können Sie dabei unterstützen, in die Vergangenheit zurückzukehren. Wenn Sie damals bspw. gerne Kartoffelsalat mit Würstchen gegessen haben, sollten Sie sich genau dieses Gericht an Ihrem Nostalgieabend zubereiten.
- Zusätzlich kann man sich gezielt in einen entspannten Zustand versetzen, zum Beispiel mit einer Atemtechnik. Indem man bewusst nach bestimmten Vorgaben atmet, signalisiert man dem Gehirn, dass man sich in einer ruhigen und entspannten Gemütsverfassung befindet.
- Bei einer Atementspannung müssen bestimmte Prinzipien beachtet werden. Die Ausatmungsphase sollte deutlich länger sein als die Einatmungsphase, denn nur die Ausatmungsphase ist im Gehirn an Ruhevorstellungen gekoppelt. Man sollte außerdem immer durch die Nase einatmen, um die gesundheitsförderliche Bauchatmung einzuleiten.
- Bauchatmung:
  Einatmen: Legen Sie die Hände in Höhe des Nabels auf den Bauch. Die Mittelfinger liegen direkt auf der Linie des Nabels. Beim Einatmen hebt sich der Bauch, das Zwerchfell und die unteren Lungen füllen sich mit Luft. Die Hände werden dadurch nach oben gedrückt.
  Ausatmen: Beim Ausatmen kehrt das Zwerchfell in seine frühere Position zurück. Der Bauch wird flach und die Hände kommen in ihre Ausgangslage zurück. Nun schließen Sie die Augen, schalten die Gegenwart gedanklich aus und begeben sich auf die Reise in Ihre ganz persönliche Vergangenheit.

Impulsfragen
Nach der Rückkehr in die Gegenwart können Sie sich folgende Fragen stellen:

- Was nehme ich mit in die Gegenwart und Zukunft? Welche Erinnerungen sind für mich besonders wertvoll?
- Welche Erinnerungen sind eine Quelle der Freude?
- Welche Erinnerungen sind eine Quelle der Kraft?

Literatur

Brückner, Christine: Nirgendwo ist Poenichen. Frankfurt/Main 1982.

Christaller, Helene: Das Blaue Haus. Eine Geschichte aus dem Leben. Holzgerlingen 2002.

Kaschnitz, Marie Luise: Tage, Tage, Jahre. Aufzeichnungen. Frankfurt/Main 1971.

Klüger, Ruth: Weiter leben. Eine Jugend. Göttingen 1997.

Stuhlmann, Gunther (Hrsg.) Anaïs Nin: Die Intensität des Lebens: Die Tagebücher 1931-1934. München 2002.

Kapitel 10
Erinnerungen bewahren

Die blasseste Tinte ist besser als das beste Gedächtnis.
(Chinesische Weisheit)

Erinnerungen sind ein Schatz und so wie Schätze aus Gold und Edelsteinen oft im tiefen Erdreich ruhen und erst durch eine mühevolle Suche mit Hilfe von Schatzkarten oder speziellen Detektoren gehoben werden können, so verhält es sich auch mit persönlichen Erinnerungen. Einige schlummern tief im Inneren der Person, obwohl sie eigentlich sehr bedeutsam sind, andere scheinen bedeutsam zu sein, sind es bei näherem Hinschauen aber nicht, und der scheinbare Goldschimmer erweist sich als Täuschung.

Wie können Sie vorgehen, um in Zukunft achtsamer mit ihren Erinnerungen umzugehen und sie bewusst für Ihr seelisches Gleichgewicht und inneres Wohlbefinden nutzen?

10.1 Das Prinzip der Schriftlichkeit

Erinnerungen, gute Vorsätze oder Pläne, die man nur „im Kopf" hat, besitzt man nicht wirklich. Sie verflüchtigen sich und fallen unserem unzulänglichen Gedächtnis zum Opfer. Daher ist es wichtig, das Prinzip der Schriftlichkeit zu beachten. Schriftliche Notizen zu erstellen, hat den Vorteil, Zwischenschritte zum Erreichen von Zielen vermerken und die Realisierung eines Ziels konkret überprüfen zu können.

Schreibprozesse tragen aber auch zur Reflexion bei, indem eine Instanz, nämlich die Sprache als Prüfstation für Gedanken und Gefühle fungiert. Auf diesem Weg gewinnen hochgradig emotionale Erlebnisse manchmal einen anderen Gefühlswert, das heißt, sie verändern sich, je intensiver man sie mit Hilfe der Sprache durchleuchtet.

Wenn Menschen reflexiv sind, steigt zugleich die Wahrscheinlichkeit, dass sie ihr Leben aktiv in die Hand nehmen. Reflektieren heißt ja, in einen gedanklichen Klärungsprozess einzutreten, an den sich natürlicherweise die Frage anschließt, welche Konsequenzen auf der Handlungsebene folgen sollen. Außerdem: Wer wenig nachdenkt und nur reagiert, wird leicht zum Spielball von Ereignissen und Menschen und treibt oft dahin wie ein Blatt im Wind.

10.2 Sammeln Sie Ihre Erinnerungen!

Nehmen Sie sich vor, ihre Erinnerungen in Zukunft sorgsam zu behandeln, sie als Teil des eigenen Lebens wertzuschätzen und für die Entwicklung der eigenen Person nutzbar zu machen.

Der Blick zurück
Es gibt zwei Möglichkeiten, sich näher mit seinen Erinnerungen zu beschäftigen, der Blick in die Vergangenheit und der Blick in die Zukunft. Um die Erinnerungen aus zurückliegenden Jahren ins Bewusstsein zu heben, raten wir zu folgendem Vorgehen:
Notieren Sie über mehrere Wochen hinweg alle Erinnerungen an zurückliegende Ereignisse und Erfahrungen, die Ihnen einfallen, und zwar zunächst ganz ungefiltert mit Hilfe der Brainstorming-Methode.

Das „Brainstormen" ist eine Kreativitätstechnik, die auch zur Lösung von Problemen eingesetzt wird. Väter der Brainstorming-Methode sind der Amerikaner Alex Osborn und sein ehemaliger Schüler und späterer Mitarbeiter Charles Hutchison, der den Ansatz weiterentwickelte. Es handelt sich um eine Methode der freien Assoziation, die sich sehr gut zum Sammeln von Ideen sowie zum Entwickeln von Lösungsansätzen hinsichtlich eines bestimmten Themas oder Sachverhalts eignet.

Brainstorming
Setzen Sie sich in einen ruhigen Raum und sorgen Sie dafür, dass Sie nicht gestört werden. Sie benötigen einige Blätter weißes Papier ohne Aufdruck, Linien oder Kästchen, damit die Ideenproduktion nicht gehemmt wird, eine Uhr und einen Stift.

Ordnen Sie je ein Blatt verschiedenen Phasen Ihres Lebens zu:

- Kindheit (Geburt bis ca. 12 Jahre)
- Jugend (ca. 13 – 24 Jahre)
- frühes Erwachsenenalter (ca. 25 – 40 Jahre)
- reifes Erwachsenenalter (ca. 41 – 55 Jahre)
- spätes Erwachsenenalter (ca. 56 – 70 Jahre)
- Alter (ca. 71 Jahre bis Tod)

Geben sie sich pro Lebensphase mindestens 15 Minuten Zeit, um Ihre Erinnerungen niederzuschreiben. Erfahrungsgemäß fallen einem sofort wichtige, dem Bewusstsein sehr präsente Erinnerungen ein, während eher im Hintergrund wirkende oder „verdrängte" Inhalte Zeit brauchen, um an die Oberfläche zu gelangen. Unangenehme, aber bedeutsame Erinnerungen werden meist erst nach einer Phase des Stockens erneut erfahrbar, wobei der Vorsatz, sich mit seiner Vergangenheit zu beschäftigen, als Aktivator wirkt.

Es ist ratsam, die Erinnerungen kreuz und quer auf den Blättern zu notieren und das jeweilige Blatt auch einmal zu drehen, damit nun oben ist, was vorher unten war. Diese Vorgehensweise erleichtert es, eingerastete Denkschienen zu verlassen. Man kann Wörter, aber auch Sätze niederschreiben oder Skizzen entwerfen, die einem unwillkürlich in den Sinn kommen.

Nach der festgelegten Frist beenden Sie das Brainstorming und setzen sich einige Tage später wieder vor Ihre Blätter, um weitere Erinnerungen festzuhalten. Sollte Ihnen spontan eine Erinnerung einfallen, während Sie anderweitig beschäftigt sind, können Sie diese sogleich notieren, damit sie nicht wieder vergessen wird.

Irgendwann versiegt der Erinnerungsfluss. Erfahrungsgemäß ist das nach zwei bis drei Wochen der Fall. Dann ist diese Arbeitsphase beendet, und Sie können in die nächste eintreten.

Der Blick nach vorn

Um Erinnerungen in Zukunft zu notieren und zur eigenen Persönlichkeitsentfaltung zu nutzen, ist zu überlegen, welches Medium Sie benutzen möchten. Es gibt mittlerweile Digi-Cams und Foto-Handys, die man zu diesem Zweck einsetzen kann. Video-Tagebücher erlauben es, Erinnerungen zu kommentieren und dadurch direkt auf das persönliche Leben bzw. eine Lebensstation zu beziehen.

Dennoch atmen schriftliche Notizen zu individuellen Erinnerungen aus den schon genannten Gründen in einer weitaus verdichteteren Weise die persönliche Geschichte. Der Markt hält hier außer dem klassischen Tagebuch, das sich natürlich auch online führen lässt, mittlerweile verschiedene Angebote bereit.

10.3 Klassisches Tagebuch oder digitales Erinnerungsbuch?

Es gibt verschiedene Möglichkeiten, Erinnerungen schriftlich zu bewahren. Man kann auf das klassische Tagebuch mit vielen leeren Seiten und einem kleinen Schloss zurückgreifen, in dem schon unsere Groß- und Urgroßmütter ihre Eintragungen vorgenommen haben.

Man kann seine Erinnerungen aber auch in den PC eingeben oder einen Weblog in der Art eines öffentlichen Tagebuchs eröffnen. Die zuletzt genannte Möglichkeit dürfte den meisten Lesern wegen der Privatheit der Daten jedoch widerstreben.

Der Markt hält mittlerweile themenbezogene und vorstrukturierte Erinnerungsbücher bereit, die wichtige Leitfragen integrieren und auch Raum bieten für das Einkleben von Fotos. Außerdem lassen sich kleine Erinnerungsgegenstände – etwa Sandkörner von einer Insel, auf der man einen Traumurlaub verbracht hat – einer virtuellen Tagebuchform als Abbildung einfügen.

Einige Bücher sind bestimmten Themen, etwa „Familienfeiern", „Karriere" usw., gewidmet, andere richten sich an spezielle Zielgruppen wie Großeltern – „Oma, erzähl aus deinem Leben: Ein ganz persönliches Erinnerungsbuch" von Rita Mielke – oder Paare – „Du und Ich. Ein Erinnerungsbuch für uns zwei" vom Kreativteam des Groh-Verlags. Diese Erinnerungsbücher können später auch verschenkt oder vermacht werden und wirken dann vielleicht weit in die Zukunft hinein, indem sie den Nachfahren wichtige persönliche und familiäre Botschaften übermitteln.

Zu diesen besonderen, selbst „Schreibmuffel" anregenden Tagebüchern gehören das „Tagebuch für gute und schlechte Tage" von Doro Oppermann zum Ankreuzen und Ausfüllen und „Das 6-Minuten-Tagebuch" von Dominik Spenst mit Impulsfragen und einem einleitenden Text.

Einige Unternehmen bieten an, mit professioneller Unterstützung ein individuelles Erinnerungsbuch herzustellen, wobei das Format, Papier, der Einband usw. frei gewählt werden können. Auf Wunsch werden die Texte lektoriert und die Fotos bearbeitet, so dass man auf diese Weise schließlich ein schön gestaltetes Unikat in Händen hält.

Die beste Möglichkeit, persönliche Erinnerungen nicht nur zu bewahren, sondern auch immer wieder zu überdenken und an ihnen zu wachsen, besteht in jedem Fall darin, sie schriftlich festzuhalten.

Indem man schriftliche Notizen anfertigt und Tagebuch führt, kann man Gedächtnisverlusten entgegenwirken. Ein Tagebuch anzulegen, hat aber noch weitere heilsame Wirkungen, die über das Bewahren wichtiger Lebensdaten hinausgehen.

Übrigens: Schreiben ist geschlechtsneutral!

Es sollte im Jahr 2012 eigentlich nicht mehr notwendig sein, der Meinung entgegenzutreten, dass das Führen eines Tagebuchs eine eher weibliche Angelegenheit sei. Autobiographisches Schreiben als „Weiberkram" abzutun, ist nicht nur sexistisch, sondern auch anachronistisch. Immerhin verzeichnet das Deutsche Tagebucharchiv in Emmendingen, dessen ältestes Tagebuch aus dem 18. Jahrhundert stammt, bereits ein Geschlechterverhältnis von 60 Prozent weibliche zu 40 Prozent männliche Verfasser. Außerdem gibt es nicht nur berühmte Tagebuchschreiberinnen, sondern auch sehr bekannte Tagebuchschreiber wie etwa Victor Klemperer, Ernst Jünger und andere mehr.

Sie sind nie allein!

Einem bestimmten Medium mehr oder weniger regelmäßig persönliche Eindrücke und Gedanken anzuvertrauen, kann dieses Medium personalisieren. Genau diese Bedeutung hatte in früheren Zeiten das klassische Tagebuch, das für viele junge Mädchen zu einer wichtigen Intima wurde. Ein erschütterndes Beispiel bietet in diesem Zusammenhang die Geschichte der Anne Frank. Während der Zeit des Untertauchens im Hinterhaus des Gebäudes an der Prinsengracht 263 war das Tagebuch ihre Stütze, eine imaginierte beste Freundin, der sie den Namen Kitty gab.

„Mit Schreiben werde ich alles los. Mein Kummer verschwindet, mein Mut lebt wieder auf. Aber, und das ist die Frage, werde ich jemals etwas Großes schreiben können, werde ich jemals Journalistin und Schriftstellerin werden? Ich hoff es, ich hoffe es so sehr! Mit Schreiben kann ich alles ausdrücken, meine Gedanken, meine Ideale und meine Phantasien“(Anne Frank, 5. April 1944).

Sie können „Dampf ablassen“!

Sich in Schriftform mit persönlichen Erlebnissen und damit verbundenen Emotionen zu befassen, hat den Vorteil, dabei kein Blatt vor den Mund nehmen zu müssen. Man kann sich, was im realen Leben eher selten der Fall ist, da andernfalls negative Konsequenzen drohen, zumindest verbal so richtig austoben. Es ist möglich, ohne Sanktionen befürchten zu müssen, Wut, Verzweiflung, Hass, aber auch geheime Sehnsüchte und Wünsche nicht nur zuzulassen, sondern zudem in Worte zu fassen. Das trägt einmal zur psychischen Entlastung bei, und zum anderen zeichnen sich Gefühle durch den Filter des Schreibens viel klarer ab.

Man lernt sich selbst besser kennen, indem man tabuisierte Inhalte nicht abdrängt und in finstere Kammern seines Unbewussten verbannt, wo sie jedoch wie Halloween-Geister weiterhin spuken und an die Oberfläche gelangen wollen. Gleichzeitig nimmt die Gefahr ab, dass einen destruktive Affekte in unkontrollierbarer Weise überfluten und vielleicht zu Taten treiben, die man hinterher bereut. Der Akt des Schreibens schafft nämlich in der Regel eine heilsame Distanz gegenüber extremen Emotionen.

Sie nehmen sich wichtig!

Wer Tagebuch führt, interessiert sich nicht nur dafür, was sich in seinem Leben ereignet, sondern nimmt sich auch als Person wichtig. Es ist höchst ungewöhnlich, dass jemand, der sich ständig abwertet und von seinen Mitmenschen geringschätzig behandeln lässt bzw. eigene Bedürfnisse zugunsten anderer stets zähneknirschend zurückstellt, die Anstrengung unternimmt, seine persönlichen Empfindungen und Erfahrungen regelmäßig zu notieren, um sich auf diese Weise mit sich selbst auseinanderzusetzen. Wäre es anders, würde diese Person wahrscheinlich irgendwann aus ihren deprivierenden Lebensverhältnissen ausbrechen.

Dem eigenen Ich ein hohes Maß an Achtung entgegenzubringen, ist eine zentrale Voraussetzung, um ein glückliches Leben zu führen. Und wer sich als wertvolles Individuum begreift und zu verstehen versucht, kann auch die Individualität und Bedürfnisse anderer leichter anerkennen.

Ein gesunder Narzissmus, fern von übersteigerter Selbstliebe, ist sowohl für die psychische Gesundheit als auch für ein gedeihliches Zusammenleben mit unseren Mitmenschen wichtig. Personen, die an Depressionen erkranken oder ständig mit dem Gesetz in Konflikt geraten, zeichnen sich im Vergleich zu Normalbürgern durch ein signifikant niedrigeres Selbstwertgefühl aus.

Sie werden aktiver!

Schreibprozesse tragen zur Reflexion bei, indem eine Instanz, nämlich die Sprache als Prüfstation für Gedanken und Gefühle fungiert. Auf diesem Weg gewinnen auch hochgradig emotionale Erlebnisse meist einen anderen Gefühlswert, das heißt, sie verändern sich, je intensiver man sie mit Hilfe der Sprache durchleuchtet.

Wenn Menschen reflexiv sind, steigt zugleich die Wahrscheinlichkeit, dass sie ihr Leben aktiv in die Hand nehmen. Reflektieren heißt ja, in einen gedanklichen Klärungsprozess einzutreten, an den sich natürlicherweise die Frage anschließt, welche Konsequenzen auf der Handlungsebene folgen sollen. Außerdem: Wer wenig nachdenkt und nur reagiert, wird leicht zum Spielball von Ereignissen und Menschen und treibt oft dahin wie ein Blatt im Wind.

Zwischen objektiver Dokumentation und subjektiver Erfahrung

Es gibt Schriftzeugnisse, die auf der Grenze stehen zwischen der Dokumentation gesellschaftlicher Wirklichkeit und der Aufzeichnung individueller Lebensstationen.

In diese Rubrik gehören die berühmten Tagebücher von Victor Klemperer, die verfilmt wurden und als wichtige Zeugnisse der Zeitgeschichte im Deutsch- und Geschichtsunterricht eingesetzt werden. Klemperer begann mit seinen Aufzeichnungen zur Zeit der Weimarer Republik und führte sie während der nationalsozialistischen Gewaltherrschaft bis zum Ende des zweiten Weltkrieges und in die fünfziger Jahre hinein weiter. Der Verfasser, ein Deutscher mit jüdischen Wurzeln, wurde als Professor für Romanistik an der Technischen Hochschule Dresden von den Nazis aus seinem Amt entfernt und verbrachte die Jahre des Dritten Reichs in ständiger Angst vor der Gestapo. Die Tagebücher erweisen den Autor als einen sehr genauen und kritischen Beobachter seiner Zeit. Er kommentiert in den Tagebüchern aber auch private Belange, etwa das Verhältnis zu seiner Frau sowie eigene Probleme, Zweifel und Ängste.

Sie leben bewusster!

Die Tatsache, das eigene Leben schriftlich festzuhalten, trägt in jedem Fall dazu bei, bewusster zu leben. Bewusster leben heißt zugleich, intensiver leben. Menschen, die bewusst leben, führen weder eine Schattenexistenz, noch lassen sie ihr Leben von anderen bestimmen. Sie verfügen über mehr seelischen Tiefgang und konfrontieren sich mit den Freuden und Leiden ihrer Existenz, ohne diese sogleich durch Aktivitätsschübe oder Rationalisierungsprozesse aus dem Bewusstsein verbannen zu wollen.

Glück und Freude gesteigert zu erleben, ist für die meisten von uns ein erstrebenswertes Ziel. Leiden zuzulassen, hat aber ebenfalls eine positive Komponente, weil man Trauerarbeit leistet und Verluste auf diese Weise besser verkraftet. Außerdem erstrahlen die Freuden des Lebens durch den wahrgenommenen Kontrast in einem viel helleren Licht.

Je bewusster man lebt, desto wahrscheinlicher ist es, dass Erinnerungen nicht einfach verblassen, sondern gegenwärtig bleiben und man an ihnen wächst und sich durch sie weiterentwickelt. Bewusst leben heißt, in einem lebendigen Bezug zur eigenen Person, ihren Bedürfnissen, Zielen und Nöten zu stehen und sich selbst immer wieder existenzielle Fragen zu stellen, etwa: Wer bin ich? Wo will ich hin? Ist das wirklich das Leben, das ich mir vorgestellt habe? Was möchte ich ändern? Was macht mich glücklich? Was kann ich aus der Vergangenheit lernen? Usw.

Bewusst leben bedeutet zudem, offen zu sein für neue Erfahrungen und die Prozesshaftigkeit des Lebens, in dem eine Tür zuschlägt, während sich zugleich eine andere öffnet.

Bewusst leben heißt auch, die Vergangenheit als eine Schatztruhe zu betrachten, und zwar sowohl die individuelle als auch die seiner Familie, seines Volkes und der Menschheit an sich, denn dieses gesamte Erbe webt mit an dem, was wir das Individuum nennen.

Völker, die eine lebendige Erinnerungskultur pflegen wie etwa das jüdische oder das isländische Volk, bewahren auch in Krisenzeiten leichter ihre Identität und überleben eher Perioden der Verfolgung.

Island war im Mittelalter ein Freistaat, der eine einzigartige Literatur, die Sagas, Heldendichtung und Skaldik umfasst, hervorgebracht hat. Im Spätmittelalter geriet das Land durch schwere, sich ausweitende Fehden immer mehr in Auflösung und unterstellte sich schließlich freiwillig der norwegischen Krone. In der Folgezeit gelangte Island ebenso wie Norwegen in Abhängigkeit von Dänemark. Die Dänen verboten den Isländern, Handel zu treiben und waren voller Verachtung gegenüber dem „Bettelvolk“, das auf der unwirtlichen Insel angeblich in Höhlen hauste.

Der Roman des Nobelpreisträgers Halldór Laxness „Die Islandglocke“, der als Nationalepos gilt, spielt im 17./18. Jahrhundert zur Zeit der dänischen Oberhoheit. Ein isländischer Bauer namens Jon Hreggvidsson wird u.a. wegen der Ermordung des Henkers des dänischen Königs angeklagt. Er gelangt im weiteren Erzählverlauf in verschiedene europäische Länder und erwidert in Verhören sowie auf Beleidigungen und Schmähungen, dass er der Nachfahre des Gunnar von Hlidarendi – ein berühmter Sagaheld – sei und wahrt so seine persönliche Würde:

„Mein Herr hat in berühmten Büchern gelesen, daß die Isländer primo diebisch sind; secundo lügnerisch; tertio eingebildet; quarto verlaust; quinto Saufbolde; sexto Lüstlinge; septimo feige und nicht zum Kriegsdienst taugen" – all dies sagte der Adjutant, ohne sich zu bewegen, und der Obrist knirschte noch immer mit den Zähnen und starrte Jon Hreggvidsson an. „Ist das wahr?" […]. Jon Hreggvidsson richtete sich auf und sagte: „Mein Vorfahre Gunnar von Hlidarendi war zwölf Ellen groß. ... Zwölf Ellen, wiederholte Jon Hreggvidsson. Das nehme ich nicht zurück. Und wurde dreihundert Jahre alt. Und trug ein goldenes Band um die Stirn. Sein Speer hatte den schönsten Gesang, den man je im Norden gehört hat" (Laxness, 1993, S. 118).

10.4 Bringen Sie Ihre Erinnerungen in eine Rangreihe!

Wenn Sie Ihre Erinnerungen soweit festgehalten haben, dass alle wichtigen Ereignisse und Begegnungen mehr oder weniger vollständig erfasst sind, steht das Sortieren und Bewerten der Inhalte an.

Subjektive Wichtigkeit einschätzen

Viele Menschen, zum Beispiel Geschwister, die zusammen aufgewachsen sind und in derselben Familie gelebt haben, oder Schüler, die lange Zeit einem Klassenverband angehörten, oder Kollegen, die sich ein Büro teilten, verbinden bestimmte gemeinsame Erinnerungen. Das bedeutet aber nicht, dass sie dieselben Erinnerungen bewahrt haben und/oder übereinstimmend bewerten. Ganz im Gegenteil: hier gibt es deutliche Unterschiede! Für den einen war etwa der Betriebsausflug hochbedeutsam, weil er oder sie sich an diesem Tag verliebt hat, für den anderen nur nervtötend, weil er oder sie sich mit den Kollegen nicht verstand und für eine dritte Person vielleicht einfach ein Ereignis von geringer Relevanz, an das sie sich kaum mehr erinnert.

Prioritätenliste erstellen

Wenn Sie nach einigen Wochen das Gefühl haben, dass Ihnen eigentlich nichts Vergangenes mehr einfällt, ist es an der Zeit, die Erinnerungen in eine Rangreihe zu bringen.

Erstellen Sie als erstes Prioritätenlisten für Ihre Kindheit, Jugend, frühes Erwachsenenalter usw. Gehen Sie dabei nach der subjektiven Wichtigkeit der einzelnen Erinnerungen vor. Hören Sie auf Ihr Bauchgefühl! Es sagt

Ihnen, welche Erinnerung Sie an die Spitze und welche als eher irrelevant an den Schluss stellen sollten. Lassen Sie sich nicht von anderen beeinflussen. Ändern Sie also bspw. nicht die subjektive Wichtigkeit eines Ereignisses aus der Kindheit, das sie mit Ihren Geschwistern teilten und das diese im Unterschied zu Ihnen vielleicht ganz unwichtig finden. Wenn es für Sie wichtig war, nimmt es einen der oberen Plätze in der Liste ein! Wie aber kann man der individuellen Bedeutsamkeit auf die Spur kommen, wenn man sich diesbezüglich unsicher ist?

Kriterien für subjektive Wichtigkeit können sein:

- Häufigkeit des Erinnerns
- Gefühlsmäßig Beteiligung bei dem Akt des Erinnerns
- Tatsache, dass diese Erinnerung das eigene Leben verändert hat, usw.

Nutzen Sie für das Erstellen Ihrer Prioritätenlisten den PC, da die erste Rangreihe mit Sicherheit nicht die letzte bleiben, sondern diverse Überarbeitungen erfahren wird. Überschlafen Sie mehrere Male Ihre Listen. Schauen Sie sie erst wieder am anderen Morgen an und entscheiden dann, ob die Rangreihe für Sie noch stimmig ist.

Beispiel
Prioritätenliste / Kindheit / erstellt von Marina

- Der erste Tag im Gymnasium
- Anschaffung der englischen Bulldogge George
- Verletztes Rehkitz finden und zum Tierarzt bringen
- Erste Reitstunde
- Einzug in das neue Haus
- Umzug der besten Freundin
- Tod der Großmutter
- Geburt des Bruders
- Auszeichnungen bei den Bundesjugendspielen
- Einschulungstag mit Schultüte
- Das erste Wort lesen können

- Prügelei mit Freundin
- Bruder hat schweren Fahrradunfall
- Schulausflug
- In den Ferien bei Verwandten in der Großstadt
- Schlechte Noten im Rechnen
- Schwärmen für den Mathelehrer
- Scharlach mit nachfolgendem Krankenhausaufenthalt
- Wochenenden in der Waldhütte
- Lieblingspuppe geschenkt bekommen
- Haare werden abgeschnitten

Impulsfrage
Wenn Sie Ihre Prioritätenlisten erstellt haben, sollten Sie sich die Frage stellen, was diese Rangreihen über Sie als Person aussagen? Welche Weichen wurden schon früh in Ihrem Leben gestellt? Inwieweit verraten die Gewichtungen etwas über Ihre persönlichen Werte und Lebensziele?

In der oberen Liste fällt zum Beispiel auf, dass Begegnungen mit Tieren hohe Rangplätze einnehmen. Das kommt nicht von ungefähr, denn Marina hat Tiermedizin studiert und eine Praxis für Kleintiere eröffnet. Auch fällt auf, dass die Lieblingspuppe nur geringe Bedeutung hat, im Unterschied zu anderen, sich erinnernden Frauen. Das passt ins Bild, denn Marina ist kinderlos geblieben, da sie nie den Wunsch hatte, Mutter zu werden. Außerdem ist ersichtlich, dass dem Bruder relativ wenig Gewicht beigemessen wird. Auf Nachfrage hin, gab Marina an, dass sie und ihr Bruder einen eher distanzierten Kontakt pflegen, was u.a. auf den großen Altersunterschied (9 Jahre) zurückzuführen sei.

10.5 Charakterisieren Sie Ihre Erinnerungen!

Nachdem man seine Erinnerungen gesammelt und in eine Rangreihe gebracht hat, geht es daran, die Inhalte zu charakterisieren. Wichtig ist dabei, sich für einen verbalen Schlüsselbegriff zu entscheiden, der den subjektiven Gefühlswert, der mit einer Erinnerung verbunden ist, am zutreffendsten transportiert.

Kategorien finden
Indem man auf diese Weise über seine Erinnerungen nachdenkt und sie zu charakterisieren versucht, entdeckt man meist neue Aspekte, die wiederum wichtige Hinweise auf das bisherige Leben und die eigene Person bzw. Persönlichkeit liefern. Kategorien können zum Beispiel sein:

- Trauma
- lebensverändernd
- Freude
- Trauer
- Genugtuung
- Wut
- belastend
- begleitet mich
- Usw.

Beispiel
Kategorisierung der Erinnerungen / frühes Erwachsenenalter / von Ralf

Ereignis	Kategorie	Gewichtung
Studienabschluss	Erleichterung	8
Bewerbungsphase	Stress	5
Umzug	Stress	5
Erste Arbeitswoche	Herausforderung	7
Zusammenziehen mit Freundin	Freude	10
Gemeinsamer Urlaub mit Freunden	Spaß	4
Hochzeit	unvergesslich	8
Schwangerschaft meiner Frau	Neue Erfahrung	8
Geburt meiner Tochter	Unvergesslich	10
Kauf einer Eigentumswohnung	belastet mich	6
Tod meines Vaters	Trauer, Schock	9
Erneute Heirat meiner Mutter	Empörung	5
Differenzen mit Stiefvater	Zorn	7
Abschluss/Weiterbildung zum Steuerberater	Erleichterung	9

Ralf hat seine Erinnerungen zeitlich chronologisch geordnet, kategorisiert und anhand einer zehnstufigen Skala von 1 (eher unwichtig) bis 10 (am wichtigsten) bewertet. Bei den Bewertungen fällt auf, dass die Geburt der Tochter eine große Rolle spielt. Ralf ist in der Tat ein Familienmensch, der sich selbstständig gemacht hat, um zu Hause arbeiten und mehr Zeit mit Frau und Tochter verbringen zu können. Es ist außerdem bemerkenswert, dass Freunde keine große Rolle spielen, was ebenfalls damit zusammenhängt, dass die Kernfamilie für ihn den wichtigsten Grundpfeiler seines Lebens bildet. Bedauerlich ist, dass überdurchschnittliche Leistungen nicht mit dem zu erwartenden positiven Gefühlswert einhergehen, wie das bei anderen der Fall ist. Für den Studienabschluss und die erfolgreiche Beendigung seiner Weiterbildung fehlen Kategorien wie Freude und Stolz.

10.6 Arbeiten Sie an Ihren Erinnerungen!

Nun gilt es zu entscheiden, wie Sie mit den eigenen Erinnerungen in Zukunft umgehen wollen, damit sie zu einer Schatzkiste des Lebens werden. Dazu ist es notwendig, die bisher gesammelten Memorys noch genauer hinsichtlich ihrer Beziehung zur eigenen Person zu überprüfen.

Entscheidungen treffen

Beispiele

- Erinnerungen, die ich nicht missen möchte!
- Erinnerungen, die wie ein Auftrag sind!
- Störende Erinnerungen, die ich gerne los wäre!
- Erinnerungen, die sich ungewollt aufdrängen und mich unglücklich machen!
- Erinnerungen, die immer wieder da sind, ohne dass ich weiß warum!
- Erinnerungen, die verschwommen und unklar sind!

Aus diesen Beurteilungen lassen sich wiederum unterschiedliche Konsequenzen bzw. Aufgaben ableiten:

Beispiele

- Fehlende Erinnerungen rekonstruieren!
- Verschwommene Erinnerungen klären!
- Positive, stützende Erinnerungen lebendig halten!
- Störende Erinnerungen „vergessen"!
- Traumatische Erinnerungen bearbeiten!

Manchmal können zentrale Ereignisse in einem Menschenleben – zum Beispiel Vergewaltigung, schwerer Unfall – nicht oder nicht mehr vollständig erinnert werden. Der Zugang zu solchen Erinnerungen wird aus Selbstschutzgründen gewissermaßen gekappt. Es kann aber für ein ganzheitliches Verständnis der eigenen Person wichtig sein, diese Erinnerungen zuzulassen und wieder aus den Tiefen des Bewusstseins an die Oberfläche zu holen.

Andere Erinnerungen sind nur noch verschwommen vorhanden. Sie wissen vielleicht nicht einmal mehr, ob Sie sich an bestimmte Ereignisse oder Personen tatsächlich erinnern oder ob es sich um Pseudoerinnerungen handelt, die Ihnen andere vermittelt haben.

Andererseits gibt es unangenehme Erinnerungen, die sich uns aufdrängen und unsere Tage überschatten, obwohl wir wissen, dass sie letztlich nichtssagend sind. Dazu gehören ungerechtfertigte Kritik, niveaulose Kränkungen, abfällige Bemerkungen, denen der Wahrheitsgehalt fehlt, usw.

Positive, den Selbstwert stützende, mit Freude und Glück einhergehende Erinnerungen sollten einen größeren Platz im Leben einnehmen und sehr bewusst gepflegt werden.

Konkrete Umsetzung
Es genügt nicht sich vorzunehmen, mit seinen Erinnerungen in Zukunft sorgsamer umzugehen, man muss diese Vorsätze auch in die Tat umsetzen. Dazu ist es hilfreich, konkrete Pläne zu erstellen. Lassen Sie sich bei der aktiven Bearbeitung Ihrer Erinnerungen von drei Fragen leiten:

- Was will ich ändern?
- Wie will ich es ändern?
- Wann will ich es ändern?

Zunächst ist festzulegen, mit welchen Erinnerungen Sie sich überhaupt in dieser Weise befassen möchten, als nächstes sind aktionale Strategien zu konzipieren und diese schließlich zeitlich zu terminieren.

Beispiel

Planung von Rosina, 32 Jahre alt, verheiratet, 2 Kinder, voll berufstätig.

Was	Wie	Wann
Schöne Erinnerungen an meine Großmutter	Neu beleben, bewahren und ergänzen	Ab der nächsten Woche ein Fotoalbum anlegen mit Fotos von mir und meiner Großmutter. Meine Großtante besuchen, die noch mehr Fotos hat
Wiederholte sexuelle Belästigung als Kind durch einen Nachbarn	Bearbeiten, damit mich diese Erinnerungen weniger belasten	Am Wochenende recherchieren, ob es an meinem Wohnort eine Selbsthilfegruppe gibt, der ich beitreten kann. Alternativ eine Beratungsstelle aufsuchen
Kränkung durch Freundin, die mich eine Rabenmutter genannt haben soll	Klären und den Streit möglichst beilegen	Die Freundin noch in dieser Woche zu einem Gespräch treffen
Umzug mit fünf Jahren; an den früheren Wohnort fehlt jede Erinnerung	An diesen Ort reisen und mir anschauen, wo wir gewohnt haben; vielleicht kommen dann einige Erinnerungen zurück	Im nächsten Urlaub für zwei Tage dorthin fahren. Schon morgen ein Zimmer buchen
Meine Schwangerschaft und bevorstehende Geburt in Worten und Bildern bewusst festhalten	Erinnerungstagebuch für mich und mein Kind anlegen	Im nächsten Urlaub für zwei Tage dorthin fahren. Schon morgen ein Zimmer buchen

Wenn Sie Ihre Erinnerungen anhand dieser Strategien bearbeiten, wird ihr Leben reicher und erfüllter. Sie werden sich persönlich weiterentwickeln, neue Erfahrungen sammeln und weniger das Gefühl haben, gelebt zu werden, statt selbst zu leben.

10.7 Nutzen Sie Gedächtnistechniken!

Es gibt verschiedene Möglichkeiten, um Erinnerungen zu speichern und Vergessensprozessen entgegenzuwirken.

Abrufprozesse erleichtern

- Kontextabhängigkeit

Es erleichtert die Aktualisierung von Gedächtnisinhalten, wenn die Umstände der Abrufsituation denen der Aufnahmesituation ähneln. Wenn man sich also erneut an den Ort eines Geschehens begibt, steigt die Wahrscheinlichkeit, dass man sich wieder an die einstigen Ereignisse erinnert.

- Enkodierspezifität

Auch der psychische Zustand, in dem sich jemand während des Speichervorgangs befunden hat, spielt eine Rolle. Je mehr emotionale Parallelen zwischen Aufnahme- und Abrufsituation bestehen, desto leichter gelingt es, sich zu erinnern. Wer sich also bspw. Wissensstoff eingebläut hat, während er in gehobener Stimmung war, ruft sein Wissen am leichtesten ab, wenn er sich in einem ähnlichen Zustand befindet. Dieses Phänomen wird als Enkodierspezifität bezeichnet.

- Spezifische Gedächtnistechniken

Es gibt Strategien zur Steigerung der Gedächtnisfunktionen, die man sich recht leicht aneignen kann. Strategien zum Training des Gedächtnisses werden auch Mnemo- bzw. mnestische Techniken genannt. Die Bezeichnung „Mnemotechnik" leitet sich von der griechischen Göttin Mnemosyne ab, der Mutter der Musen, die für das Gedächtnis zuständig war. Der Ursprung des Wortes weist bereits darauf hin, dass diese Techniken keine Erfindungen der Moderne sind, sondern es sich um wiederentdecktes Wissen handelt, das heißt um Hilfsmittel, die bereits von Philosophen und Rednern der Antike genutzt wurden.

Den meisten Gedächtnistechniken ist gemeinsam, dass sie mit bildlichen Vorstellungen, Verknüpfungen und Vernetzungen arbeiten. Dies liegt in der Funktionsweise des Gedächtnisses begründet, das eher bildhaft als verbal organisiert ist.

Experimente haben ergeben, dass Menschen fähig sind, aus mehreren tausend Bildern einige zuvor dargebotene wiederzuerkennen. Führt man dieselbe Untersuchung jedoch mit Wörtern durch, lässt sich dieses Ergebnis auch nicht annähernd erzielen. Zur Optimierung von Gedächtnisleistungen mit Hilfe bildhaften Materials muss man bestimmte Voraussetzungen beachten. So ist von Bedeutung, dass die Bilder den Rahmen des Gewohnten möglichst deutlich sprengen. Je grotesker die produzierten Phantasiebilder sind, desto dauerhafter prägen sie sich ein. Eine weitere Voraussetzung für die Förderung von Gedächtnisleistungen besteht darin, dass die Bilder nicht nur absurd, sondern auch lebendig und gefühlsmäßig besetzt sein sollten.

Grundregeln

Wolfgang Stanek und Helga Zehetmaier entwickelten eine „Brain Grundregel" – eine Art Basisprogramm für das Training von Gedächtnisleistungen –, die aus folgenden Komponenten besteht:

B Bilder bunt und bewegt (rechte Gehirnhälfte)
R Richtig, das heißt merkfähig verknüpfen (vor allem rechte Gehirnhälfte)
A Assoziationen mit allen Sinnen (vor allem rechte Gehirnhälfte)
I Imagination bzw. Fantasie (vor allem rechte Gehirnhälfte)
N Nummerieren, Struktur, System, Ordnung, Logik (vor allem linke Gehirnhälfte)
(Stanek & Zehetmaier, 2005, S. 72)

Assoziieren und Visualisieren

Muss ich mir – um ein einfaches Beispiel zu nennen – den Familiennamen „Wolf" merken, ist es hilfreich, sich einen in der Steppe dahinjagenden Wolf vorzustellen. Soll ich den Ortsnamen „Rosenheim" im Gedächtnis speichern, kann ich hierzu das Bild eines kleinen, von Kletterrosen umrankten Häuschens verwenden. Der Einsatz von Bildern ist außerordentlich effizient, weil Bilder sowohl für verbale als auch für visuelle Kodierungen bereitstehen.

Es gibt weitere Regeln, die das erfolgreiche Assoziieren erleichtern:

- Man schließt die Augen, um sich besser zu konzentrieren und andere visuelle Einflüsse auszuschalten.
- Man denkt nicht bloß an das gefundene Bild, sondern sieht es möglichst plastisch vor sich. Hier kann man zusätzlich auch andere Sinneskanäle aktivieren wie Hören und Riechen.
- Man entscheidet sich für ein einziges Bild, auch wenn sich einem, je nachdem wie phantasiebegabt man ist, vielleicht mehrere Bilder aufdrängen.

- Das Bild, das einem als erstes einfällt, ist meist auch das einprägsamste und passendste.
- Überflüssiges Beiwerk in den Bildern sollte man eliminieren und sich auf das Hauptbild beschränken. Bei dem obigen Beispiel „Wolf" genügt es, sich die Steppe und den Wolf, der dahinjagt, vorzustellen. Man muss sich nicht noch zusätzlich die Farbe des Himmels merken.
- Verwechslungsgefahren durch eine große Ähnlichkeit der Bilder sollte man ausschalten. Bei den Beispielen wäre es nicht sinnvoll, sowohl den Wolf als auch das von Rosen umrankte Häuschen in die Steppe zu versetzen.

Locitechnik

Die Locimethode leitet sich von dem lateinischen Wort „locus" = ‚Ort', ‚Raum' ab. (Daher kommt auch das schöne Wort „Lokus" mit gedehntem „o", das wir gerne für das stille Örtchen verwenden). Bei dieser mnestischen Strategie prägt man sich Örtlichkeiten wie etwa Gebäude längs eines vertrauten Weges ein, die dann mit den entsprechenden, zu speichernden Inhalten verknüpft werden.

Der Weg, den man täglich zur Arbeit zurücklegt, könnte zum Beispiel am spitzgiebeligen Nachbarhaus, einer Bushaltestelle, dem Krankenhaus, dem Park, der Kirche, einer Sparkasse und dem Marktplatz vorbeiführen. Die einzelnen Stationen werden in Gedanken mehrfach abgeschritten, um das zu speichernde Material möglichst nachhaltig im Gedächtnis zu verankern.

Hätte man bspw. die Wortfolge „Hund", „HB-Männchen", „Mund", „Schornsteinfeger" und „CD-Player" zu lernen, könnte man folgende Vorstellungskette bilden: Beim Verlassen der Wohnung springt ein Hund mit zwei Köpfen aus dem Nachbarhaus auf die Straße, das HB-Männchen geht vor der Bushaltestelle in die Luft, eine Frau mit blutrot geschminktem Mund unternimmt im Park einen Spaziergang, der Schornsteinfeger balanciert auf dem Kirchendach, und vor der Sparkasse steht ein Jugendlicher, der sich über Kopfhörer lautstark mit einem Kumpel streitet.

Diese Technik wandten schon griechische und römische Redner an, indem sie Abschnitte ihres Vortrags in der Vorstellung an den Extremitäten diverser Marmorstatuen befestigten, die den Säulengang eines ihnen vertrauten Tempels schmückten.

Man kann die Locitechnik aber auch mit dem Mobiliar der eigenen Wohnung/des eigenen Hauses praktizieren und das zu behaltende Material in Schränke, Giebel, Schubladen usw. stopfen. Die Wirkung dieser Technik lässt sich wieder intensivieren, indem man bizarre Bilder evoziert.

Mind-Mapping

Eine zweite wichtige Gedächtnismethode stellt das Mind-Mapping dar. Diese Methode verbindet verbales und bildhaftes Denken. Bei einer Mind-Map handelt es sich um eine Art geistige Landkarte, die durch Schlüsselwörter strukturiert ist unter Nutzung von Symbolen und Aspekten des räumlichen Vorstellens.

Eine Einsatzmöglichkeit ist der Bereich des Brainstormings. So kann man die Mind-Mapping-Methode heranziehen, wenn es darum geht, Ideen zu generieren. Mind-Mapping eignet sich aber auch zur Planung persönlicher Aktivitäten, des nächsten Urlaubs, der Umsetzung persönlicher Ziele oder der Beantwortung so spannender Fragen wie „Welche Eigenschaften sollte mein Traummann/meine Traumfrau haben?“ „Wie möchte ich die Zeit nach der Berentung gestalten?“ usw.

Eine dritte wichtige Funktion besteht in der Nutzung von Mind-Maps als Gedächtnisstützen, da der Vorteil des Zusammenflusses bildlichen und verbalen Vorstellens und Schlussfolgerns genutzt werden kann. Auf diese Weise werden Erinnerungsleistungen gefördert und zu behaltende Inhalte tiefenstrukturiert verankert.

Wie geht man vor?

Eine Mind-Map zu erstellen, erfordert immer mehrere Durchgänge. Man benötigt zunächst einige weiße, weder karierte noch linierte Blätter, ein Lineal und mehrere bunte Stifte.

Das Blatt legt man im Querformat vor sich auf die Arbeitsplatte und trägt in der Mitte das Thema ein, mit dem man sich näher beschäftigen will, also z.B. „Mein Leben“, „Meine Beziehung“ etc. Ausgehend von diesem Zentralbegriff werden Hauptlinien gezogen und auf diesen in Druckbuchstaben jeweils ein, das Thema erhellendes Schlüsselwort vermerkt.

Die Anzahl der Hauptäste sollte um des besseren Überblicks willen auf höchstens sechs begrenzt bleiben. Von diesen Hauptästen gehen in einem zweiten Arbeitsschritt Verzweigungen ab, die sich aufspalten und ebenfalls sämtlich mit Schlüsselwörtern versehen werden, die immer detailliertere Informationen umfassen.

Bei den so bezeichneten Schlüsselwörtern handelt es sich formal meist um Substantive, Verben oder Adjektive und inhaltlich um Bezeichnungen, die komplexe Kontextdependenzen in Bezug auf den Zentralbegriff zu „entschlüsseln“ vermögen.

Jetzt können in einem weiteren Schritt zusätzliche sinnvolle Bezüge zwischen den Haupt- und Nebenästen hergestellt werden, und zwar mit Hilfe von Pfeilen, Bildern, Symbolen und Farben, so dass die Tiefenstruktur der jeweiligen Thematik noch ersichtlicher wird.

Abb. 7.1 Mind-Map (Quelle: Gabriele Bensberg, Survivalguide Studium, 2022, mit freundlicher Genehmigung von Springer Nature)

Die praktische Gestaltung der Linien kann in unterschiedlicher Weise realisiert werden. So zweigen bei der „Fischgrätenmethode" die einzelnen Äste vergleichbar den Gräten eines Fisches von den Hauptästen ab, während sich bei der „Heugabelmethode" der Ast am Ende heugabelgleich in jeweils dreiarmige Unteräste verzweigt. Bei der „Clustermethode" werden die Schlüsselwörter in kleine Blasen eingetragen. Prinzipiell sind der Phantasie bei der Schaffung einer Mind-Map aber keine Grenzen gesetzt. Ist eine Mind-Map vollendet, gilt es, abschließend zu überdenken und ggf. auch zu überprüfen, ob alle wesentlichen Kriterien und Inhalte der Thematik erfasst sind.

Die Mind-Map-Technik ist so wirkungsvoll, weil sie den Besonderheiten menschlichen Lernens und Behaltens sehr weit entgegenkommt. Mind-Maps berücksichtigen die unterschiedlichen Funktionen der beiden Gehirnhälften des Menschen, die durch das Corpus Callosum miteinander verbunden sind. Die Mind-Mapping-Strategie aktiviert durch die Verknüpfung von bildlich-symbolhaften mit rein sprachlichen Zeichen sowohl die rechte als auch die linke Hirnhälfte und fördert daher Transferkompetenzen sowie allgemeine Lern- und Gedächtnisleistungen.

Ihre persönliche Aufgabe
Erstellen Sie eine Lebens-Mind-Map! Tragen Sie alle wichtigen Stationen Ihres bisherigen Lebens ein und bilden Sie mit Hilfe von geeigneten Symbolen Brüche und Vernetzungen ab!

Literatur

Anne Frank Tagebuch. Fassung von Otto H. Frank und Mirjam Pressler. Aus dem Niederländischen von Mirjam Pressler. 9. Aufl. Frankfurt/Main 2005.

Groh Kreativteam: Du und ich: Ein Erinnerungsbuch für uns zwei. Germering 2019.

Laxness, Halldór: Die Islandglocke. Aus dem Isländischen von Hubert Seelow. Göttingen 1993.

Mielke, Rita: Oma, erzähl aus deinem Leben: Ein ganz persönliches Erinnerungsbuch. Köln 2019.

Oppermann, Doro: Tagebuch für gute und schlechte Tage. Zum Ankreuzen und Ausfüllen. München 2011.

Spenst, Dominik: Das 6-Minuten-Tagebuch. Ein Buch, das dein Leben verändert. 11. Aufl. Reinbek bei Hamburg 2019.

Stanek, Wolfgang & Zehetmaier, Helga: Gedächtnistraining. Das Erfolgsprogramm für Neues Lernen und gegen mentales Rosten. München 2005.

Kapitel 11
Erinnerungskultur

Bloße Naturwesen vergessen und fangen von vorn an.
Wir aber sind Menschen und werden nimmermehr wahrhaftig,
wenn wir nicht vor Augen haben, was getan wurde.
Karl Jaspers

11.1 Die Geschichte der Erinnerungskultur

Die eigene Geschichte ist immer abhängig von dem, was zuvor geschehen ist, persönlich und im historischen Kontext. „Das Vergangene ist nicht tot; es ist nicht einmal vergangen. Wir trennen es von uns ab und stellen uns fremd", so sagt es Christa Wolf (Kindheitsmuster, 1977, S. 9). Das betrifft nicht nur die persönlichen Erinnerungen, sondern vor allem auch historisch und gesellschaftlich bedeutsame Ereignisse in Vergangenheit und Gegenwart.

Der Begriff „Erinnerungskultur" wurde in den 1980er Jahren geprägt und bezog sich in erster Linie auf das Gedenken der Verbrechen der Nazi-Diktatur, vor allem des Holocausts. Es ging um eine bewusstere Übernahme einer Opferperspektive durch die Täter. Aber erst seit dem Mauerfall hat sich der Begriff in den Medien und in der Alltagssprache immer mehr durchgesetzt. Erinnerungskultur ist sich bewusst, dass nicht nur die positiven, sondern auch die negativen Ereignisse in das kollektive Selbstbild aufzunehmen sind, um sich der eigenen und der Wahrheit einer ganzen Nation zu stellen.

In dem Moment, wo sich nicht nur der Einzelne, sondern eine Gesellschaft oder eine ganze Nation besonderer, prägender Ereignisse erinnert, sprechen wir von Erinnerungskultur. Unter „Kultur" können wir das gesamte Spektrum von Aktivitäten und Anschauungen innerhalb einer Gruppe verstehen, deren Angehörige überlieferte Traditionen, auch entstanden durch historisch bedeutsame Ereignisse, miteinander teilen, weitergeben und dadurch im Bewusstsein verfestigen. Somit ergibt sich eine wichtige Unterscheidung zwischen individuellem und kollektivem Gedächtnis:

„Ein kollektives Gedächtnis ermöglicht es den Mitgliedern einer Gesellschaft, über räumliche und zeitliche Entfernungen hinweg Bezugspunkte in der Vergangenheit festzuhalten und gemeinsame Orientierungsformen aufzubauen. Auf diese Weise kann man sich als Teil einer größeren Einheit begreifen, die weit über die individuelle Erfahrung hinausgeht" (Assmann, 2013, S.17).

Kürzlich wurde der Studentenbewegung vor fünfzig Jahren gedacht. Sicher sind diese Zeit und die Aktionen der vorwiegend linken Studenten damals nach wie vor sehr differenziert zu betrachten. Außerdem ist inzwischen eine neue Generation nachgewachsen, die sich mit ihren Ideen, Bewertungen, Emotionen und Vorstellungen, auch des Unbehagens an der Art der gegenwärtigen Erinnerungskultur, einbringt und die wahrgenommen werden muss. Dennoch scheint mir aber als bleibend wichtig und positiv, dass die 68er-Bewegung mit Vehemenz die Bearbeitung der nationalsozialistischen Gewaltherrschaft mit ihren Verbrechen angestoßen und die Mauer des Schweigens in der Elterngeneration zumindest eingerissen hat. Was im Holocaust, hebräisch Shoah, geschehen war, wurde zum ersten Mal in der Gesellschaft thematisiert. Erinnerung und Gedenkarbeit wurden wichtig.

Es gibt viele Möglichkeiten, Formen des Gedenkens zu finden, zum Beispiel in der Gedenkarbeit mit der 1992 begonnenen Stolperstein-Aktion des Kölner Künstlers Gunter Demnig. Stolpersteine sind kleine, würfelförmig in den Boden verlegte und mit Messing überzogene Gedenktafeln, mit denen an das Schicksal der Menschen erinnert werden soll, die in der Zeit des Nationalsozialismus verfolgt, deportiert, ermordet, vertrieben oder in den Suizid getrieben wurden.

Weiterhin nehmen Bauten, Monumente, Denkmäler nicht nur Bezug auf die jüngere Vergangenheit, sondern erinnern zum Teil in vielfältiger Weise auch an sehr alte, aber bedeutende historische und kulturelle Ereignisse, um sie nicht dem Vergessen anheimfallen zu lassen.

Impulsfragen

- Gibt es Erinnerungen in Ihrem Leben, die so grundlegend für Sie sind, dass Sie Ihnen eine Art Denkmal setzen würden? Beispielsweise literarisch, künstlerisch oder als besonderen Tagebucheintrag?
- Wie wichtig ist Ihnen die Erinnerungskultur? Welche Rolle sollte sie zukünftig in unserer Gesellschaft spielen?
- Welche Erinnerungskultur ist Ihnen wichtig, und auf welche Weise sollte sie praktiziert werden?

Fallbeispiel

Ronja, 38 Jahre, steht vor der beruflichen Herausforderung, einen Leitungsposten in einem wissenschaftlichen Verlag zu übernehmen. Eine sehr verantwortungsvolle aber auch sehr schmeichelhafte Aussicht auf etwas Neues, das eine starke Herausforderung an ihre persönlichen Fähigkeiten bedeutet. Ronja ist unsicher, ob sie das Angebot annehmen soll. Es kommen wieder ihre alten Selbstzweifel und ihr latentes mangelndes Selbstwertgefühl zum Vorschein. „Wer bin ich schon? Ich will nicht ins Rampenlicht, lieber will ich im Hintergrund meine bisherige Lektorenarbeit tun. Meine Fähigkeiten reichen für einen Leitungsposten sicher nicht aus", diese Gedanken gehen in Ronja um. Dann erinnert sie sich plötzlich an ihre Schulzeit, als sie in der 10. Klasse entscheiden musste, ob sie in die Oberstufe gehen oder eine praktische Berufsausbildung machen sollte. Sie war ängstlich und unsicher und traute sich das wissenschaftliche Abitur nicht zu. Ein Gespräch mit ihrer Klassenlehrerin, die sie ermutigte und ihr gute Fähigkeiten und geistige Ressourcen bescheinigte und ihr unbedingt zum Abitur riet, brachte die Klarheit und Wende. Daran dachte Ronja und reaktivierte den damals in ihr entstandenen Mut und das Selbstvertrauen. Das war eine gute Erinnerung, die sie bewahren wollte und die ihr jetzt half, den neuen Posten anzunehmen. Sie schrieb diese Erinnerung in ihr Tagebuch, um sie für immer festzuhalten.

11.2 Prinzipien der Erinnerungskultur

Jede Gesellschaft pflegt – sei es als sozialer, sei es als staatlicher Verband – gemeinsame Erinnerungen. Diese beziehen sich in der Regel auf bestimmte Ereigniskomplexe, verbunden mit Personen und/oder Örtlichkeiten sowie auch mit kulturellen Errungenschaften (im weitesten Sinne des Wortes) und schaffen ein gemeinsames kulturelles Gedächtnis, das zur Identifikationsstiftung, das heißt zu einem kollektiven Selbstverständnis beiträgt.

Dies gilt nicht selten auch für Diskurse über in früheren bzw. erst kurz zurückliegenden Zeiten erlittenes Leid. Dabei werden die jeweiligen Ereignisse, Personen, Orte oder Kulturleistungen mit sog. Mythen verknüpft. In der Definition von Herfried Münkler handelt es sich dabei um „Großerzählungen" bzw. „kollektive Narrative", die im Laufe der Zeiten für den jeweiligen menschlichen Verband Bindekräfte entfalten und dessen Existenz wie auch dessen Handeln rechtfertigen (sollen).

Die immer wieder in Erinnerung gebrachten Erfahrungen ranken sich um Personen, Ereignisse und kollektive Leistungen im politischen, sozioökonomischen wie kulturellen Bereich, sie beinhalten aber auch negative Erfahrungen. Dazu zählen etwa für die Serben die Niederlage in der Schlacht auf dem Amselfeld (serb.: kosovo polje) gegen die Osmanen im Juni 1389 oder der Holocaust für das moderne Israel – und nicht nur für dieses. Die mit solchen Ereignissen verbundene Erinnerungskultur bildet gewissermaßen den Kitt, der die jeweilige Gesellschaft geistig wie emotional zusammenhält, indem die zumeist glorifizierte oder als tieftragisch empfundene Vergangenheit immer wieder heraufbeschworen wird, um Perspektiven für die Bewältigung der Gegenwart wie für das Meistern der Zukunft zu eröffnen.

Eine Erinnerungskultur bündelt gewissermaßen die verschiedenen Mythen zu einem Gesamtkomplex, man könnte auch sagen: zu einem kollektiven Großmythos. Kein Staatswesen, keine Gesellschaft, keine einzelne Gruppe – ob „Stand" wie der Adel in früherer Zeit, Berufsverband oder Familie –

kann (und will) auf ihre jeweilige Erinnerungskultur verzichten. Gerät sie in Misskredit, so entwickelt man eine neue.

Ein Beispiel dafür ist die Abkehr von der durch den Nationalsozialismus auf der Basis der alten deutschen Reichstradition und der im 19. Jahrhundert entwickelten Rassenideologie betriebenen Pflege einer germanisch-deutschen Erinnerungskultur. Sie wurde mit vielen Mühen und nicht ohne innere Brüche nach 1945 in ganz Deutschland durch die Hervorhebung demokratischer Vorbilder bzw. die Idee einer anzustrebenden klassenlosen Gesellschaft abgelöst. Letztere verlor ihre Bindekraft mit dem Untergang der DDR 1989/90. Die neue gesamtdeutsche Staatsideologie beruft sich auf die Tradition der Revolution von 1848 sowie auf die (im Grundgesetz von 1949 effizienter gestaltete) Verfassung der Weimarer Republik. Dieses Beispiel zeigt, wie in einem menschlichen Verband, der um seine Identität ringt, verschiedene Erinnerungskulturen miteinander in Widerstreit geraten können.

Daneben gibt es auch dauerhaftere Formen von Erinnerungskulturen, etwa die in den USA zelebrierte Berufung auf den Unabhängigkeitskampf gegen Großbritannien und die Verfassung von 1787. In Polen dagegen begeht man den Tag der Verabschiedung der ersten modernen Verfassung Europas, den 3. Mai 1791, als „Verfassungstag", obgleich diese Verfassung infolge der beiden Teilungen von 1793 und 1795 nie eine echte Wirkung entfalten konnte. In Frankreich pflegt man bis heute überaus sorgsam die Erinnerung an die „Revolution" von 1789, obwohl es sich hier historisch gesehen nur um ein Einzelereignis innerhalb einer ganzen Reihe von Erhebungen und Umwälzungen zwischen 1789 und 1799 handelt. Wie sie als Großereignis im kollektiven Gedächtnis bewahrt worden ist, das zeigen die recht unterschiedlichen Akzente der Jahrhundertfeiern von 1889 und 1989.

11.3 Erinnerungskultur(en) und Geschichtsbewusstsein

Die jeweils gültige, das heißt offiziell abgesegnete oder innerhalb des betroffenen menschlichen Verbandes akzeptierte Erinnerungskultur beeinflusst erheblich das öffentliche Geschichtsbewusstsein. Aus ihr resultiert eine offizielle Geschichtspolitik (vgl. Wolfrum, 1999). Ihr gemäß werden die historischen Entwicklungslinien gezogen und die markanten Ereignisse hervorgehoben, deren man staatlicherseits in regelmäßigen Abständen gedenkt. Sie beeinflusst in hohem Maße die Bestandteile der „historischen Bildung" an den Schulen, und damit nimmt sie mehr oder weniger stark Einfluss auf die maßgeblichen Überblicksdarstellungen (etwa in Schulbüchern) sowie auf Spezialstudien und Handbücher für das Hochschulstudium.

Offene Gesellschaften, in denen abweichende Meinungen akzeptiert oder zumindest geduldet werden, lassen zwar auch andere, ja gegenteilige

Meinungsäußerungen zu, jedoch wird in erster Linie der „Mainstream" von der breiten Öffentlichkeit rezipiert und akzeptiert. „Außenseiter" haben es in der Regel schwer, ihre Ansichten und Deutungen durchzusetzen. Anhänger akzeptierter Mythen haben es dagegen leichter, etwa mit ihren Veröffentlichungen in den Rezensionsorganen wie in der Presse Anerkennung zu finden, ihre Schriften in der von den Medien beeinflussten Öffentlichkeit zu platzieren bzw. im akademischen Bereich Karriere zu machen.

Kommt es jedoch angesichts der Tatsache, dass bislang bevorzugte Argumente an Überzeugungskraft verlieren, weil sich neue Erkenntnisse durchsetzen, zur Abkehr von den tradierten Erinnerungsinhalten, so führt dies auf mittlere Sicht zu einem Umschwung in der Sicht der eigenen Historie. Die Folge ist ein Paradigmenwechsel, der unter Umständen in eine stark veränderte oder gänzlich neue Erinnerungskultur mündet. Ein Beispiel hierfür ist die Veränderung des historischen Bewusstseins im Zuge der oben bereits erwähnten sog. 68er-Bewegung. Der in diesem Zusammenhang gebrauchte Begriff „Paradigmenwechsel" geht auf den US-Wissenschaftler Thomas S. Kuhn (The Structure of Scientific Revolutions, 2012) zurück, der ihn am Beispiel der frühneuzeitlichen Naturwissenschaften geprägt hat. Der Begriff bezeichnet einen Wechsel von wissenschaftlichen Lehrmeinungen aufgrund neuer Erkenntnisse, die sich mit den bislang verfochtenen Auffassungen nicht mehr in Einklang bringen lassen.

In totalitären Systemen wird die Erinnerungskultur dagegen in jeder Hinsicht bewahrt, abweichende Meinungen werden verfolgt oder zumindest diskriminiert. Die Folge ist ein einseitig ausgerichtetes Geschichtsbild, das so lange zementiert wird, bis es infolge veränderter politischer wie sozialer und wirtschaftlicher Verhältnisse seine Überzeugungskraft einbüßt. Hierfür kann der Umschwung in den zum sog. Ostblock gehörenden Staaten Europas im ausgehenden 20. Jahrhundert als Beispiel dienen.

Entscheidende Umschwünge im politischen, sozialen, wirtschaftlichen und kulturellen Leben führen immer wieder dazu, dass historische Erkenntnisse und Meinungen über die bisherigen Entwicklungslinien überdacht und neu definiert werden, so dass sich das jeweilige Geschichtsbild durch die Neuschöpfung von Erinnerungskulturen immer wieder verändern kann. Allerdings besteht, rein vom psychologischen Standpunkt aus betrachtet, dennoch allgemein eher die Tendenz, sich an althergebrachte Mythen zu halten und bei den Erinnerungskulturen zu verharren, die möglichst wenige innere Widersprüche aufweisen und daher als erhaltenswert erscheinen. Die Historie als Wissenschaft folgt – bewusst oder unbewusst – diesem Drang nach Kontinuität, der unter Umständen den Blick für Umbrüche, die nicht in das gängige Geschichtsbild hineinpassen, verstellt.

Literarisches Beispiel: Christa Wolf, Kindheitsmuster

Für Christa Wolf wurde eine bestimmte Zeit ihres Lebens wieder lebendig, weil Räume und Gegenstände ihre Erinnerung wie in Containern konserviert hatten und sie in der konkreten Begegnung erst wieder freigaben. Erinnerungskultur ohne Materialisierung ist nicht möglich, sie muss sichtbar und greifbar werden.

Die Autorin spürt, dass es bei der Suche nach der Ganzheit ihrer Persönlichkeit für sie unverzichtbar ist, dem früher gelebten Ich auf die Spur zu kommen. So geschieht es, dass das Haus ihrer Kindheit, Plätze und Straßen, die sie früher gegangen ist, ihre Erinnerungen sprudeln lassen, Vergessenes und Verdrängtes steigt auf. In diesem Zusammenhang ist eine Erfahrung sehr bemerkenswert, wenn sie schreibt:

„Gedächtnis. Im heutigen Sinn: Bewahren des früher Erfahrenen und die Fähigkeit dazu. Kein Organ also, sondern eine Tätigkeit und die Voraussetzung, sie auszuüben, in einem Wort. Ein ungeübtes Gedächtnis geht verloren, ist nicht mehr vorhanden, löst sich in nichts auf, eine alarmierende Vorstellung. Zu entwickeln wäre also die Fähigkeit des Bewahrens, des Sich-Erinnerns. Vor deinem inneren Auge erscheinen Geisterarme, die in einem trüben Nebel herumtasten, zufällig. Du besitzt die Methode nicht, systematisch durch alle Schichten durchzudringen bis zum Grund, Energie wird verpulvert, ohne einen anderen Erfolg als den, daß du müde wirst […]“ (S. 17).

Dann sieht sich die Autorin im großen Wohnzimmer, die ganze Familie ist versammelt, sie geht in die Küche „den großen Abwasch machen. Die Sonne schien herein …“ (S. 18). Erst die konkreten Räume, das Wohnzimmer und die Küche, dazu die Menschen von damals, lassen die verschwommenen Erinnerungsbilder greifbar und wieder erfahrbar werden, so dass Vergangenheit in ihnen weiterlebt und Erinnerung sich an ihnen festmachen kann.

Daher brauchen wir persönlich konkrete Räume oder Orte und kollektiv herausragende Bauten, Monumente, Statuen, die z.B. an historisch bedeutsame Persönlichkeiten erinnern, sowie Museen, Gedenkstätten, Ausstellungen, auch Straßennamen können dazugehören, um bestimmte Ereignisse im Gedächtnis behalten zu können. Ebenso spielen Feiertage eine wichtige Rolle, wobei ein gesellschaftlicher Konsens dazu gehört, welche historischen Ereignisse so bedeutsam sind, dass sie einer Erinnerung wert sind und ihrer bedürfen (vgl. Kap. 5). Das kann sich, wie oben bereits erwähnt, in verschiedenen Epochen einer Nation ändern, abhängig von neuen Deutungen, Ideologien oder historischen Sichtweisen. So hat man beispielsweise kürzlich beschlossen, in Berlin den durch die Ernennung Hitlers zum Reichskanzler belasteten Namen Hindenburg bei nach ihm benannten Straßen oder Schulen zu streichen und diese neu zu benennen.

Christa Wolf sieht mehrere Identitäten in ihrem Leben. Als Jugendliche während der Nazi-Zeit in Landsberg/Warthe ist sie glühende Hitler-Anhängerin, erlebt ihre Identität als Angehörige des BDM und identifiziert sich mit dem Faschismus. Nach dem 2. Weltkrieg lebt sie in Ostdeutschland, wo sie eine neue Identität als Ostdeutsche, als Anti-Faschistin und Kommunistin erfährt und sich mit dem Staat der DDR identifiziert. Ihre wachsende Kritik am autoritären System des Ein-Parteien-Staates ohne die Möglichkeiten der Selbstfindung und Selbstverwirklichung lässt sie wiederum nach einer neuen Identität suchen, die sie nach Aufenthalten in West-Europa und den USA und nach dem gescheiterten Versuch, im eigenen Land Veränderungen zu bewirken, in einer kritischen Ich-Identität finden will. Sie fühlt sich nun in der Spannung zwischen einer sozialistisch geprägten gesellschaftlichen und einer selbstbestimmten individuellen Existenz. Ihre nationale Identität tritt in den Hintergrund, wobei die friedliche Revolution von 1989 ein Gefühl des Stolzes in ihr hervorruft. Zeitlebens aber bleibt sie eine Suchende, immer wieder im Aufbruch zu neuen Ufern.

Impulsfragen

- Haben Sie sich schon einmal Gedanken über Ihre Identität gemacht? Oder reicht es Ihnen, dass Sie einen Ausweis besitzen, der Ihnen Ihre nationale Identität bestätigt?
- Falls Ihnen das nicht reicht: womit identifizieren Sie sich? Was macht Ihre Identität aus?
- Gibt es auch bei Ihnen, wie bei Christa Wolf, verschiedene Identitäten in Ihrem Leben bzw. haben diese in den verschiedenen Phasen Ihres Lebens gewechselt?

Fallbeispiel
Angela, 43 Jahre, hatte sich, bis sie 40 Jahre alt war, gewundert, dass sie immer das Gefühl hatte, nicht dazuzugehören und sich immer als Außenseiterin zu fühlen. Auch empfand sie immer eine latente Traurigkeit, die sie sich nicht erklären konnte. Erst im Alter von 40 erfuhr sie durch eine Tante, dass ihre Eltern gar nicht ihre leiblichen Eltern waren, sondern dass sie von ihnen adoptiert worden war. Ihre Mutter hatte das Baby unmittelbar nach der Geburt in eine Babyklappe hineingeschoben und war verschwunden, weil es nicht bekannt werden durfte, wer der Vater war, der von Schwangerschaft und Geburt seines Kindes nichts wusste. Die Mutter, seine Haushälterin, hatte bereits die Schwangerschaft vor ihm verheimlicht. Die Wahrheit über ihre Geburt und ihre Eltern zu erfahren, war für Angela ein Schock, auch die Tatsache, dass sie ursprünglich einen anderen Namen gehabt hatte, bevor sie den Namen ihrer Adoptiveltern bekam. Erst vor kurzem konnte sie beim Jugendamt und Einwohnermeldeamt Erkundigungen einziehen. Von dort erhielt sie ein

Dokument, in dem ihre Geburt und der ursprüngliche Name eingetragen waren. All dies war ein Schock für sie. Das Dokument aber hebt sie auf, denn es ist ein Stück lebendiger Erinnerung an ihre wahre Identität, die sie jetzt aber neu realisieren muss, und ebenso eine Erklärung für ihre Schwierigkeiten, sich zugehörig zu fühlen. Jetzt kann sie das therapeutisch aufarbeiten.

11.4 Methoden zur Analyse von Erinnerungskulturen

Die historische Reflexion hat nicht nur der Quellenkritik und der Analyse von Quellenaussagen zu dienen und dabei die Herkunft und die landsmannschaftlichen wie politischen Bindungen der jeweiligen Autoren zu durchleuchten, sondern auch die Gesamtsicht eines Geschichtswerks bzw. einer historischen Einzeluntersuchung einer kritischen Betrachtung zu unterziehen, und zwar mit Blick auf die Verbindung mit der jeweiligen Erinnerungskultur. Vereinfacht heißt das, historische Werke im Gesamtzusammenhang mit dem Zeitgeist zu sehen. So schreiben Autoren im Deutschland des 19. Jahrhunderts, gefangen in der Auffassung, der preußische Staat sei zur Schaffung eines deutschen Einheitsstaats gewissermaßen berufen, über die Vorgänge zwischen 1815 und 1871 ganz anders als Autoren des spätem 20. bzw. des beginnenden 21. Jahrhunderts dies tun, wenn sie die deutsche Geschichte unter dem Blickwinkel der Ereignisse im Zeitalter der beiden Weltkriege und des Kalten Krieges sowie der Wiedervereinigung des geteilten Deutschlands analysieren.

Die Beeinflussung der Historie durch Erinnerungskulturen lässt sich seit den Anfängen der Geschichtsbetrachtung wie der Geschichtsschreibung feststellen. Hierbei gibt es zum Teil beeindruckende Kontinuitäten. Dies gilt zum Beispiel für den Mythos der Entstehung des Volkes Israel, der Auseinandersetzung zwischen der griechischen Staatenwelt und den Persern sowie der immer wieder beschworenen Bestimmung Roms, ein den gesamten Mittelmeerraum zusammenfassendes (Friedens-)Reich zur errichten.

Das Gleiche gilt für die These der (gottgewollten) notwendigen Abfolge großer Weltreiche von der Antike bis zum Mittelalter, der führenden Rolle Roms innerhalb der Christenheit und der Bedeutung der Reformation für die geistige Befreiung vom päpstlichen Dogmatismus.

In diesem Zusammenhang wird auch immer wieder an die industrielle Revolution im späten 18. Jahrhundert in Großbritannien, an die Staatsgründung der USA und an die Französische Revolution erinnert. Dabei wird die Bedeutung dieser einschneidenden politisch-historischen Veränderungen für die Modernisierung Europas und der Welt im 19. und 20. Jahrhundert hervorgehoben. Daneben kann man in den letzten Jahrzehnten den Versuch beobachten, eine gesamteuropäische Erinnerungskultur zu schaffen, die mit das Fundament für ein vereintes Europa bilden soll. Zu dieser europäischen Erinnerungskultur (an der immer noch gebaut wird) gehören die immer wieder aufgestellten Thesen von den Wurzeln Europas:

- In der klassischen Antike (vor allem in ihrer griechischen Ausprägung)
- Im Christentum unter der vom Papsttum in Rom gelenkten Kirche
- Im christlichen Mittelalter
- Nach der Rückbesinnung auf das klassische Altertum durch Renaissance und Humanismus
- In der Aufklärung und ihren Ideen von Individualismus, persönlicher Freiheit, Gleichheit unter den Menschen und Teilhabe der Bürgerinnen und Bürger an der Regierungsverantwortung
- Indem diese positiven Inhalte der europäischen Erinnerungskultur hervorgehoben werden, blendet man negative Aspekte in der Geschichte unseres Kontinents allerdings oft aus. Zu diesen negativen Aspekten gehören:
- Intoleranz gegenüber von der römisch-katholischen Kirche abweichenden Strömungen des Christentums sowie gegenüber nicht christlichen Religionen
- Überheblichkeit gegenüber sog. primitiven Kulturen und menschenverachtender Kolonialismus
- Machiavellistisches Gebaren in der Politik und zahllose Kriege zur Behauptung von Machtansprüchen
- Überbetonung des Nationalen u. Ä.

Die Entwicklung eines europäischen Geschichtsbewusstseins als Basis für eine Erinnerungskultur sollte aber nicht einseitig die große Linie einer Erfolgskontinuität betonen. Eine echte Erinnerungskultur kann nur dann Bestand haben, wenn sie sowohl den positiven als auch den negativen Seiten unserer gemeinsamen Entwicklung Rechnung trägt. Als Kitt für das Bewusstsein einer gemeinsamen Kulturgemeinschaft kann sie nur dann dienen, wenn die Licht- wie die Schattenseiten der jeweils eigenen Vergangenheit ihrer Mitglieder widergespiegelt werden.

11.5 Die Glaubwürdigkeit unseres Gedächtnisses

Die psychoanalytische Forschung, fußend auf Sigmund Freud, Carl Gustav Jung, Alfred Adler u. a., weist in neuester Zeit immer wieder auf die Schwierigkeit objektiver Erinnerung hin, vor allem bezogen auf das Individuum im analytischen Prozess. Allerdings geht es in der Analyse in der Regel nicht um den objektiven Wahrheitsgehalt, sondern vor allem um die emotionale Bedeutung des Erinnerungsinhalts für den Betreffenden. Untersuchungen in den Neurowissenschaften bestätigen die kritischen Überlegungen zur Zuverlässigkeit unseres Gedächtnisses. Die Gedächtnisforschung geht heute davon aus, dass Erinnern immer ein Konstruieren und Rekonstruieren beinhaltet (vgl. Kap. 3). Wir stellen also alles so dar, wie es uns passend erscheint. Rekonstruktion meint die Vorstellung, dass Erinnerungen nur dadurch befestigt werden können, dass sie in immer neuen Denk-Akten von uns wiederhergestellt werden. Es gibt also keinen objektiven Erinnerungsgehalt, immer ist dieser subjektiv gefärbt.

11.6 Die Gefahr der Verzerrung von Erinnerungen

Erinnerungen können zu Geschichten bzw. zu einer Art literarischer Fiktion werden, die nicht mehr unmittelbar erlebbar ist. So wird durch häufiges Erzählen der emotionale Anteil am Erzählten blasser und die Erfahrung selbst tritt in den Hintergrund, es entstehen „versprachlichte Erinnerungen" (Aleida Assmann), die jederzeit abrufbar und reproduzierbar sind, die „sinnliche Wahrheitspräsenz" (Reinhard Kosellek) geht indes vollständig verloren.

Außerdem deuten wir unsere Erinnerungen häufig um. Der Autor Italo Svevo hat diese Erfahrung, die in ähnlicher Weise ein Psychoanalytiker hätte formulieren können, in folgende Worte gefasst:

„Die Vergangenheit ist immer neu. Sie verändert sich dauernd, wie das Leben fortschreitet. Teile von ihr, die in Vergessenheit gesunken schienen, tauchen wieder auf, andere wiederum versinken, weil sie weniger wichtig sind. Die Gegenwart dirigiert die Vergangenheit wie die Mitglieder eines Orchesters. Sie benötigt diese Töne und keine anderen. So erscheint die Vergangenheit bald lang, bald kurz. Bald klingt sie auf, bald verstummt sie. In die Gegenwart wirkt nur jener Teil des Vergangenen hinein, der dazu bestimmt ist, sie zu erhellen oder zu verdunkeln" (Svevo, 1959, S. 467).

Hieraus ergibt sich eine grundsätzliche, existentielle Frage: Sind unsere Erinnerungen in das Gedächtnis eingegrabene Widerspiegelungen von Realität oder sind es wandelbare Wegbegleiter, die wir nur in Teilen oder gänzlich verzerrt hervorholen.

Die Tiefenpsychologie ebenso wie die Neurowissenschaft gehen davon aus, dass kein Erlebnis, keine Erfahrung des Menschen verloren geht, sondern dass sie neuronal oder (psychologisch ausgedrückt) im Unbewussten gespeichert sind. Es kann sein, dass sie über lange Zeiträume dort „lagern", ohne vom Bewusstsein erfasst und „geweckt" zu werden.

Welche psychologischen Prozesse tragen dazu bei, dass Erinnerungen abgerufen, aber gleichzeitig auch verzerrt und verändert werden? Hier sei das bereits erwähnte Wort von Friedrich Nietzsche noch einmal zitiert, der sagt: „Das hast du getan, sagt meine Erinnerung. Das kannst Du nicht getan haben, sagt mein Stolz. Schließlich gibt die Erinnerung nach."

Der Auslöser für eine Erinnerung, darin stimmen Gedächtnisforscher und Psychologen überein, ist vielfach ein Affekt, der den Kern des emotionalen Gedächtnisses ausmacht. Die Aufmerksamkeit für eine bestimmte Erinnerung entsteht durch eine Emotion, die den Wahrheitsgehalt der Erinnerung verschleiern kann.

Fazit: Unsere Erinnerung bewegt sich zwischen Authentizität und Erfindung. Authentizität ist für unsere Selbstvergewisserung und Identitätssicherheit unverzichtbar. Gleichzeitig benötigen wir aber offenbar die Erfindung, um die Identifizierung mit uns und unserem Gewordensein zu ermöglichen.

Unter diesem Blickwinkel – Schwierigkeiten objektiver Erinnerung, Erinnerungskulturen und Mythenbildung – sind immer wieder verschiedene historische Ereignisse aus verschiedenen Epochen auf ihre identitätsbildende Kraft in der Nachwelt zu überprüfen.

11.7 Das neue Unbehagen an der Erinnerungskultur

Obige Überschrift entspricht einem Buchtitel von Aleida Assman. Hier wird ein Stimmungsbild wiedergegeben, wie es seit einigen Jahren in Deutschland spürbar ist. Wie äußert sich dieses neue Stimmungsbild, und was könnten die Ursachen sein? In Teilen unserer Gesellschaft werden die Grundlagen unserer Erinnerungskultur mittlerweile stark in Frage gestellt.

Es geht dabei letztlich um Fragen der Identität, die für jede Großgruppe bedeutsam sind. Man möchte nicht mehr ständig zurückschauen, vor allem nicht in die jüngere deutsche Geschichte, zumal die Generation der Zeitzeugen zunehmend abtritt, sondern man möchte eine positive persönliche und nationale Identität aufbauen. Sind wir in einer übertriebenen Weise auf die Vergangenheit fixiert? Sollte man sich nicht mehr mit der Zukunft und deren Gestaltung beschäftigen? Kann Erinnern nicht Hass und Rachegefühle lebendig erhalten oder immer wieder in Gang setzen, und wäre das nicht völlig kontraproduktiv für ein zukünftiges, unbelastetes Zusammenleben? Hinzu kommt, dass eine neue, junge Generation, die sich zeitlich immer mehr von der Vergangenheit entfernt, den Anspruch auf die Deutungsmacht über geschichtliche Ereignisse erhebt und eventuell die deutsche Erinnerungskultur für übertrieben hält, da sie ihr nichts mehr sagt.

Die Stimmen in der Gesellschaft sind aber sehr unterschiedlich. Es gibt quer durch die Generationen viele Menschen, denen es wichtig ist, die Vergangenheit im Gedächtnis lebendig zu erhalten, um die Leiden der Opfer nicht zu vergessen und damit Menschlichkeit zu demonstrieren, die über die nationalen Grenzen hinausgeht.

Somit hat Erinnerungskultur etwas mit Empathie, mit Geschichtsbewusstsein und der Ausrichtung an den Menschenrechten zu tun. Außerdem fordert sie uns immer wieder heraus, unser persönliches und kollektives Identitätsverständnis zu überprüfen und neu zu bestimmen.

Sie darf aber nicht einseitig werden und bevorzugt den Blick auf die Schandmale der eigenen Geschichte richten. So hat die Professorin für Kommunikationswissenschaft Elisabeth Noelle-Neumann in der Allensbacher Wertestudie (1987) darauf hingewiesen, dass Deutsche eine „verletzte Nation" sind. Die Konsequenzen sind durchaus problematisch. Der Literaturwissenschaftlicher Dieter Borchmeyer bemerkt:

„Die andere Seite ist die «in der Menschheitsgeschichte beispiellose Abrechnung mit der eigenen Geschichte» in Deutschland, die eine «spezielle Brüchigkeit, Verletzlichkeit der deutschen Identität» zur Folge hatte. Kann sich aber «ein Nationalgefühl offen zu seiner Brüchigkeit bekennen, ohne sich selbst aufgeben zu müssen»? Die Brüchigkeit bleibt jedenfalls «der bestimmende Identifikationsfaktor der Deutschen», der durch die Aufhebung der deutschen Teilung keineswegs überwunden worden ist" (Borchmeyer, 2017, S. 240).

Einen gangbaren Mittelweg zu finden, dürfte die Aufgabe der Zukunft und zukünftiger Generationen sein, denn die Form der Erinnerung, die Gedenkkultur, hat sich im Wechsel der Zeiten immer wieder neu zu gestalten. Aber überflüssig kann eine Erinnerungskultur niemals werden. Schon in der Familie sprechen wir von der transgenerationalen Weitergabe von Erlebnissen und Unbewältigtem der vorangegangenen Generationen. Beschäftigung mit der Vergangenheit kann nur den Sinn haben, klug und geschichtsbewusst mit der Gegenwart umzugehen und eine Perspektive für die Zukunft zu entwickeln.

Wie sehen Sie das?

- Gibt es ein Zuviel und zugleich zu viel Einseitigkeit in der deutschen Erinnerungskultur?
- Gab es eine Wende, indem sich die Aufmerksamkeit von den Geschichten der Täter weg und dafür mehr auf das Leid der Opfer konzentrierte? Wie beurteilen Sie das?
- Machen Sie sich ein paar Notizen, wie für Sie in Zukunft eine deutsche Erinnerungskultur aussehen sollte.

Literatur

Assmann, Aleida: Das neue Unbehagen an der Erinnerungskultur. München 2013

Borchmeyer, Dieter. Was ist deutsch? Die Suche einer Nation nach sich selbst. Berlin 2017.

Koselleck, Reinhard: Glühende Lava zur Erinnerung geronnen. Vielerlei Abschied vom Krieg: Erfahrungen, die nicht austauschbar sind. Frankfurter Allgemeine Zeitung. 6. Mai 1995. Bilder und Zeiten, B4.

Kuhn, Thomas S.: The Structure of Scientific Revolutions. 4. Aufl. Chicago 2012.

Münkler, Herfried: Die Deutschen und ihre Mythen. Berlin 2009.

Noelle-Neumann, Elisabeth & Köcher, Renate: Die verletzte Nation. Über den Versuch der Deutschen, ihren Charakter zu ändern. München 1993.

Svevo, Italo: Zeno Cosini. Ins Deutsche übers. von Piero Rismondo. Reinbek 2000.

Wolf, Christa: Kindheitsmuster. Darmstadt und Neuwied 1977.

Abbildungsverzeichnis